Karl Rahner

Theologische und philosophische Zeitfragen im katholischen deutschen Raum (1943)

Herausgegeben, eingeleitet und kommentiert
von
Hubert Wolf

Schwabenverlag

Umschlaggestaltung: Ronald Parusel, Mössingen
Umschlagbild: Karl Rahner als Ordinariatsrat in Wien 1942
Satz: Schwabenverlag AG, Ostfildern
Herstellung: Süddeutsche Verlagsgesellschaft, Ulm
Printed in Germany

ISBN 3-7966-0735-7

Inhalt

KARL RAHNER, THEOLOGISCHE UND PHILOSOPHISCHE ZEITFRAGEN IM KATHOLISCHEN DEUTSCHEN RAUM

Erster Abschnitt: Theologie

Zweiter Abschnitt: Philosophie

Vorwort

Im März dieses Jahres wäre Karl Rahner (1904–1984) 90 Jahre alt geworden, gleichzeitig jährt sich sein Todestag zum zehnten Mal. Diese Tatsache stellt den äußeren Anlaß dar, sich des Theologen und Jesuiten zu erinnern, freilich nicht auf hagiographisch verklärende Weise, sondern im Sinne einer »gefährlichen Erinnerung« (Johann Baptist Metz). Es soll kein Bilderbuch, keine Biographie, auch keine neue Rahner-Festschrift vorgelegt werden. Vielmehr geht es um einen »frühen« Rahner aus dem Jahr 1943, ein Memorandum über »theologische und philosophische Zeitfragen im katholischen deutschen Raum«, das der Jesuit im Auftrag des Wiener Seelsorgeamtes als Antwort auf die berühmten »17 Beunruhigungen« des Freiburger Erzbischofs Conrad Gröber verfaßte.

Die hier erstmals vollständig edierte Denkschrift bietet eine Tour d'horizon katholischer Theologie und Philosophie des deutschsprachigen Raums zwischen 1914 und 1943 aus der Sicht Rahners. Durch die Kommentierung und den Nachweis der von Rahner oft nur kursorisch genannten Autoren und Titel entsteht eine Art Kompendium der katholischen Philosophie- und Theologiegeschichte der ersten Hälfte des 20. Jahrhunderts. Andererseits kommt der Mensch und Theologe Karl Rahner auf neue Weise in den Blick. Kontinuitäten, Brüche und Entwicklungen in seinem theologischen Denken werden deutlich. Größe und Grenzen, erleuchtende Durchblicke und verzerrte Perspektiven liegen hier eng beieinander – dies vor allem bringt den fast zur Ehre der Altäre Erhobenen uns Sterblichen wieder näher. Vielleicht liegt darin die »gefährliche« Dimension der Erinnerung an Rahner.

Ohne die Hilfsbereitschaft, Beratung und Mitarbeit vieler hätte diese Edition nicht fristgerecht erscheinen können. Im Sinne des gratiam referre möchte ich allen, die mich dabei unterstützt haben, gerne meinen Dank aussprechen. Zunächst dem Erzbischöflichen Archiv Wien für die problemlose Erteilung der Druckgenehmigung für das Rahnersche Memorandum, sowie zahlreichen weiteren Archiven und Bibliotheken für die Beschaffung wichtiger Quellen und Literatur. Stellvertretend für viele nenne ich nur das Archiv des Liturgischen Instituts Trier und die Bibliothek der Philosophisch-theologischen Hochschule der Jesuiten in Frankfurt/St. Georgen. Meine Frankfurter Kollegen, Prof. Dr. Hans Kessler und Prof. Dr. Siegfried Wiedenhofer, sowie Prof. Dr. Peter Walter (Freiburg/Br.) unterzogen das Manuskript aus systematischer Sicht einer Lektüre, Prof. Dr. Christoph Weber (Düsseldorf) und Dr. Herman H. Schwedt (Limburg) gingen den Text mit dem geschärften Blick des Historikers durch. Sie alle gaben zu Kommentierung und Einleitung wesentliche Hinweise, für die ich herzlich Dank sage. Die studentischen Mitarbeiter an meinem Frankfurter Lehrstuhl für Kirchengeschichte, Marion Becker, Annette Klement, Andreas Ochs und Barbara Wieland, haben mit großem Engagement an der Edition mitgewirkt. Mein besonderer Dank gilt meinen wissenschaftlichen Assistenten Claus Arnold und Uwe Scharfenecker, auf deren Schultern die Hauptlast der Kommentierungsarbeit ruhte, die sie mit Umsicht und Sachkenntnis angingen. Ohne großzügige finanzielle Unterstützung wäre diese Edition nicht möglich gewesen: sie ist Teil eines größeren Forschungsprojekts, das von der Fritz-Thyssen-Stiftung, Köln, gefördert wird. Nicht zuletzt danke ich dem Schwabenverlag Ostfildern, namentlich Gertrud Widmann und Martin Günther, für die gute verlegerische Betreuung.

Rahners Memorandum gewährt einen Überblick über verschiedene philosophische und theologische Disziplinen. Ohne die oben genannte interdisziplinäre Zusammenarbeit hätte es nicht ediert werden können. Ich widme dieses Buch deshalb allen Studierenden, die sich heute auf das Wagnis Theologie einlassen; mögen sie das eine Ganze der Theologie in der Vielfalt ihrer Disziplinen erkennen.

Frankfurt am Main, am Fest der Erscheinung des Herrn 1994

Hubert Wolf

Literatur- und Abkürzungsverzeichnis

1. Literatur (Kurztitel)

BAUTZ	Biographisch-Bibliographisches Kirchenlexikon, begründet und herausgegeben von Friedrich Wilhelm BAUTZ, fortgeführt von Traugott Bautz, Herzberg/Hamm 1975ff.
BORGMANN	Karl BORGMANN (Hg.), Volksliturgie und Seelsorge. Ein Werkbuch zur Gestaltung des Gottesdienstes in der Pfarrgemeinde, Colmar/Elsaß o. J. [1942].
BRANDMÜLLER	Walter BRANDMÜLLER (Hg.), Handbuch der Bayerischen Kirchengeschichte, Bd. 3: Vom Reichsdeputationshauptschluß bis zum Zweiten Vatikanischen Konzil, St. Ottilien 1991.
CORETH	Emerich CORETH u. a. (Hg.), Christliche Philosophie im katholischen Denken des 19. und 20. Jahrhunderts, 3 Bde., Graz 1987–90.
FRIES/SCHWAIGER	Heinrich FRIES/Georg SCHWAIGER (Hg.), Katholische Theologen Deutschlands im 19. Jahrhundert, 3 Bde., München 1975.
GATZ	Erwin GATZ (Hg.), Die Bischöfe der deutschsprachigen Länder 1785/1803 bis 1945. Ein biographisches Lexikon, Berlin 1983.
GRESCHAT	Martin GRESCHAT (Hg.), Gestalten der Kirchengeschichte, 12 Bde., Stuttgart 1981–86.
HEGEL	Eduard HEGEL, Geschichte der Katholisch-Theologischen Fakultät Münster 1773–1964, 2 Bde. (Münsterische Beiträge zur Theologie 30/1–2), Münster 1966–71.
HEHL	Ulrich von HEHL, Priester unter Hitlers Terror. Eine biographische und statistische Erhebung (Veröffentlichungen der Kommission für Zeitgeschichte Reihe A: Quellen, Bd. 37), Mainz ²1985.
IMHOF/BIALLOWONS	Paul IMHOF/Hubert BIALLOWONS (Hg.), Karl Rahner. Bilder eines Lebens, Freiburg/Br. 1985.
INDEX	Index librorum prohibitorum Sanctissimi Domini Nostri Pii Papae XII iussu editus anno MDCCCCXLVIII, Rom 1948.

KLEINEIDAM — Erich KLEINEIDAM, Die Katholisch-Theologische Fakultät der Universität Breslau 1811–1945, Köln 1961.

KOLPING — Adolf KOLPING, Katholische Theologie gestern und heute. Thematik und Entfaltung deutscher katholischer Theologie vom I. Vaticanum bis zur Gegenwart, Bremen 1964.

KOSCH — Wilhelm KOSCH, Das Katholische Deutschland. Biographisch-bibliographisches Kirchenlexikon, Augsburg 1933ff.

MAAS-EWERD — Theodor MAAS-EWERD, Die Krise der Liturgischen Bewegung in Deutschland und Österreich. Zu den Auseinandersetzungen um die »liturgische Frage« in den Jahren 1939 bis 1944 (Studien zur Pastoralliturgie 3), Regensburg 1981.

MANSI — Joannes Dominicus MANSI, Sacrorum conciliorum nova et amplissima collectio, Neudruck und Fortsetzung herausgegeben von L. Petit und J. B. Martin, 60 Bde., Paris 1899–1927.

MENDIZABAL — Rufo MENDIZABAL, Catalogus Defunctorum in renata Societate Jesu ab anno 1814 ad annum 1970, Rom 1972.

MORSEY — Rudolf MORSEY u. a. (Hg.), Zeitgeschichte in Lebensbildern. Aus dem deutschen Katholizismus des 19. und 20. Jahrhunderts, 6 Bde., Mainz 1973–84.

RUDOLF — Karl RUDOLF, Aufbau im Widerstand. Ein Seelsorge-Bericht aus Österreich 1938–1945, Salzburg 1947.

SCHWALBACH — Bruno SCHWALBACH, Erzbischof Conrad Gröber und die nationalsozialistische Diktatur. Eine Studie zum Episkopat des Metropoliten der Oberrheinischen Kirchenprovinz während des Dritten Reiches, Karlsruhe 1986.

STAATSLEXIKON^{5} — Staatslexikon, im Auftrag der Görres-Gesellschaft herausgegeben von Hermann Sacher, 5 Bde., 5., von Grund auf neubearbeitete Auflage, Freiburg/Br. 1926–32.

STAATSLEXIKON^{7} — Staatslexikon, herausgegeben von der Görres-Gesellschaft, 7 Bde., 7., völlig neu bearbeitete Auflage, Freiburg/Br. 1985ff.

WENIG	Otto Wenig (Hg.), Verzeichnis der Professoren und Dozenten der Rheinischen Friedrich-Wilhelms-Universität zu Bonn 1818–1968, Bonn 1968.
ZIEGENFUSS	Werner ZIEGENFUSS/Gertrud JUNG, Philosophen-Lexikon. Handwörterbuch der Philosophie nach Personen, 2 Bde., Berlin 1949–50.

2. Abkürzungen

a) bibliographische

AAS	Acta Apostolicae Sedis
AMRhKG	Archiv für Mittelrheinische Kirchengeschichte
ASS	Acta Sanctae Sedis
ALW	Archiv für Liturgiewissenschaft
CIC	Codex Iuris Canonici
COD[3]	Conciliorum Oecumenicorum Decreta, Bologna [3]1973.
D(H)	Heinrich Denzinger, Kompendium der Glaubensbekenntnisse und kirchlichen Lehrentscheidungen, verbessert, erweitert, ins Deutsche übertragen und unter Mitarbeit von Helmut Hoping herausgegeben von Peter Hünermann, Freiburg/Br. [37]1991.
DBA NF	Deutsches Biographisches Archiv, Neue Folge
FDA	Freiburger Diözesanarchiv
HJ	Historisches Jahrbuch
LJ	Liturgisches Jahrbuch
LThK[1]	Lexikon für Theologie und Kirche, zweite, neubearbeitete Auflage des Kirchlichen Handlexikons, herausgegeben von Michael Buchberger, 10 Bde., Freiburg/Br. 1930–38.
LThK[2]	Lexikon für Theologie und Kirche, zweite, völlig neu bearbeitete Auflage, herausgegeben von Josef Höfer und Karl Rahner, 10 Bde., Freiburg/Br. 1957–65, Registerband 1967.
MThZ	Münchener Theologische Zeitschrift
NDB	Neue Deutsche Biographie
RGG[2]	Die Religion in Geschichte und Gegenwart, 5 Bde., Tübingen [2]1927–31.
RGG[3]	Die Religion in Geschichte und Gegenwart, herausgegeben von Kurt Galling, 6 Bde. und ein Registerband, Tübingen [3]1956–65.
RJKG	Rottenburger Jahrbuch für Kirchengeschichte
StdZ	Stimmen der Zeit

ThGl	Theologie und Glaube
ThPh	Theologie und Philosophie
ThPQ	Theologisch-praktische Quartalschrift
ThQ	Theologische Quartalschrift
TRE	Theologische Realenzyklopädie
VKZG.A	Veröffentlichungen der Kommission für Zeitgeschichte, Reihe A: Quellen
VKZG.B	Veröffentlichungen der Kommission für Zeitgeschichte, Reihe B: Forschungen
ZKG	Zeitschrift für Kirchengeschichte
ZKTh	Zeitschrift für Katholische Theologie

b) allgemeine

Anm.	Anmerkung
ao.	außerordentlich
Aufl.	Auflage
Bd.	Band
Bde.	Bände
bearb.	bearbeitet
bzw.	beziehungsweise
c.	capitulum
d.h.	das heißt
ders.	derselbe
Diss.	Dissertation
ebd.	ebenda
Erg.-Bd.	Ergänzungsband
Fasz.	Faszikel
f	folgende
ff	fortfolgende
geb.	geboren
H.	Heft
hg.	herausgegeben
Hg.	Herausgeber
Jg.	Jahrgang
Kap.	Kapitel
Lit.	Literatur
NF	neue Folge
n.	numero
Nr.	Nummer
o.	ordentlich
o. J.	ohne Jahrgang
o.O.	ohne Ort
OFM	Ordo Fratrum Minorum
OFMCap	Ordo Fratrum Minorum Capuccinorum
OP	Ordo Praedicatorum
OSA	Ordo Sancti Augustini
OSB	Ordo Sancti Benedicti
P.	Pater
Prof.	Professor
PSM	Pia Societas Missionum (Pallottiner; alte Bezeichnung)
resp.	respektive
Rez.	Rezension
S.	Seite
SAC	Societas Apostolatus Catholici (Pallottiner)
sc.	scilicet
SJ	Societas Jesu
u. a.	und andere, unter anderem
u.ä.	und ähnlich
u.ö.	und öfter
usw.	und so weiter
v.a.	vor allem
vgl.	vergleiche
z. B.	zum Beispiel
zit.	zitiert

EINLEITUNG

»Es mutet Uns etwas zeit- und weltfremd an«, wenn mitten in den Schrecken des Zweiten Weltkriegs und den »oft unmenschlichen und gottlosen Auffassungen und Praktiken« des nationalsozialistischen Regimes die Frage nach dem rechten Weg der katholischen Philosophie, Theologie und Liturgie gerade in Deutschland als die entscheidende »Frage der Gegenwart hingestellt wird«[1] – so schrieb Papst Pius XII. (1939–1958)[2] im August 1943 an den Freiburger Erzbischof Conrad Gröber. Dieses Befremden des Pacelli-Papstes über ein aus seiner Sicht abgehobenes Theologengezänk, über eifernde Bischöfe und Professoren – denen der Bezug zur Realität und die Bodenhaftung schon so weit abhanden gekommen waren, daß sie all ihre Energie in den Streit um Detailfragen der reinen Lehre steckten, während ringsum Millionen Menschen in Bombenhagel, Schützengräben und Konzentrationslagern starben – kann auf den ersten Blick durchaus auch auf das hier erstmals in vollem Wortlaut edierte Wiener Memorandum über »Theologische und philosophische Zeitfragen im katholischen deutschen Raum« (1943)[3] übertragen werden.

Was brachte den Jesuitentheologen Karl Rahner (1904–1984), aus dessen Feder das genannte Gutachten stammt, dazu, 55 engzeilig beschriebene DIN-A4-Seiten in die Schreibmaschine zu tippen bzw. zu diktieren und Monate in die dafür notwendigen Vorstudien zu investieren? Wodurch war das Wiener Memorandum motiviert, und wie kam Rahner, den wir sonst als Universitätsprofessor auf theologischen Lehrstühlen in Innsbruck, München oder Münster kennen, zu der Aufgabe, für das Erzbischöfliche Seelsorgeamt in Wien gutachterlich tätig zu werden? Wie analysiert der Jesuit den Zustand von katholischer Philosophie und Theologie in Deutschland zwischen Modernismuskrise und Zweitem Weltkrieg, und welche Entwicklungslinien und Grundtendenzen, aber auch Gefahren vermag er auszumachen? Welche Rückschlüsse lassen sich aus dem Text über den Menschen und Theologen Karl Rahner ziehen? Und schließlich: Was macht den bleibenden Wert von Rahners Promemoria für die Erforschung der Theologie- und Geistesgeschichte des 20. Jahrhunderts aus?

Mit diesen Fragen ist das Koordinatensystem, in dem sich die einleitenden Bemerkungen bewegen, knapp umrissen: Zunächst gilt es, den zeitgenössischen Hintergrund und den konkreten Anlaß für die Entstehung des Wiener Memorandums herauszuarbeiten, der sich wesentlich an den 17 »Beunruhigungen« des Freiburger Erzbischofs Conrad Gröber festmachen läßt (I). Dann kommen die verschiedenen Reaktionen in den Blick, die Gröbers Initiative

1 Schreiben Pius' XII. an Erzbischof Conrad Gröber vom 22. August 1943; Text bei Burkhart SCHNEIDER (Hg.), Die Briefe Pius' XII. an die deutschen Bischöfe 1939–1944 (VKZG.A 4), Mainz 1966, 252–254, hier 253f.
2 Über ihn Georg SCHWAIGER, Pius XII., in: GRESCHAT, Bd. 12, 278–296.
3 Diözesanarchiv Wien, Nachlaß Prälat Rudolf, Karton 120, Fasz. 9.

hervorrief. Erst dadurch läßt sich die Originalität von Rahners Stellungnahme adäquat würdigen (II). Schließlich geht es um das Gutachten selbst. Gefragt wird nach Rahners Urheberschaft, der Einordnung des Memorandums in seine Biographie und die Entwicklung seines theologischen Profils, nach den Grundlinien und Schwerpunkten seiner theologischen Argumentation und nach ersten Reaktionen auf die Wiener Stellungnahme (III).

I. Hintergrund und Anlaß: das Freiburger Memorandum

Der Anlaß, sich mitten im Weltkrieg grundlegend mit den theologischen und philosophischen Zeitfragen auseinanderzusetzen, wird in Rahners Gutachten mehrfach direkt genannt: das Freiburger Memorandum vom 18. Januar 1943[4]. Es handelt sich dabei um eine 21 maschinenschriftliche Seiten umfassende Einlassung Gröbers, in der sich der Freiburger Erzbischof »An den Hochwürdigsten großdeutschen Episkopat« wendet, um ihm 17 »Beunruhigungen« über den Zustand der katholischen Kirche in Deutschland, insbesondere über die Lage der Theologie und Liturgie, mitzuteilen.[5] Gröber versandte sein »Rundschreiben« postalisch einzeln an alle deutschen Ordinarien offenbar ohne Begleitschreiben, zumindest ohne die Forderung, die Bischofskonferenz oder deren Liturgisches Referat sollten sich damit befassen. Seine Stellungnahme bildet sozusagen die negative Folie für das Rahnersche Memorandum; zahlreiche Aussagen setzen sich direkt mit den Ansichten Gröbers auseinander. Ohne den Hintergrund des Freiburger Papiers wäre das Wiener Dossier nicht zu verstehen.

1. Conrad Gröber und seine Beweggründe

Wie kaum ein anderer deutscher Oberhirte der NS-Zeit war Conrad Gröber (1872–1948)[6] äußerst umstritten. Nicht nur seine anfängliche Sympathie für die neuen Machthaber, die ihm bald den Spottnamen »der braune Conrad« einbrachte, sondern auch sein äußerst impulsives Temperament trugen ihm manche Feindschaft ein. Er galt als Mann von »spontaner Entschlußfreudigkeit«[7] – fast unberechenbar. Sein Sekretär, der spätere Frei-

4 Vgl. unten S. 20–28.
5 Text bei MAAS-EWERD 540–569; erste Analyse des Memorandums ebd. 259–285.
6 Conrad Gröber (1872–1948), Studium der Theologie in Freiburg/Br. und Rom (Germanikum), 1897 Priesterweihe, 1898 Dr. theol., 1901 in Konstanz, zunächst als Rektor des Gymnasialkonvikts St. Konradi-Haus, 1905 als Stadtpfarrer an der Dreifaltigkeitskirche und 1922 als Münsterpfarrer, 1925 Domkapitular in Freiburg/Br., 1931 Bischof von Meißen, 1932 unter Suspension des Kapitelswahlrechtes auf den erzbischöflichen Stuhl von Freiburg transferiert; über ihn außer der bei Erwin GATZ, Conrad Gröber (1872–1948), in: GATZ 258–260 genannten Literatur SCHWALBACH und Hugo OTT, Conrad Gröber, in: STAATSLEXIKON[7], Bd. 2, 1088–1090.
7 Erwin GATZ, Conrad Gröber (1872–1948), in: GATZ 259.

burger Religionsphilosoph Bernhard Welte (1906–1983)[8], charakterisiert ihn als eine in sich widersprüchliche Persönlichkeit[9].

Nicht zuletzt die genannten Eigenschaften führten rasch zu seiner Isolierung in der Fuldaer Bischofskonferenz[10], als deren »großer Star« er 1933 angetreten war, wie seine bedeutende Rolle bei den Verhandlungen über das Reichskonkordat eindrücklich unterstreicht. Dieser Verlust an Einfluß und Macht führte bei Gröber zu einer zunehmenden Enttäuschung, die 1944 in dem Wunsch gipfelte, aus der Bischofskonferenz auszuscheiden[11]. Der Freiburger Erzbischof warf seinen Kollegen im Bischofsamt vor, sie seien im Umgang mit allen modernen Strömungen der Theologie und des kirchlichen Lebens zu nachgiebig. Diese milde Linie dominierte in seinen Augen auch die einschlägigen Kommissionen der Bischofskonferenz, denen er bezeichnenderweise nicht angehörte. Daher stand ihm qua Amt kein geeignetes Forum zur Verfügung, in dem er seine theologischen und liturgischen Ansichten hätte zur Sprache bringen können. Er war deshalb gezwungen, sich auf eine andere – außergewöhnliche und Aufsehen erregende – Weise an die »großdeutschen« Bischöfe und die römische Kurie zu wenden. Gröber sah Handlungsbedarf: »Können wir großdeutschen Bischöfe, und kann Rom da noch schweigen?«[12]

Bevor wir auf den Inhalt von Gröbers Rundschreiben näher eingehen, muß ein mögliches Mißverständnis ausgeräumt werden. Dem heutigen Betrachter mag es in der Tat anachronistisch erscheinen, daß ein Bischof nichts Besseres zu tun hat, als sich mitten im Krieg mit theologischen, philosophischen und liturgischen Spezialfragen zu beschäftigen. Waren die Gefahren von dieser Seite – wenn es denn solche gab – für die Kirche und ihre Gläubigen nicht geradezu marginal angesichts der existentiellen Bedrohung durch Krieg und Gestapo? Deshalb erwartet man vom deutschen Episkopat mutige politische Aktivitäten; dafür stehen exemplarisch die Wahlenthaltung und anschließende Vertreibung des Rottenburger Bischofs Joannes Baptista Sproll (1870–1949)[13] und die Predigten des Münsteraner Bischofs Clemens

8 Bernhard Welte (1906–1983), 1934–48 Sekretär Gröbers, 1951 Professor für Religionsphilosophie in Freiburg/Br.; Klaus HEMMERLE (Hg.), Fragend und lehrend den Glauben weitmachen. Zum Werk Bernhard Weltes anläßlich seines 80. Geburtstages (Schriftenreihe der Katholischen Akademie der Erzdiözese Freiburg), München 1987; DERS., Bernhard Joseph Welte, in: FDA 106 (1986), 344–346.

9 SCHWALBACH 17.

10 Dazu Ludwig VOLK (Hg.), Akten deutscher Bischöfe über die Lage der Kirche 1933–1945. Bd. VI: 1943–1945 (VKZG.A 38), Mainz 1985.

11 Dazu SCHWALBACH 165.

12 Schlußsatz des Freiburger Memorandums; abgedruckt bei MAAS-EWERD 569.

13 Dazu Paul KOPF/Max MILLER (Hg.), Die Vertreibung von Bischof Joannes Baptista Sproll von Rottenburg 1938–1945. Dokumente zur Geschichte des kirchlichen Widerstands (VKZG.A 12), Mainz 1971.

August von Galen (1878–1946) zur Euthanasieproblematik[14]. Eine solche Sicht der Dinge ist ungeschichtlich. Das Alltagsgeschäft ging nicht nur in der praktischen Seelsorge, sondern auch in den Beratungen der Bischofskonferenz weiter. Selbst »modernistische« Kirchenreformer wie der Rheinische Kreis der Reformfreunde[15] beschäftigten sich während der NS-Zeit fast ausschließlich mit theologischen Interna; kirchenpolitische Aktionen und Aufrufe zum tätigen Widerstand sucht man weithin vergeblich. In diesen innerkirchlichen Konsens, der von »rechts« bis »links« reichte, fügten sich die Aktivitäten der Bischofskonferenz nahtlos ein. Man blieb ganz auf dem vom Abschluß des Reichskonkordats[16] her vorgezeichneten Kurs. Die Seelsorge und der theologische Lehrbetrieb sollten aufrecht erhalten bleiben. Ein Zusammenbrechen der Pastoral und eine Schließung der theologischen Lehranstalten war unbedingt zu verhindern. Über den Häuptern der deutschen Bischöfe, die meist in den siebziger und achtziger Jahren des 19. Jahrhunderts groß geworden waren, schwebte das Damoklesschwert einer Wiederholung des Kulturkampfes[17], der im 19. Jahrhundert diese beiden Grundfunktionen der Kirche weitgehend zum Erliegen gebracht hatte. Dies wollte man unter allen Umständen verhindern. Man tat in den Fragen der Seelsorge und Theologie so, etsi bellum non daretur. Wenn sich Gröber deshalb 1943 zu theologischen Fragen äußerte, so gehörte dies nach dem episkopalen Selbstverständnis auch und gerade damals zum Alltagsgeschäft des Bischofs. Freilich war die Art und Weise seines Vorgehens durchaus singulär.

2. Die 17 »Beunruhigungen« Gröbers

»Ach, der gute Erzbischof von Freiburg, Conrad Gröber, hatte die komische Idee, gegen gewisse Tendenzen, nicht in politischer Hinsicht, sondern in kirchlicher Hinsicht zu protestieren, hinsichtlich gewisser Tendenzen in der liturgischen Praxis und auch in der sonstigen Theologie und Pastoral, und hat also da ein Memorandum von Befürchtungen und Bedenken in einem Schreiben an den großdeutschen Episkopat, wie er es nannte, geäußert ...

14 Dazu Peter LÖFFLER (Hg.), Bischof Clemens August Graf von Galen. Akten, Briefe und Predigten 1933–1946, 2 Bde. (VKZG.A 42), Mainz 1988.

15 Dazu Oskar SCHROEDER, Aufbruch und Mißverständnis. Zur Geschichte der reformkatholischen Bewegung, Graz 1969, 473–478.

16 Dazu Alfons KUPPER (Hg.), Staatliche Akten über die Reichskonkordatsverhandlungen 1933 (VKZG.A 2), Mainz 1969; Ludwig VOLK (Hg.), Kirchliche Akten über die Reichskonkordatsverhandlungen 1933 (VKZG.A 11), Mainz 1969; Klaus SCHOLDER, Altes und Neues zur Vorgeschichte des Reichskonkordats. Erwiderung auf Konrad Repgen, in: DERS., Die Kirchen zwischen Republik und Gewaltherrschaft. Gesammelte Aufsätze, Berlin 1988, 171–203 (Lit.).

17 Dazu exemplarisch Christoph WEBER, Kirchliche Politik zwischen Rom, Berlin und Trier 1876–1888. Die Beilegung des preußischen Kulturkampfes (VKZG.B 7), Mainz 1970.

Hintendrein hat man dann ... [nicht] mehr viel gehört«[18] – mit diesen lapidaren Worten spielt Karl Rahner in einem Interview vierzig Jahre danach die Bedeutung des Freiburger Memorandums herunter. Die Abgeklärtheit des Alters nimmt dabei den historischen Ereignissen des Jahres 1943 ein gut Teil ihrer Brisanz.

Theodor Maas-Ewerd hat in seiner Studie über die Krise der liturgischen Bewegung den Entstehungszusammenhang von Gröbers 17 »Beunruhigungen« bereits dargestellt[19], so daß wir uns hier auf wenige Striche beschränken können. Auch wenn das Freiburger Memorandum einen »Schnellschuß« des impulsiven Gröber darstellt, so steht es doch in der inneren Konsequenz seiner Aversion gegen jede Art von »Liturgiefanatismus« und »theologischer Neuerungssucht«, die sich seit Mitte der dreißiger Jahre verstärkt zeigte. Zum eigentlichen Auslöser seiner Initiative wurde ein Artikel des Freiburger Diözesanpriesters Eugen Walter in dem Sammelband »Volksliturgie und Seelsorge«[20]. Allerdings handelte Gröber nicht nur sua sponte, er wurde vielmehr durch den als extrem konservativ geltenden Pfarrer August Doerner (1874–1951) und Pater Bernardin Jacobi OFM (1873–1955)[21] angeregt. Der Beitrag Walters sowie die Agitationen Doerners und Jacobis waren somit nur der sprichwörtliche Tropfen, der das Faß endgültig zum Überlaufen brachte. Gröber ließ seiner tiefempfundenen Aversion gegen alle Neuerung freien Lauf und holte zum großen Rundumschlag aus. Jetzt ging es nicht mehr nur um einzelne Fragen zum Thema Liturgie und Seelsorge, jetzt stand die Situation von Klerus, Theologie und Philosophie grundsätzlich zur Diskussion.

Gröbers 17 Punkte, die jeweils eingeleitet werden mit der Formel »mich beunruhigt«, sind geprägt von der Feststellung zweier einander entgegengesetzter Tendenzen oder Mentalitäten im deutschen Katholizismus. Die »Beunruhigungen« im einzelnen lauten wie folgt:[22]

1. Der Freiburger Erzbischof konstatiert eine *»offenkundige geistige Spaltung« im deutschen Klerus* zwischen »liturgisch Bewegten« und angeblich »ewig Ge-

18 Karl Rahner, Erinnerungen im Gespräch mit Meinold Krauss, Freiburg/Br. 1984, 56.
19 Maas-Ewerd 263–273; danach das Folgende.
20 Eugen Walter, Weihe- und Laienpriestertum, das eine Priestertum der Kirche, in: Borgmann 31–47. – Zum Sachverhalt äußert sich Gröber in einem Schreiben an Kardinal Bertram vom 21. April 1943; Text bei Maas-Ewerd 647–660, hier 660; zur Entstehungs- und Wirkungsgeschichte des Buches (u. a. weitere Äußerungen Gröbers), dessen Beiträge teils vom Herausgeber gesammelt wurden, teils aus dem Kreis um das Leipziger Oratorium stammten; vgl. Josef Gülden, In der »Krise der Liturgischen Bewegung« 1942–1944, in: Balthasar Fischer/Hans Bernhard Meyer (Hg.), J. A. Jungmann. Ein Leben für Liturgie und Kerygma, Innsbruck 1975, 64–68.
21 Bernardin Jacobi OFM (1873–1955), 1925 Provinzialminister der Thüringischen Provinz, 1931–55 im Mutterhaus der Franziskanerinnen vom Göttlichen Herzen Jesu/Gengenbach; Maas-Ewerd 699.
22 Text ebd. 540–569 und bei Schwalbach 244–263.

strigen«, zwischen Alten und Jungen. Verantwortlich für diese Polarisierung sind vor allem drei Gruppen: die Anhänger einer Verkündigungstheologie[23], die Schönstätter[24] und die »Wiener Aktivisten«[25]. Durch deren Unternehmungen werden die einfachen Seelsorgepriester stark verunsichert, was angesichts der weltanschaulichen Bedrohung der Kirche durch den Nationalsozialismus, die einen engen Schulterschluß oder zumindest einen Burgfrieden verlangt, nicht hingenommen werden kann.

Bereits durch diese Vorwürfe mußte sich Karl Rahner in zweifacher Hinsicht herausgefordert wissen, hatte sich doch Gröber bei seinen Anwürfen gegen die von ihm so genannten »Kerygmatiker«, also die Vertreter einer Verkündigungstheologie, ausdrücklich und namentlich auf Hugo Rahners (1908–1968) einschlägige Publikation[26] bezogen. Schon von daher sah sich der Bruder zu einer Replik genötigt. Andererseits meinte der Freiburger Oberhirte mit den »Wiener Aktivisten« niemand anders als die Mitarbeiter des Erzbischöflichen Pastoralamtes Wien um Domkapitular Dr. Karl Rudolf (1886–1964)[27], zu denen nach der Auflösung der Theologischen Fakultät der Universität Innsbruck und der dortigen Jesuitenniederlassung durch die Nationalsozialisten auch Karl Rahner selbst gehörte[28].

2. Gröbers Mißfallen wird erregt durch den aus seiner Sicht zunehmenden *Antiintellektualismus* in den modernen theologischen Strömungen. Daraus resultiert ein nachlassendes Interesse an der »theologia naturalis« und einer rational argumentierenden Fundamentaltheologie überhaupt. Während einzelne Naturwissenschaftler durch die Anwendung des Kausalitätsprinzips zu einer Art natürlicher Theologie gelangen (»Im Anfang war nicht die Materie, im Anfang war nicht der Bios; im Anfang war der Logos.«), getrauen sich moderne Theologen nicht mehr, dieses, ihr ureigenstes Terrain zu besetzen, und nähern sich so protestantischen Vorstellungen an.

3. Dies äußert sich in einer *neuen Begriffsbestimmung des Glaubens*, den man als inneres Erlebnis bzw. mystisches Geschehen definiert. Dem rationalen

23 Karl RAHNER, Kerygmatische Theologie, in: LThK² 6, 126; Franz DANDER, Josef Andreas Jungmann SJ und die »Verkündigungstheologie«, in: Balthasar FISCHER/Hans Bernhard MEYER (Hg.), J. A. Jungmann. Ein Leben für Liturgie und Kerygma, Innsbruck 1975, 31–33.

24 Heinrich M. KÖSTER, Schönstatt-Werk, in: LThK² 9, 457f; Giancarlo ROCCA, Schönstatt, in: Dizionario degli Istituti di Perfezione, Bd. 8, Rom 1988, 1060–1064; L. PENNERS, Pater Josef Kentenich, in: Marienlexikon, Bd. 3, St. Ottilien 1991, 541f.

25 RUDOLF passim.

26 Hugo RAHNER, Eine Theologie der Verkündigung, Freiburg/Br. ²1939.

27 Karl Rudolf (1886–1964), 1912 Priesterweihe, 1918 Dr. theol., 1931 Leiter des neu gegründeten Wiener Seelsorge-Instituts, 1938 Leiter des dortigen Seelsorgeamtes, 1941 Domkapitular, 1954 Prälat; Michael PFLIEGLER, Karl Rudolf †, in: Der Seelsorger 34, (1964), 507–510; Otto MAUER, Ganz Mensch – ganz Christ, ebd. 510–513.

28 Dazu RUDOLF 61f; Herbert VORGRIMLER, Karl Rahner. Leben – Denken – Werke, München 1963, 30.

Erkennen wird allenfalls eine marginale Bedeutung beigemessen. Indem Gröber diesem Glaubensbegriff das Epitheton »Neognosis« zulegt, setzt er gleichzeitig zu einem Seitenhieb auf die Mysterientheologie Odo Casels (1886–1948)[29] an, dem die Repristination eines im Sinne der Kirchenväter und damit recht verstandenen Gnosis-Begriffs ein Anliegen war[30].
Gegen Gröber ist anzumerken, daß die Frage der Glaubensbegründung aus innerer Erfahrung durchaus nichts Neues war, sondern sich bereits im 19. Jahrhundert zu einem heftigen Streit innerhalb der katholischen Theologie ausgewachsen hatte. Schon damals wurde katholischen Theologen, die entsprechenden Modellen folgten, der Protestantismusvorwurf nicht erspart[31].

4. Aus dem Antiintellektualismus und dem Versuch der Glaubensbegründung aus innerer Erfahrung ergibt sich – für Gröber fast zwangsläufig – eine *zunehmende Vernachlässigung der scholastischen Philosophie und Theologie*, über die fast nur noch aus historischem Interesse gearbeitet wird. Dies ist um so schlimmer, als der Bruch mit der Scholastik eine der Ursachen der Reformation war. Anstatt sich irgendwelche moderne philosophische Systeme zueigen zu machen, sollten katholische Theologen, die diesen Namen verdienen, Thomas von Aquin als Grundlage ihrer Arbeit nehmen.

5. Während die mittelalterliche Scholastik gering geachtet wird, tritt an ihre Stelle *die Alte Kirche*. Sie wird zur nicht mehr hinterfragbaren Norm für Liturgie und Theologie. Diesen Ansatz kritisiert Gröber als ungeschichtlich. Ganze Epochen der Kirchen- und Theologiegeschichte werden ausgeblendet und als Fehlentwicklung abgetan, die notwendige Entfaltung der Dogmen und der liturgischen Formen – insbesondere die Beschlüsse des Konzils von Trient – außer acht gelassen. Eine bloße Wiederherstellung vergangener Zustände ist für den Freiburger Erzbischof ein Ding der Unmöglichkeit, da die jeweiligen Interessen den Blick des Betrachters trüben. Man sieht nur das, was man sehen will, die geschichtliche Wahrheit bleibt verborgen.

6. Im Zusammenhang mit der Orientierung an der Alten Kirche steht ein neues Interesse an der *östlichen Patristik*. Gröber kann darin nur eine einseitige Bevorzugung der »eigenartigen Gedankenwelt und Ausdrucksweise« der orientalischen Kirchenväter erkennen. Ihre Schriften dienen modernen Theologen meist nur als Steinbruch, um eigene verquere Ideen legitimieren zu können.

29 Vgl. Arno SCHILSON, Theologie als Sakramententheologie. Die Mysterientheologie Odo Casels (Tübinger theologische Studien 18), Mainz 1982.

30 Theodor MAAS-EWERD, Odo Casel OSB und Karl Rahner SJ: Disput über das Wiener Memorandum »Theologische und philosophische Zeitfragen im katholischen deutschen Raum«. Zwei unveröffentlichte Dokumente aus dem Jahre 1943, in: ALW 28 (1986), 193–234, hier 200–210.

31 Dazu Peter WALTER, Die Frage der Glaubensbegründung aus innerer Erfahrung auf dem I. Vatikanum. Die Stellungnahme des Konzils vor dem Hintergrund der zeitgenössischen römischen Theologie (Tübinger theologische Studien 16), Mainz 1980.

7. Nachdem der Protestantismus-Vorwurf schon mehrfach in Gröbers »Beunruhigungen« zumindest indirekt angeklungen ist, wird er nun explizit erhoben. Stil und Terminologie neuerer theologischer Werke lassen einen stetig wachsenden *Einfluß der protestantischen Dogmatik* auf die katholische Glaubensdarstellung erkennen. Das fehlende katholische Selbstbewußtsein und die nur mangelhafte Kenntnis der eigenen katholischen Tradition führen dazu, daß blinde Rezeption an die Stelle der eigentlich notwendigen Auseinandersetzung tritt.

8. Folgerichtig kritisiert Gröber die *ökumenische Bewegung*, die das Ziel der Una Sancta um jeden Preis anstrebt und bereit ist, die Einheit über die Wahrheit zu stellen. Für ihn gibt es nicht die verschiedenen christlichen Konfessionen, die trotz all ihrer Unterschiede und Spaltungen die eine Kirche bilden. Vielmehr existiert nur eine wirkliche Kirche, die römisch-katholische, weshalb Ökumene nur Rückkehr zur Catholica bedeuten kann. »Man darf bei aller persönlichen Toleranz die tatsächlich vorhandene Häresie [sc. der nichtkatholischen Kirchen] der Einzigkeit und Wahrheit der unfehlbaren Kirche nicht gleichstellen.«

9. Als ein Irrweg hin zum Protestantismus kann sich nach Gröbers Meinung auch der *organologische Kirchenbegriff* erweisen. Die Rede vom »Corpus Christi mysticum« führt zu Verschwommenheit und Unklarheit in der Ekklesiologie. Je schmückender die der Kirche beigelegten Epitheta sind, desto weiter entfernt man sich von ihrer konkreten Gestalt. Kirche gerät zur spirituellen Größe, zur ecclesia invisibilis – eine Sichtweise, die ansonsten nur Protestanten und mittelalterliche Sekten vertreten. Als Ausweg schlägt der Freiburger Metropolit vor, wieder zur »societas perfecta«, zur Kirche als vollkommener sichtbarer Gesellschaft, zurückzukehren.

10. Die Gefahr ist nicht zu übersehen, daß dieses neue Verständnis von Kirche und Glauben – von Gröber als sublimer *Supranaturalismus und Neomystik* bezeichnet – wegen seiner Abgehobenheit vom normalen Kirchenvolk nicht nachvollzogen werden kann. Anstatt ihm »einfache Katechismuswahrheiten wieder ins Gedächtnis zurückzurufen« und es so für die Auseinandersetzungen mit dem Materialismus zu rüsten, verfällt gerade die Verkündigungstheologie in gelehrte Spekulationen und akademische Höhenflüge. Im Vergleich zum theologischen Spezialwissen ist die christliche Lebensweisheit ungemein bedeutender; ihr hat die Verkündigung zunächst zu dienen. Doch nicht nur in der Vernachlässigung des Wesentlichen erweist sich die neue Mystik als völlig verfehlt, sondern ebenso in ihrer Verwandtschaft mit Protestantismus und Quietismus[32].

32 Den Quietismusvorwurf erhebt auch August DOERNER, Sentire cum Ecclesia! Ein dringender Aufruf und Weckruf an Priester, Mönchengladbach 1941, 149–151.

11. In diesem Rahmen unterzieht Gröber die – »ich weiß nicht, soll ich sagen erstaunlich oder erschreckend aufblühende« – *Christusmystik* einer herben Kritik. Die Rede von einer dauernden leibhaften Einigung von Christ und Christus führt geradewegs zur lutherischen Ubiquitätslehre und bedroht so das katholische Gnaden- und Sakramentenverständnis: die heiligmachende Gnade wird bei der Behauptung einer ontischen Verbindung der menschlichen Natur Christi mit dem Menschen überflüssig. Sakramente sind bei dieser Unmittelbarkeit der Gnade als Vermittlungsinstanz nicht mehr nötig. Wer dem erhöhten Kyrios den Vorzug vor dem historischen Christus gibt, reißt den einen Christus auseinander und macht den Gläubigen die Erfahrung der »wunderbaren Menschennähe« Jesu, »seiner vorbildlichen Herrlichkeit und erlösenden Wirklichkeit«, unmöglich.

12. Ähnliche Wirkungen zeigt »die falsche oder wenigstens übertriebene Auslegung« der Lehre von der Kirche als *»Corpus Christi mysticum«*. Als besonders verdächtig sieht Gröber an, daß diese Lehre vor allem von protestantischen Theologen rezipiert wird. Zwar geht sie in ihren Ursprüngen auf den Apostel Paulus zurück, seine Aussagen sind jedoch in sich widersprüchlich, so daß man auf ihnen keine allzu hohen theologischen Gebäude aufrichten sollte. Ansonsten besteht die Gefahr, den menschlichen Anteil am Heilswerk aus den Augen zu verlieren und sich ganz auf die göttliche Komponente zu konzentrieren. Überdies stellt sich die Frage, ob man dem gläubigen Volk eine Lehre zumuten kann, die selbst die gebildeten Theologen im letzten nicht verstehen.

13. Besonders beunruhigend findet Gröber die *Überbetonung des allgemeinen Priestertums* auf Kosten des Weihepriestertums. Für ihn ist der biblische Befund eindeutig: Die Evangelien kennen kein allgemeines Priestertum aller Getauften, wohl aber den ordo und das sacerdotium. Wer das allgemeine zur Grundlage des sakramentalen Priestertums macht, widerspricht nicht nur dem Tridentinum[33], sondern wandelt auf den Spuren des Gallikanismus[34], Josephinismus[35] und letztendlich auch der Reformation. Für Gröber wird dieses Verständnis beispielhaft greifbar in der Ablehnung der Privat-

33 Zum Konzil allgemein und zur Entstehungsgeschichte der »Reformdekrete« im besonderen vgl. Hubert JEDIN, Geschichte des Konzils von Trient, 4 Bde., Freiburg/Br. 1949–75.

34 Rudolf REINHARDT, Geschichte der europäischen Kirchen in der frühen Neuzeit (1648–1803). Die katholische Kirche, in: Raymund KOTTJE/Bernd MOELLER, Ökumenische Kirchengeschichte, Bd. 3, Mainz ^{3}1983, 10–47, hier 28–30; Gabriel ADRIANYI, Gallikanismus, in: TRE 12, 17–21 (Lit.).

35 Rudolf REINHARDT, Geschichte der europäischen Kirchen in der frühen Neuzeit (1648–1803). Die katholische Kirche, in: Raymund KOTTJE/Bernd MOELLER, Ökumenische Kirchengeschichte, Bd. 3, Mainz ^{3}1983, 10–47, hier 39–45; DERS., Zur Kirchenreform in Österreich unter Maria Theresia, in: ZKG 77 (1966), 105–119; Peter F. BARTON, Josephinismus, in: TRE 17, 249–255 (Lit.).

messe durch die »Neuerer«. Diese erheben die Christgläubigen in die Rolle von Mitliturgen bzw. Mitpriestern, deren Mitwirken konstitutiv für die gültige Feier der Eucharistie ist. Für den Freiburger Erzbischof gilt dagegen: Der geweihte Priester handelt in persona Christi, für sein Tun ist die »participatio actuosa« der Gemeinde nicht notwendig.

14. Die Lehre vom *Mahlopfer bzw. Opfermahl*, die besagt, daß eine heilige Messe nur dann vollständig und gültig ist, wenn die Gläubigen in derselben auch die heilige Kommunion empfangen, lehnt der Erzbischof strikt ab. Diese Ansicht stellt alles Herkömmliche in Frage und stiftet unter den Gläubigen Verwirrung. Auch hier wird unreflektiert auf eine Praxis des Urchristentums zurückgegriffen, die historisch nicht einmal sicher zu fassen ist. Guardinis Forderung nach der Kommunion unter beiderlei Gestalten bestätigt Gröbers Verdacht, die liturgische Bewegung huldige latent dem Protestantismus.

15. Grundsätzlich ist Gröber durch die *»Überbetonung des Liturgischen«* beunruhigt. Er kann darin nicht das Allheilmittel für die Probleme der kirchlichen Gegenwart und Zukunft erkennen. Auch vor der Entdeckung der Liturgie hat man anständige Seelsorge betrieben. Das »wilde Reformieren« und »Probieren« im Bereich des Gottesdienstes ist ihm ein Dorn im Auge. Dabei kommt es zu eigenmächtigen Veränderungen und zur Mißachtung liturgischer Vorschriften. Ohne Billigung des Heiligen Stuhls hat niemand das Recht zu liturgischen Reformen.

16. Insbesondere die Forderung nach einer verpflichtenden Einführung der *Gemeinschaftsmesse* hält Gröber für völlig überzogen[36]. Er beurteilt sie als Modeerscheinung, die vorübergehen wird. Die Gemeinschaftsmesse ist die liturgische Konsequenz aus der Lehre vom allgemeinen Priestertum und von der Messe als Mahl der Gläubigen. Tatsächlich wird der Gottesdienst aber nicht von der Gemeinde, sondern vom Priester allein getragen (Augustinus: »Nos offerimus sacrificium, vobis non licet.«[37]). Ein weiteres Problem ergibt sich aus der starken Betonung der am gemeinschaftlichen liturgischen Vollzug orientierten objektiven Frömmigkeit, was für Gröber zu einem Verfall der subjektiven Frömmigkeit führt. Außerdem läßt sich für die apostolische Zeit, auf die sich die »Neuerer« sonst so gerne beziehen, ein Übergewicht des privaten Betens gegenüber der gemeinschaftlichen Liturgie feststellen. Abschließend folgt ein anthropologisches Argument: Unterschiede in Bildungsgrad und Mentalität stehen einer einheitlichen Gemeinschaftsfrömmigkeit im Weg.

36 Eine identische Wertung bei August DOERNER, Sentire cum Ecclesia! Ein dringender Aufruf und Weckruf an Priester, Mönchengladbach 1941, 257–267 und 282–293.

37 Sermo CXXXVII in Evangelii Ioannis caput X, 1–16; Patrologia Latina, Bd. 38, 759.

17. Die letzte »Beunruhigung« handelt von der *Einführung der deutschen Sprache in der Liturgie*[38]. Zwar sind pastorale Notwendigkeiten, z. B. deutsche Gebete bei der Spendung von Sakramenten und Sakramentalien, nicht zu leugnen, doch die Forderung nach einer generellen Verdeutschung, insbesondere der Meßliturgie, schießt weit über das Ziel hinaus und erinnert stark an Wessenberg[39] und den Deutschkatholizismus[40]. Auch die Altkatholiken[41] haben durch die Einführung der deutschen Sprache nichts gewonnen. Folgt die katholische Kirche ihrem Vorbild, so setzt sie »eines der heiligsten und stärksten Bänder« zwischen Rom und den Teilkirchen aufs Spiel: die gemeinsame lateinische Liturgiesprache. Daß gerade ihre Abschaffung immer wieder zu den »Standardforderungen der meisten Häresien« zählte, muß den aufmerksamen Beobachter stutzig machen.

Theodor Maas-Ewerd, der das Freiburger Memorandum im Kontext seiner liturgiegeschichtlichen Fragestellung würdigte, kam zu dem Ergebnis, die einzelnen Punkte seien »zum Teil ziemlich willkürlich und ohne eine klare Ordnung zusammengestellt worden«[42]. Diese Aussage bedarf der Korrektur. Gröbers 17 Punkte zeigen einen durchaus folgerichtigen Aufbau. Ausgehend von seiner Grundthese einer »Spaltung« im deutschen Klerus zwischen »Neuerern« und Konservativen behandelt er in den folgenden 16 »Beunruhigungen« die Gefahren, die von den progressiven Kräften ausgehen und die Substanz von Kirche und Theologie bedrohen. Zunächst geht es um Irrtümer im Bereich der Glaubensbegründung bzw. der Fundamentaltheologie (Antiintellektualismus – Glaubensbegründung aus innerer Erfahrung – Vernachlässigung der Scholastik) und um die falsche Norm für die gegenwärtigen Reformvorhaben (Alte Kirche und östliche Patristik). Daraus resultiert ein falsch verstandener Ökumenismus, der zu einer Protestantisierung und einem Verlust des unterscheidend Katholischen führt, weil man die eigentlich katholische Tradition des Mittelalters als Fehlentwicklung, als de-formatio abtut und wie

38 Ähnliche Gedanken bei August Doerner, Sentire cum Ecclesia! Ein dringender Aufruf und Weckruf an Priester, Mönchengladbach 1941, 267–273 und 325–353.

39 Über ihn Karl Heinz Braun (Hg.), Kirche und Aufklärung – Ignaz Heinrich von Wessenberg (1774–1860), München 1989; Manfred Weitlauff, Zwischen katholischer Aufklärung und kirchlicher Restauration. Ignaz Heinrich von Wessenberg (1774–1860), der letzte Generalvikar und Verweser des Bistums Konstanz, in: RJKG 8 (1989), 111–132.

40 Dazu Annette Kuhn, Deutschkatholiken, in: TRE 8, 559–566 (Lit.); Abraham Peter Kustermann, Zum Synodenwesen der Deutschkatholiken (1844–1847). Mit Seitenblicken auf den Deutschkatholizismus in Südwestdeutschland, in: RJKG 5 (1986), 91–114.

41 Dazu Werner Küppers, Altkatholizismus, in: TRE 2, 337–344 (Lit.); immer noch unverzichtbar Johann Friedrich von Schulte, Der Altkatholizismus. Geschichte seiner Entwicklung, inneren Gestaltung und rechtlichen Stellung in Deutschland, Gießen 1887 (Neudruck Aalen 1965).

42 Maas-Ewerd 282.

die Protestanten nur noch die Zeit der formatio, der Alten Kirche, als norma normans gelten läßt. Auf der anderen Seite öffnet die falsch verstandene Glaubensbegründung dem Supranaturalismus[43] und der »Neomystik« Tür und Tor, ein fragwürdiger organologischer Kirchenbegriff und eine skurrile Christusmystik sind die Folge. Praktisch gewendet führen diese theologischen Irrungen zu liturgischen Fehlentwicklungen (allgemeines Priestertum – Mahlopfer – Gemeinschaftsmesse – deutsche Liturgiesprache).

Das eigentliche Anliegen des Freiburger Erzbischofs wird schon durch eine rein formale Analyse deutlich. Kein anderer Begriff taucht in seinem Promemoria so häufig auf wie der des »Protestantismus«, der stets im negativen Sinne verwendet wird. Die »Neuerer« sind für ihn nichts anderes als Kryptoprotestanten und Semikatholiken, die die Kirche der Häresie überantworten.

In einer Predigt vor dem Freiburger Stadtkapitel am 9. Februar 1943[44] wiederholte Gröber die Hauptgedanken seines Memorandums. Der Freiburger Dogmatiker Engelbert Krebs (1881–1950)[45] kritisierte die nur negative und abgrenzende Tendenz der Ausführungen. Anstatt nur zu sagen, was nicht richtig sei, hätte Gröber besser positiv formuliert. Auch sei er übers Ziel hinausgeschossen und habe sich in Gegensatz zu Pius XII. gesetzt, der für den Gedanken des »Corpus Christi mysticum« durchaus Sympathien hegte[46].

Der Freiburger Erzbischof hatte deutliche Worte gefunden, auch wenn er selbst glaubte, eher als Melanchthon denn als Luther gesprochen zu haben: »Was meine Meinung über die derzeitige dogmatische Lage in Deutschland betrifft, so habe ich mich sehr schonend ausgedrückt und manchen Namen überhaupt nicht angeführt«[47]. Die Vielzahl der Reaktionen zeigt jedoch ein anderes Bild.

II. Reaktionen auf das Freiburger Memorandum

Der Vorsitzende der Liturgischen Kommission der Fuldaer Bischofskonferenz, Bischof Albert Stohr von Mainz (1890–1961)[48], spielte auf einer Sitzung der genannten Kommission Gröbers »Beunruhigungen« herunter und sah

43 Ernst NIERMANN, Supranaturalismus, in: LThK² 9, 1191.
44 Diözesanarchiv Wien, Nachlaß Prälat Rudolf, Karton 22, Fasz. 3, Liturgie I: Mappe Gröber, Stück 8.
45 Über ihn Albert JUNGHANNS, Der Freiburger Dogmatiker Engelbert Krebs (1881–1950). Ein Beitrag zur Theologiegeschichte, Diss. theol. Freiburg/Br. 1980; zur Reaktion von Krebs vgl. Erwin KELLER, Conrad Gröber 1872–1948. Erzbischof in schwerer Zeit, Freiburg/Br. 1981, 325f.
46 Tatsächlich erschien wenige Monate später die neue Kirchenenzyklika Pius' XII. »Mystici Corporis« vom 29. Juni 1943; D(H) 3800–3822.
47 Schreiben Gröbers an Bischof Stohr von Mainz vom 3. Februar 1943, zit. nach MAAS-EWERD 286.
48 Über ihn Anton BRÜCK, Albert Stohr (1890–1961), in: GATZ 741–743.

keinen Handlungsbedarf[49]. Zahlreiche Bischofskollegen teilten seine Ansicht jedoch nicht, wie die Reaktionen aus Breslau, Wien, Bayern und schließlich auch der Mitglieder der Kölner und Paderborner Kirchenprovinz zeigen. Aber nicht nur Bischöfe meldeten sich zu Wort. Auch zwei Gruppen von in der Seelsorge aktiven Priestern sahen sich zu einer Reaktion herausgefordert, einmal der bereits genannte Rheinische Kreis der Reformfreunde, zum andern das Wiener Seelsorgeamt und seine Mitarbeiter, die Karl Rahner mit der Abfassung ihrer Antwort beauftragten.

1. Die Antwort aus Breslau

Kardinal Adolf Bertram (1859–1945)[50], Vorsitzender der Fuldaer Bischofskonferenz, war zwar später der Meinung, Gröbers Punkte könnten nicht als Grundlage für die Verhandlungen der deutschen Oberhirten dienen, da die Kollegen eher praktisch orientiert seien und sich nicht in die komplexe Thematik einzuarbeiten vermöchten[51], dennoch reagierte er als Erzbischof von Breslau umgehend. Bereits am 14. Februar 1943, also gerade vier Wochen nach der Versendung des Gröberschen Rundschreibens, antwortete er mit 16 Seiten umfassenden »Bemerkungen«[52].

Das Breslauer Gutachten ist in sich uneinheitlich. Der erste Teil, der sich mit den theologischen Grundfragen beschäftigt, stammt von dem Breslauer Fundamentaltheologen Josef Karl Koch (1885–1967), der zweite Teil, der auf Vorstudien des Breslauer Konviktsdirektors Karl Kastner (1886–1957)[53] zurückgeht, wendet sich Einzelfragen, vor allem liturgischer Art, zu. Bertram kompilierte einfach diese beiden Quellen, ohne jedoch ihre gegensätzlichen Positionen auszugleichen.

Zunächst zum ersten Teil. In vier Punkten stimmt das Gutachten Gröber zu:

1. Seit dem Ersten Weltkrieg muß von einem *»Einbruch des Irrationalismus in den Klerus«* ausgegangen werden, da der Modernismus in Deutschland »fröhliche Urständ« feiert und weite Kreise des Seelsorgeklerus erfaßt. Koch kritisiert eine Überschätzung der Qualität des religiösen Erlebens, die er auf die Zeitumstände, insbesondere auf die Kriegserlebnisse und die Erfahrungen in der Jugendbewegung zurückführt. Durch die Rezeption von Rudolf

49 MAAS-EWERD 294f.
50 Über ihn Bernhard STASIEWSKI, Adolf Bertram (1859–1945), in: GATZ 43–47.
51 Schreiben Bertrams an Gröber vom 23. Juni 1944; Text bei Ludwig VOLK (Hg.), Akten deutscher Bischöfe über die Lage der Kirche 1933–1945. Bd. VI: 1943–1945 (VKZG.A 38), Mainz 1985, 375f.
52 Diözesanarchiv Wien, Nachlaß Prälat Rudolf, Mappe Breslau.
53 Karl Kastner (1886–1957), 1938 Konviktsdirektor, daneben 1943 Generalvikariatsrat in Breslau; Walter DÜRIG, Karl Kastner (1886–1957), in: Joseph GOTTSCHALK (Hg.), Schlesische Priesterbilder, Bd. 5, Aalen 1967, 164–166.

Ottos Buch »Das Heilige«[54] kam es auch im katholischen Bereich zu einer Repristination der Erlebnistheologie Schleiermachers[55]. Hier wird namentlich der Kölner Religionsphilosoph Johannes Hessen (1889–1971)[56] genannt, der keine Gelegenheit ausläßt, gegen die Scholastik und ihren Intellektualismus respektive Rationalismus zu polemisieren, und so eine Selbstbegründung der Religion im Erleben fordert. Die Überbewertung des religiösen Erlebnisses ist eine Haupttriebfeder der liturgischen Bewegung und führt zur Überbetonung des Corpus Christi mysticum in der Ekklesiologie.

2. Statt sich auf die Tradition der Kirche zu stützen, versuchen große Teile des Klerus, moderne Lösungen für die Nöte der Zeit zu finden, was den *»Einbruch einer geschichtsfeindlichen Haltung«* zur Folge hat. An die Stelle eines lebendigen Aufgreifens der Tradition tritt ein ahistorisches Experimentieren.

3. Wer das religiöse Erlebnis in den Mittelpunkt stellt, dem muß die Scholastik notgedrungen als Intellektualismus erscheinen; es kommt zum *»Einbruch einer antischolastischen Haltung in den Klerus«*. Mystik löst das rational-diskursive Denken ab. Auch die Ursache für diese neue Mode ist schnell gefunden: Da römische Theologen für solche Vorstellungen nicht anfällig sind, ist ein wesentlicher Grund in der mangelhaften philosophischen Ausbildung der Theologen an den deutschen Universitäten zu suchen. Statt drei Jahre wie in Rom wird hier nur zwei Jahre Philosophie studiert; die Kräfte im Grundstudium sind durch Kirchengeschichte, Fundamentaltheologie und Exegese gebunden, wodurch die große Tradition scholastischen Philosophierens in Deutschland abzubrechen droht.

4. Die Aussage Kochs gipfelt – wie bei Gröber – in der Feststellung eines *»Einbruchs protestantischer Theologie in den Klerus«*, bedingt vor allem durch die Rezeption exegetischer Methoden und Ergebnisse.

Den zweiten Teil des Gutachtens kennzeichnet eine gänzlich andere Tendenz, sogar ein offener Widerspruch zum ersten Teil wird deutlich. Hatte es dort geheißen, es sei nicht übertrieben, von einer wirklichen Spaltung im Klerus zu sprechen, so kann Kastner allenfalls unterschiedliche Strömungen feststellen, die nicht von vorneherein negativ zu beurteilen sind.

Gerade die liturgische Erneuerung hat seines Erachtens im Bereich der Diözese Breslau zu einer Verlebendigung der Kirche geführt, ohne hergebrachte Frömmigkeitsformen in Mitleidenschaft zu ziehen. Auch die von

54 Rudolf OTTO, Das Heilige. Über das Irrationale in der Idee des Göttlichen und sein Verhältnis zum Rationalen, Breslau 1917.

55 Hans-Joachim BIRKNER, Friedrich Schleiermacher, in: GRESCHAT, Bd. 9/1, 87–115.

56 Dazu demnächst Christoph WEBER, Der Religionsphilosoph Johannes Hessen (1889–1971) in den geistigen Kämpfen seiner Zeit (Tübinger Studien zur Theologie und Philosophie), Mainz 1994.

Gröber angegriffene kerygmatische Theologie wird positiv gewürdigt. Sie nimmt durch die Rezeption und Verarbeitung des theologischen Wissens eine wichtige Aufgabe wahr und macht es für die Verkündigung fruchtbar. Was die Vernachlässigung der natürlichen Theologie angeht, so leitet Kastner Gröbers Vorwurf an die Görres-Gesellschaft[57], deren naturwissenschaftliche Abteilung nicht das geleistet hat, was von ihr zu erhoffen war[58], weiter. Die Inhaber der katholischen Weltanschauungsprofessuren[59] werden dagegen in Schutz genommen. Sie müssen alle Studenten bedienen und das gesamte Feld der Philosophie beackern, so daß sie sich nicht nur auf die Scholastik konzentrieren können - auch hier ein deutlicher Widerspruch zum ersten Teil des Breslauer Gutachtens.

Vom heutigen Kenntnisstand her läßt sich die Frage nicht abschließend beantworten, warum Kardinal Bertram dieses in sich widersprüchliche Gutachten in der vorliegenden Fassung an seine Bischofskollegen versandte. Es ist bezeichnend, daß der Theoretiker und Theologieprofessor Koch dem Antiintellektualismusvorwurf des Freiburger Erzbischofs zustimmt, während der Praktiker Kastner die Hinwendung zu Erfahrung und Liturgie begrüßt. Man wird gespannt sein dürfen, ob sich bei Rahner der Theologieprofessor oder der Mitarbeiter des Seelsorgeamts stärker durchsetzt.

2. Die erste Antwort aus Wien

Die im Freiburger Memorandum direkt angegriffenen »Wiener Aktivisten« planten eine doppelte Antwort. Zunächst sollte Kardinal Theodor Innitzer[60] im Namen der österreichischen Bischöfe Gröbers Anschuldigungen zurückweisen, dann ein umfänglicheres theologisches Gutachten sich detailliert mit den »Beunruhigungen« auseinandersetzen. Die zweite Aufgabe fiel - wie bereits erwähnt - Karl Rahner zu.

Innitzers Brief an Gröber vom 24. Februar 1943[61] beginnt sarkastisch: Ihre »Darlegungen gewähren uns einen aufschlußreichen Einblick in Ihre ober-

57 Vgl. Wilhelm Spael, Die Görres-Gesellschaft 1876–1941, Paderborn 1957.

58 Zu den Aktivitäten der Sektion vgl. Hans Elmar Onnau, Das Schrifttum der Görres-Gesellschaft zur Pflege der Wissenschaft 1876–1976. Eine Bibliographie, Paderborn 1980; Rudolf Morsey/Hans Elmar Onnau (Hg.), Die Görres-Gesellschaft zur Pflege der Wissenschaft. Die Vorträge auf den Generalversammlungen 1876–1985. Ein Verzeichnis, Paderborn 1990, 143–159: Sektion für Naturwissenschaft und Technik.

59 Der Begriff »Weltanschauungsprofessuren«, der sich eigentlich auf in der Weimarer Republik eingerichtete theologische Lehrstühle an Universitäten ohne theologische Fakultät bezog, wurde bald auch auf mit Katholiken zu besetzende (konfessionelle) Lehrstühle für Philosophie und Geschichte ausgedehnt; Max Meinertz, Weltanschauungsprofessur, in: Staatslexikon[5] 5, 1157–1159; Martin Honecker, Weltanschauungsprofessuren, in: LThK[1] 10, 815.

60 Über ihn Maximilian Liebmann, Theodor Innitzer (1875–1955), in: Gatz 339–343.

61 Text bei Maas-Ewerd 593–598.

hirtlichen Besorgnisse, denen, wenn sie zu Recht bestehen, ein gewisser Ernst nicht abzusprechen ist.« Zwei Gesichtspunkte werden in der ersten Wiener Stellungnahme hervorgehoben:

1. Die *tiefgehende Spaltung im deutschen Klerus*, von der Gröber spricht, besteht in Österreich nicht. Gewisse Spannungen zwischen Älteren und Jüngeren, zwischen Konservativen und Progressiven gehören ganz selbstverständlich zum Erscheinungsbild eines jeden vitalen Klerus. Darüber hinaus wirkte das rechtzeitige und richtungsweisende Eingreifen der österreichischen Bischöfe heilsam und versöhnend. Deshalb werden die angeblichen »Spaltpilze« – neben den Kerygmatikern und Schönstättern vor allem die Mitarbeiter des Wiener Seelsorgeamts – nachdrücklich in Schutz genommen.

2. Zu den von Gröber namhaft gemachten *unterschiedlichen Strömungen* in Theologie und Seelsorge bemerkt Innitzer lapidar, daß es sie wirklich gibt. Er stimmt mit dem Freiburger Oberhirten in der empirischen Analyse völlig überein, wertet aber das Ergebnis ganz anders. Pluriformität ist für ihn Zeichen einer lebendigen Kirche, weshalb er die Aufbrüche nach dem Ersten Weltkrieg ausdrücklich begrüßt. Die Bewegungen, die Gröber kritisiert, haben – nach Innitzers Überzeugung – Anliegen, wie sie in zahlreichen päpstlichen Enzykliken seit der Jahrhundertwende ausgesprochen wurden, rezipiert und praktisch umgesetzt. Als Beispiele werden genannt: die Förderung der Bibelbewegung[62], des Dialogs mit den orientalischen Kirchen[63] und der liturgischen Erneuerung[64] durch Rom. Glücklicherweise sind die Vereinseitigungen früherer Zeiten, vor allem in der Ekklesiologie, aufgebrochen worden. Eine summarische Verurteilung so divergierender theologischer Strömungen, wie sie Gröber wünscht, schafft erst die Verwirrung, die sie zu beseitigen vorgibt. »Zu leicht könnte überdies auch durch ein solch verfrühtes Vorgehen alle Freude an der theologischen Arbeit überhaupt ... erschlagen werden.«

Mit anderen Worten: Gröber holte sich in Wien eine vollständige Abfuhr. Die Diffamierung des Seelsorgeamtes als »Wiener Aktivisten« scheint Kardinal Innitzer auf die Palme gebracht zu haben. Wenn Domkapitular Rudolf Sprache und Inhalt von Innitzers Brief als »im wesentlichen ruhig, sachlich, positiv gehalten« charakterisiert und hinzufügt, es gebe dem »doch etwas zu weit vorstoßenden Schreiber das zurück, was ihm zurückgegeben zu werden verdient«[65], dann verharmlost er.

62 Dazu zusammenfassend Josef KÜRZINGER, Bibelbewegung, in: LThK^2 2, 344–346.

63 Eine knappe Zusammenfassung der Maßnahmen Benedikts XV. und Pius' XI. bei Karl BIHLMEYER/Hermann TÜCHLE, Kirchengeschichte, Bd. 3, Paderborn ^{18}1969, 489 und 554f.

64 Dazu Roger AUBERT, Das Reformwerk Pius' X., in: Hubert JEDIN (Hg.), Handbuch der Kirchengeschichte, Bd. 6, Freiburg/Br. 1973, 406–434, hier 416–426: Eucharistische Dekrete und liturgische Erneuerung.

65 Zit. bei MAAS-EWERD 305.

3. Die Bayerische Bischofskonferenz

Im Rahmen der Konferenz der bayerischen Bischöfe vom 30./31. März 1943 in München nahmen der Passauer Oberhirte Simon Konrad Landersdorfer (1880–1971)[66] und sein Regensburger Kollege Michael Buchberger (1874–1961)[67] Stellung zu Gröbers Memorandum.

a) Das Referat von Bischof Landersdorfer (Passau)

Landersdorfer, Mitglied des Liturgischen Referats der deutschen Bischöfe, konzentrierte sich im wesentlichen auf die liturgischen Fragen und ergriff zu folgenden fünf Punkten der Freiburger Denkschrift das Wort[68]:

ad 1. *»Offenkundige geistige Spaltung innerhalb der deutschen Geistlichkeit.«* Von Spaltungen zu reden, ist übertrieben: Spannungen gibt es und gab es schon immer zwischen Älteren und Jüngeren. Landersdorfer sieht in ihnen »ein Zeichen, daß Leben vorhanden ist«; weder das Wirken der Verkündigungstheologen noch des Wiener Seelsorgeamts noch der Schönstattbewegung bietet Anlaß zu Besorgnis.

ad 14. *»Mahlopfer und Opfermahl«.* Der Passauer Bischof bringt die 14. »Beunruhigung« Gröbers auf den Punkt, wenn er formuliert, hier geht es eigentlich um die Frage, »wohin die Kommunion des gläubigen Volkes gehört«. Die vom Freiburger Erzbischof kritisierte Behauptung, die Kommunionausteilung in der Messe sei unabdingbarer Bestandteil des Opfermahls selbst, weist auch Landersdorfer zurück, für ihn gehört die Kommunion jedoch »normalerweise« in die Messe.

ad 15. *»Die Überbetonung des Liturgischen«.* Auch wenn manche die Liturgie als »Allheilmittel« überschätzen, so sind die positiven Folgen der liturgischen Erneuerung doch mit Händen zu greifen, sie ist mithin »ein vorzügliches Mittel der Seelsorge«. Ein eigenmächtiges Verändern von Riten und Rubriken ist dadurch freilich nicht gedeckt.

ad 16. *»Gemeinschaftsmesse« und »allgemeines Priestertum«.* Das von Gröber für die Erzdiözese Freiburg ausgesprochene Verbot der »Gemeinschaftsmesse« wird nach Ansicht Landersdorfers große Enttäuschung bei Priestern und Laien hervorrufen. Vom »allgemeinen Priestertum« zu reden, hält der Passauer Bischof für unproblematisch, da die gemeinte Sache längst theologisch geklärt sei. An dieser Stelle läßt sich Landersdorfers Standpunkt deutlich ausmachen. Eigentlich hält er Gröbers Anwürfe für unsinnig. Weil er

66 Über ihn August LEIDL, Simon Konrad Landersdorfer (1880–1971), in: GATZ 429–431.

67 Über ihn Paul MAI, Michael Buchberger (1874–1961), ebd. 77–80.

68 Text bei MAAS-EWERD 620–626.

dies aber einem Amtsbruder gegenüber so nicht sagen kann, läuft seine Argumentation immer nach einem bestimmten Schema ab: Ja, Gröber legt seine Hand auf einen wunden Punkt – aber eigentlich ist gar keiner da. Durchgeführt am Beispiel moderner Ausdrucksgestalten der Spiritualität: Mit dem Hinweis auf die Gefahr der Veräußerlichung und Vernachlässigung subjektiver Frömmigkeitsformen hat Gröber an sich recht. Hier ist tatsächlich Vorsicht geboten. Daß Rosenkranz, Kreuzweg und Andacht im kirchlichen Alltag an Bedeutung verlieren, geht aber nicht auf eine grundsätzliche Ablehnung zurück, sondern ist als »Reaktion gegen die Häufung oder Ausschließlichkeit dieser Andachten, die in manchen Kirchen geradezu das Monopol haben und dann monoton werden«, zu verstehen.

ad 17. *»Die Kultsprache in Messe und Sakramentenspendung«.* Die lateinische Sprache hält die Gläubigen von einer aktiven Teilnahme an der Liturgie ab, was jedoch eigenmächtige Eindeutschungen nicht entschuldigt. »Alle Befürchtungen ... dürften zerstreut werden, wenn der Wille, an der lateinischen Kultsprache grundsätzlich festzuhalten, wieder entschieden bejaht wird, und die Punkte, in denen man glaubt, dem Volk entgegenkommen zu können, fest und einheitlich umschrieben werden.«

b) Das Referat von Bischof Buchberger (Regensburg)

Zu den übrigen Punkten des Freiburger Promemoria äußerte sich der Regensburger Bischof Buchberger, dessen Urteil eindeutig negativ ausfällt[69].

Gröbers Memorandum bietet »ein falsches Bild von der religiösen Lage der katholischen Kirche und von der geistig-seelischen Verfassung des katholischen Klerus in Deutschland«. Die Bischöfe sind darum aufgefordert, ihm entgegenzutreten, um zu verhindern, »daß zu dem ›doppelten Krieg‹ noch ein dritter, ein Bruderkrieg, tritt«. Das Verhalten des Klerus angesichts der schwierigen Zeitlage ist über jeden Tadel erhaben. Gröbers Angriffe auf die Verkündigungstheologie und die Schönstätter hält Buchberger für grundlos. Die letzteren sind zwar »zu laut und von sich eingenommen«, aber ihre kirchliche Gesinnung steht außer Zweifel. Zu Gröbers Vorwürfen Richtung Wien äußert sich Buchberger nicht explizit (Punkt 1).

Vieles, was der Freiburger Erzbischof beklagt, ist so weit weg vom wirklichen kirchlichen Leben, daß es schon darum nicht gefährlich werden kann. Außerdem äußert er sich oft so allgemein, daß man nicht erkennen kann, wen oder was er mit seinen Anwürfen tatsächlich treffen will. Die Vernachlässigung der theologia naturalis darf nicht dem Seelsorgsklerus und den einfachen Katholiken zur Last gelegt werden, hier sind in erster Linie »akademische Kreise« gefragt (Punkt 2).

69 Text ebd. 627–633.

Daß bei zahlreichen Christgläubigen ein verstärktes Bedürfnis nach religiösem Gefühl und Erleben anzutreffen ist, muß man verstehen, auch wenn bisweilen Übertreibungen vorkommen. Von einer Bedrohung des Glaubens kann jedoch nicht die Rede sein; dafür spricht auch, daß der bayerische Klerus mit dem Kreis der Rheinischen Reformfreunde[70] nichts gemein hat (Punkt 3).

Den Vorwurf einer Vernachlässigung der Scholastik hält Buchberger für völlig unbegründet. Die Theologen sind im Feld, nur aus diesem Grund kamen die Studien fast völlig zum Erliegen. Grundsätzlich gefragt: »Paßt überhaupt ein solches Thema in die jetzige Zeit und Lage?« (Punkt 4). Die »protestantische Dogmatik« hat im Gegensatz zu früheren Zeiten (Modernismus!) keinerlei Einfluß auf die katholische Theologie (Punkt 7). Radikale Kritik am Bisherigen und ein neuzeitlicher Kirchenbegriff können höchstens bei den Schönstättern konstatiert werden. Für den Klerus allgemein trifft dieses Urteil nicht zu (Punkte 5 und 9). Die Rezeption der »östlichen Patristik« in der westlichen Theologie hält Buchberger für ein erfreuliches Faktum (Punkt 6). Die Ökumenische Bewegung muß »sorgfältig überwacht, aber nicht unterbunden werden«, da ihre positiven Auswirkungen nicht zu übersehen sind (Punkt 8).

Verständnis hat Buchberger dagegen für Gröbers Mystizismus-Kritik; bei der Christusmystik und der Rede vom Corpus Christi mysticum ist Vorsicht geboten. Wie beim »allgemeinen Priestertum« sind es aber doch vor allem der »Schönstattkreis und die Hyperliturgischen«, die zu Schwärmereien neigen (Punkte 10–13).

Abschließend geht der Regensburger Bischof auf das aus seiner Sicht zu schematische Breslauer Gutachten ein. Daß auch dort von einer Spaltung im Klerus gesprochen wird, ist ihm unverständlich. Wichtig erscheinen ihm die deutlichen Hinweise auf die positiven Wirkungen der liturgischen Bewegung. »Dieses Urteil ist doch sicherlich eine starke Mahnung, daß hier mit dem Unkraut nicht auch der Weizen ausgerottet werden soll.« Durch die Referate von Buchberger und Landersdorfer erteilte der bayerische Episkopat Gröber eine eindeutige und klare Absage: Seine »Beunruhigungen« haben kein fundamentum in re. Sie sind nicht nur falsch, sondern sogar gefährlich, da sie Spaltungen herbeireden, damit eine unnötige Front eröffnen und die Einheit der Kirche gefährden.

c) Das »Correferat« von Bischof Ehrenfried (Würzburg)

Lediglich der Würzburger Bischof Matthias Ehrenfried (1871–1948)[71], Gröbers Freund aus gemeinsamen Studientagen im Germanikum[72], schert aus der Reihe. In einem Brief an den Freiburger Erzbischof vom 27. April 1943

70 Siehe unten S. 54–60.

71 Über ihn Klaus WITTSTADT, Matthias Ehrenfried (1871–1948), in: GATZ 164f.

72 Alfred BEER, Erzbischof Dr. Conrad Gröber. Ein Lebensbild, Konstanz 1958, 23; Conrad GRÖBER, Aus meinem römischen Tagebuch, Freiburg/Br. 1947.

verwarf er die Referate von Buchberger und Landersdorfer: diese waren »ganz gegen meine Überzeugung. Dem gab ich auch entschieden Ausdruck«. Ehrenfried war von seiner und Gröbers Isolation im deutschen Episkopat überzeugt, da die meisten Bischöfe durch den Einfluß der Jugendbewegung für Neuerungen aufgeschlossen seien[73].

Der Würzburger Bischof weist die Kritik Buchbergers und Innitzers zurück[74]. »Ich muß bekennen, daß ich die Besorgnisse Freiburgs [sc. Gröbers], ohne mich auf jede Einzelheit festzulegen, im ganzen durchaus teile.« Wie Gröber unterstellt auch Ehrenfried den neueren Strömungen in Theologie und liturgischer Praxis, sie beurteilten weite Passagen der kirchlichen Geschichte als »Fehlentwicklung«. Daraus resultiert der Rückgriff auf die Urkirche, mit dessen Hilfe »man zu einer Verständigung mit den getrennten Brüdern und weiterhin zur Una Sancta zu gelangen« sucht. Die Scholastik wird abgelehnt, das kirchliche Recht in Frage gestellt. Man bringt die kirchengeschichtliche Entwicklung auf das Motto »Rechtskirche statt Liebeskirche«, klagt über den päpstlichen Jurisdiktionsprimat als Hindernis für die Ökumene und will den Laien in allen Bereichen des kirchlichen Lebens mehr Einfluß verschaffen. Hergeleitet werden solche Gedanken aus der Lehre vom Corpus Christi mysticum, die man als »reine Wirklichkeit« auffaßt, anstatt sie bildlich zu verstehen. Während die Hierarchie als etwas Zweitrangiges abgetan wird, delektiert man sich am Gedanken der Gotteskindschaft jedes Getauften und will diese im gemeinsamen liturgischen Beten erfahrbar machen. Die modernen Entwicklungen in Theologie und Liturgie sind für Ehrenfried voller Gefahren. Die Bestrebungen, eine Union der Kirchen herbeizuführen, verwischen leicht die trennenden Unterschiede. Die Urkirche wird allzu schnell zum Idealbild stilisiert, das Wirken des Geistes in der »Weiterentwicklung« der Kirche übersehen. »Die Radikalkritik am heute Bestehenden zerstört nicht bloß den Geist der Ehrfurcht und des Gehorsams, sondern führt auch zu dogmatischen Abwegen, zu Gefahren für den Glauben.«[75]

Ehrenfried konstatiert eine »umfassende Erneuerungsbewegung«, einen »richtigen *Reformkatholizismus*«, der nach dem Ersten Weltkrieg entstand. Die autoritätsfeindliche, selbstbewußte, kritikfreudige Haltung der freideutschen Jugend[76] drang in katholische Kreise ein und wurde, trotz intensiver Bemühungen, nie richtig überwunden. Eine andere Wurzel der Neuerungen ist der *Modernismus*, ebenso der moderne *Protestantismus*, auf den die Cor-

73 Schreiben Ehrenfrieds an Gröber vom 27. April 1943; Text bei SCHWALBACH 153.

74 »Correferat« Ehrenfrieds vom 6. April 1943; Diözesanarchiv Wien, Nachlaß Prälat Rudolf, Karton 22, Fasz. 3, Liturgie II: Mappe Breslau, Stück 19; danach das Folgende.

75 Ehrenfried findet diese Gefahren gut zusammengestellt bei Erich PRZYWARA, Corpus Christi Mysticum. Eine Bilanz, in: Zeitschrift für Aszese und Mystik 15 (1940), 197–215.

76 Adolf GRABOWSKY/Walther KOCH (Hg.), Die freideutsche Jugendbewegung. Ursprung und Zukunft, Gotha 1920; Ernst KLEMMER u. a., Deutsche Jugendbewegung. Selbstzeugnisse ihrer Vertreter, in: Süddeutsche Monatshefte 23 (1926), 153–232.

pus-Christi-mysticum-Lehre in vielem zurückgeht. »Wachsamkeit« ist angesagt. Die Indizierungen vergangener Jahre belegen es deutlich[77]. Es geht nicht nur um ein abgehobenes »Theologengezänk«; denn viele moderne Theologen schreiben bewußt für die breitere Öffentlichkeit.

Insgesamt bietet Ehrenfried entgegen seiner Ankündigung nichts Neues. Er greift lediglich die von Gröber ausgesprochenen Vorwürfe auf und verschärft sie zum Teil (Modernismusvorwurf). Eine größere Wirkung vermochte sein »Correferat« nicht zu entfalten; ein einmütiger Beschluß der Bayerischen Bischofskonferenz kam nicht zustande.

4. Die westdeutschen Bischöfe

Gröbers Memorandum wurde auch zum Gegenstand der Beratung der »westdeutschen Bischöfe«. Zu den regelmäßigen Treffen der Oberhirten aus der Kölner und Paderborner Kirchenprovinz gesellte sich neben anderen auch der Bischof von Mainz, der offenkundig mit seinem Metropoliten Conrad Gröber einige Schwierigkeiten hatte[78]. Bei ihrem Konveniat am 17./18. März 1943 beschlossen die Bischöfe, eine gemeinsame Stellungnahme zu den »Beunruhigungen« Gröbers[79] erarbeiten zu lassen. Insgesamt wurden drei Entwürfe vorgelegt, zwei im Auftrag des Erzbischofs von Paderborn und einer durch Bischof Stohr von Mainz.

a) Das erste Paderborner Gutachten

Die beiden Paderborner Gutachten, für die Erzbischof Lorenz Jaeger (1892–1975)[80] verantwortlich zeichnet, stammen aus der Feder des Paderborner Dompropsts und früheren Tübinger Fundamentaltheologen Paul Simon (1882–1946)[81].

77 Ehrenfried verweist pauschal auf die indizierten Bücher von Ernst Michel, Georg Sebastian Huber, Karl Pelz, Georg Koepgen, Matthias Laros, Otto Karrer und auf positive Besprechungen derselben in katholischen Zeitschriften resp. die nicht verweigerte kirchliche Druckerlaubnis.

78 »Auch die Oberrheinische Provinz ist faktisch aufgelockert, da Mainz sich ideell den Niederrheinern zuwendet ...«; Schreiben Gröbers an Papst Pius XII. vom 2. Februar 1944; Text bei Ludwig Volk (Hg.), Akten deutscher Bischöfe über die Lage der Kirche 1933–1945, Bd. 6: 1943–1945 (VKZG.A 38), Mainz 1985, 303–321, hier 321.

79 Protokoll der Konferenz der westdeutschen Bischöfe, Paderborn, 17./18. März 1943, ebd. 44f.

80 Über ihn Erwin Gatz, Lorenz Jaeger (1892–1975), in: Gatz 344–346.

81 Über ihn Alfons Hufnagel, Paul Simon 1882–1946, in: ThQ 150 (1970), 144–146; Dieter Riesenberger, Der Paderborner Dompropst Paul Simon (1882–1946). Ein Beitrag zur Geschichte des Nationalsozialismus, der Ökumene und der Nachkriegsjahre in Paderborn (Zeitgeschichte im Erzbistum Paderborn 1), Paderborn 1992. – Die Urheberschaft Simons wird auch deutlich anhand verschiedener Parallelen zu seinem Aufsatz »Theologie und Seelsorge«, in: Borgmann 85–96.

Die Stellungnahme[82] beginnt mit einer scharfen Kritik an Gröbers Methode. Das wahllose Herausreißen einzelner Sätze aus ihrem theologischen Kontext und ihre Inkrimination anhand von vergleichbaren Formulierungen protestantischer Autoren »muß schwere Bedenken erregen«. Für Außenstehende entsteht der »falsche Eindruck«, Priester und Gläubige der katholischen Kirche seien auf weite Strecken der Häresie verfallen.

Zu den einzelnen Punkten des Freiburger Memorandums wird bemerkt:

ad 1: Die nach dem Ersten Weltkrieg beginnende Neuorientierung, das auflebende Interesse an der Liturgie, die Bemühungen, die christliche Botschaft, das »Kerygma«, den Menschen in einer verständlichen Form nahezubringen – all das sind beglückende Zeichen für eine Überwindung des »aufklärerischen Rationalismus« und des »modernistischen Immanentismus und Gefühlsglaubens«. Die Hinwendung zur Heiligen Schrift und zu den Kirchenvätern fand außerdem die päpstliche Gutheißung[83]. *Spannungen* im Klerus muß die Catholica aushalten können. Natürlich soll jeder Priester die ganze Wahrheit verkünden; daß dabei unterschiedliche und individuelle Schwerpunkte gesetzt werden, ist kein Grund zur Sorge.

ad 2: Das abnehmende Interesse an der *Theologia naturalis* ist als Gegenreaktion zu ihrer Überbewertung am Beginn des Jahrhunderts zu verstehen, als die Apologetik rein extrinsezistisch betrieben wurde. Heute ist es notwendig, daß der Apologet »auf der Höhe seines Glaubens« (intrinsezistisch[84]) für die christlichen Wahrheiten eintritt[85]. Nur ein gründliches Studium der Fundamentaltheologie (wie etwa in Paderborn) befähigt dazu.

ad 3: Den von Gröber verworfenen *Glaubensbegriff* Koepgens teilt sowieso niemand. Wer ansonsten vom Glauben als »übernatürlicher Ergriffenheit und Hingabe« spricht, will damit dreierlei sagen:
1. Der Glaube ist vom Willen mitbedingt.
2. Der Glaube kommt zustande, indem der Heilige Geist das Herz des Menschen erleuchtet.
3. Die Mysterien des Glaubens sind der Vernunft nicht zugänglich.

82 Archiv des Liturgischen Instituts Trier, Stellungnahme zu der Freiburger Denkschrift vom 18. 1. 1943. Verantwortlich: Der Erzbischof von Paderborn; danach das Folgende.

83 Das Gutachten verweist auf Benedikt XV., Enzyklika »Spiritus Paraclitus« vom 15. September 1920; D(H) 3650–3654.

84 Max SECKLER, Fundamentaltheologie: Aufgaben und Aufbau, Begriff und Namen, in: Walter KERN u. a. (Hg.), Handbuch der Fundamentaltheologie, Bd. 4, Freiburg/Br. 1988, 451–514, hier 511–513: Zu den Begriffen »Extrinsezismus« und »Intrinsezismus«.

85 »Mehr denn je gehört heute die Zeit des theologischen Studiums ganz und gar der Theologie, und zwar im strengsten Sinne des Wortes. Keine und noch so ausgeklügelte und vollendete Organisation wird die Kirche in den Gefahren der modernen Zeit retten, wenn nicht die Künder des Evangeliums wirklich Theologen sind, Theologen, die wissend um den Sinn und den Aufbau der Theologie, das, was sie lehren, auch leben.« Paul SIMON, Theologie und Seelsorge, in: BORGMANN 85–96, hier 95.

Geschickt werden für die Paderborner Gegengründe Belege aus der Väterliteratur, aus Thomas von Aquin, aus den Canones des Konzils von Trient sowie neuere theologische Traktate angeführt. Überdies kann bei populärwissenschaftlichen Werken nicht die »strenge Schulsprache« verlangt werden.

ad 4: Bei seinem Vorwurf, die *Scholastik* werde verdrängt, übersieht Gröber zahllose Neuerscheinungen auf dem Büchermarkt. Thomas-Ausgaben sind in unterschiedlichster Form im Entstehen begriffen, die Hinwendung zur Theologie des Aquinaten geschieht keineswegs nur aus historischem Interesse. In seiner Ansprache vom 24. Juni 1939 hat Pius XII.[86] überdies alles Notwendige zur Thomas-Rezeption gesagt. Sein Wort wird überall befolgt.

ad 5: Daß gerade in schweren Zeiten der Kirche Leben und Leiden der frühen Christen eher als spätere Jahrhunderte der Kirchengeschichte in den Blick kommen, versteht sich von selbst und ist positiv zu beurteilen. Pius X. hat mit ausdrücklichem Verweis auf die *Urkirche* das Kommunionalter herabgesetzt[87]. Fehlentwicklungen im Spätmittelalter konzedieren sowohl das Konzil von Trient[88] als auch Pius X. mit seiner Brevierreform[89]. Nicht jeder, der Entwicklungen in der Kirche kritisiert, kratzt an ihrer Unfehlbarkeit. Hier differenziert die Theologie durchaus[90].

ad 6: Die Hinwendung zur *ostkirchlichen Theologie* kann den Theologen nicht zum Vorwurf gemacht werden, da Pius XI. sie für alle katholisch-theologischen Fakultäten verpflichtend vorgeschrieben hat[91].

ad 7: Die Bekanntschaft mit der *protestantischen* Theologie ist unerläßlich. »Nur wer die Meinungen der Getrennten wirklich kennt, kann sie überzeugend widerlegen«. Außerdem ist nicht zu übersehen, daß sich viele protestantische Theologen der Gegenwart katholischen Positionen nähern und jeglichen Liberalismus von sich weisen.

86 Pius XII., Ansprache vor den römischen Theologiestudenten am 24. Juni 1939; AAS 31 (1939), 245–251.

87 Dekret der Sakramentenkongregation »Quam singulari« vom 8. August 1910; D(H) 3530–3536.

88 Das Gutachten verweist auf das Decretum de observandis et vitandis in celebratione missarum (22. Sitzung vom 17. September 1562): »Cum igitur multa iam sive temporum vitio, sive hominum incuria et improbitate irrepsisse videantur, quae a tanti sacrificii dignitate aliena sunt ... episcopi ea omnia prohibere atque e medio tollere sedulo curent ac teneantur, quae vel avaritia, idolorum servitus, vel irreverentia, ... vel superstitio, verae pietatis falsa imitatrix, induxit«; COD[3] 736.

89 Apostolische Konstitution Pius' X. »Divino afflatu« vom 1. November 1911; AAS 3 (1911), 631–636.

90 Hingewiesen wird auf entsprechende Ausführungen im Lehrbuch von Bernardin GOEBEL, Katholische Apologetik, Freiburg/Br. 1930, 375–382: Gegenstand der kirchlichen Unfehlbarkeit.

91 Pius XI., Enzyklika »Rerum orientalium studiis« vom 8. September 1928; AAS 20 (1928), 277–288.

ad 8: Die Ansätze einer ökumenischen Einheits*ekklesiologie*, wie sie etwa Friedrich Heiler (1892–1967)[92] vertritt, finden bei katholischen Theologen keinen positiven Widerhall. Bemühungen, Andersgläubigen die Lehren der katholischen Kirche verständlich nahezubringen, stellen noch lange keine »Grenzöffnung« dar.

ad 9: Das *Kirchenbild* bedarf unterschiedlicher Akzentuierungen. Wer die Lehre vom Corpus Christi mysticum ignoriert, begibt sich in Widerspruch zu einer breiten kirchlichen Tradition. Gleich, ob man Augustinus, Thomas von Aquin[93] oder die Bulle »Unam Sanctam« Bonifaz' VIII.[94] heranzieht, überall wird sie propagiert. Auch im auf dem Vatikanum I behandelten Schema »De Ecclesia«[95] nimmt sie breiten Raum ein.

ad 10: Die Offenheit für die *Mystik* ist eine Reaktion auf den übersteigerten Rationalismus der Jahrhundertwende (vgl. Punkt 2). Scheebens »Mysterien«[96] und Garrigou-Lagranges »Mystique et perfection chrétienne«[97] haben hier in gutem Sinne befruchtend gewirkt. Die »aufklärerische Vergötzung der Vernunft« verschwand, die Geheimnisse des Glaubens wurden wieder anerkannt.

ad 11: »Niemand wird auf die fundamentale Lehre von der realen gnadenvollen *Verbindung des Christen mit seinem Haupte Christus* verzichten wollen.« Das Tridentinum hat sie ausdrücklich hervorgehoben[98]. Wie Menschen in

92 Über ihn Günter LANCZKOWSKI, Friedrich Heiler (1892–1967), in: TRE 14, 639–641.

93 Das Gutachten verweist auf Thomas von Aquin, Summa Theologica III q. 8 a.1: »... tota Ecclesia dicitur unum corpus mysticum per similitudinem ad naturale corpus hominis ...«; Thomas von Aquin, Die Menschwerdung Christi (Die deutsche Thomas-Ausgabe 25), Salzburg 1934, 214.

94 Text bei D(H) 870–875.

95 Das Schema De Ecclesia Christi wurde den Konzilsvätern am 21. Januar 1870 ausgeteilt; Text bei MANSI 51, 539–553; vgl. Fidelis van der HORST, Das Schema über die Kirche auf dem I. Vatikanischen Konzil (Konfessionskundliche und kontroverstheologische Studien 7), Paderborn 1963.

96 Matthias Joseph SCHEEBEN, Die Mysterien des Christentums. Wesen, Bedeutung und Zusammenhang derselben nach der in ihrem übernatürlichen Charakter gegebenen Perspektive dargestellt, Freiburg/Br. 1865 (zahlreiche Neuauflagen).

97 Simon meint Réginald GARRIGOU-LAGRANGE, Perfection chrétienne et contemplation selon S. Thomas d'Aquin et S. Jean de la Croix, Saint Maximin 1923, das in deutscher Übersetzung unter dem Titel »Mystik und christliche Vollendung« (Augsburg 1928) erschien. Simon verwandte offenbar die deutsche Ausgabe und nahm eine Rückübersetzung des Titels ins Französische vor. – Über Réginald Garrigou-Lagrange OP (1877–1964): Paul GILBERT, Der französischsprachige Raum. Die dritte Scholastik in Frankreich, in: CORETH, Bd. 2, 412–436, hier 426–429; B. ZORCOLO, Bibliografia del P. Garrigou-Lagrange, in: Angelicum 42 (1965), 200–272; Heft 1 dieses Jahrgangs ist ganz Garrigou-Lagrange und seiner Theologie gewidmet.

98 Verwiesen wird auf das Rechtfertigungsdekret (6. Sitzung vom 13. Januar 1547), Kap. 16: »... ille ipse Christus Iesus tamquam caput in membra et tamquam vitis in palmites in ipsos iustificatos iugiter virtutem influat ...«; D(H) 1546.

ihrem Frömmigkeitsleben mit dieser Lehre umgehen, dafür gab es in der Geschichte der Kirche immer eine große Offenheit – und das soll auch so bleiben.

ad 12: Es wird auf das bereits unter Punkt 9 und 11 zum *Corpus Christi mysticum* und zur Verbindung von Christus und Christ Gesagte verwiesen. Die Ausführungen enden mit dem lapidaren Satz: »Der Catechismus Romanus entfaltet diese Lehre ..., die zu unterschlagen wir kein Recht haben.«

ad 13: Wer Borgmanns Buch[99] richtig liest, merkt, daß dort *allgemeines Priestertum* und Amtspriestertum sehr wohl unterschieden werden. Gegen ein vom Freiburger Memorandum intendiertes generelles Beiseiteschieben der Lehre vom allgemeinen Priestertum sprechen die eindeutigen Aussagen des heiligen Thomas[100], spricht die Lehre der Kirche überhaupt. Die Unterschiede zum protestantischen Verständnis des allgemeinen Priestertums liegen auf der Hand: Die Leugnung des character indelebilis und der gratia inhaerens bilden eine klare Grenze und machen die von Gröber befürchtete Protestantisierung zu einem Ding der Unmöglichkeit.

ad 14: »Daß das Hl. Meßopfer ein *Mahlopfer* ist, ist keine These, sondern katholische Glaubenslehre«, wie die Aussagen des Konzils von Trient[101] eindeutig belegen.

ad 15: »Zu diesem Thema hat H. Elfers[102] ... alles Notwendige gesagt[103]« – mit dieser Bemerkung handelt das Gutachten den Punkt ab. Worum geht es in dem Aufsatz von Elfers? Simons Gewährsmann versteht seine Ausführungen als Antwort auf eine Abhandlung Josef A. Jungmanns[104] und will diese nach zwei Seiten hin erweitern: Das kirchliche Recht und vor allem die Wesensgesetzlichkeit der *Liturgie* sollen stärker in den Blick kommen. Zum ersten Punkt äußert Elfers Bedenken gegenüber einem die tatsächlichen Rechtsbestimmungen ignorierenden Rückgriff auf archaische Zustände. »Es ist allein Sache des Apostolischen Stuhles, die Liturgie zu regeln.«[105] Wesentlich ist nach Elfers Ansicht

99 Karl BORGMANN (Hg.), Volksliturgie und Seelsorge. Ein Werkbuch zur Gestaltung des Gottesdienstes in der Pfarrgemeinde, Colmar o. J. [1942].

100 Das Gutachten verweist auf Thomas von Aquin, Summa Theologica III q. 63 a.3: »... illi, qui deputantur ad cultum christianum, cuius auctor est Christus, characterem accipiunt, quo Christo configurantur ...«; Thomas von Aquin, Die Sakramente. Taufe und Firmung (Die deutsche Thomas-Ausgabe 29), Salzburg 1935, 81.

101 Verwiesen wird auf Kap. 6 der Lehre über das Meßopfer (22. Sitzung vom 17. September 1562); D(H) 1747.

102 Heinrich Elfers (1896–1978), Dr. theol., 1938 Subregens und Professor am Priesterseminar in Paderborn, 1946 Professor für Liturgie, Liturgiegeschichte und Homiletik in Münster; HEGEL, Bd. 2, 19.

103 Heinrich ELFERS, Was ist Liturgie?, in: ThGl 34 (1942), 122–132.

104 Josef A. JUNGMANN, Was ist Liturgie?, in: DERS., Gewordene Liturgie, Innsbruck 1941, 1–33.

105 Heinrich ELFERS, Was ist Liturgie?, in: ThGl 34 (1942), 122–132, hier 127.

eine Unterscheidung zwischen Liturgie und öffentlichem Gottesdienst (cultus publicus). Liturgie der Kirche ist nicht schon da gegeben, wo sich Menschen zum Gottesdienst versammeln, »sondern, wo die durch Taufe, Firmung und Ordo Christus eingegliederte Gemeinde ein lebendiges Symbol, gleichsam ein sacramentum permanens des Hohenpriesters darstellt«[106]. Diese terminologische Festlegung ergibt sich aus dem Wesensgesetz der Liturgie. Elfers sieht die Gefahr, in der Gottesverehrung (devotio) schon das ganze Wesen liturgischen Handelns fassen zu wollen. Es geht aber um mehr! »Durch den aus dem Geiste Jesu handelnden ordinierten Liturgen vermittelt der Herr die Wahrheit und Liebe des Vaters an die ihm mystisch durch Taufe und Firmung angegliederten Kinder des Vaters; umgekehrt erfolgt so auch die Vermittlung der in Gebet und Opfer sich vollziehenden Selbsthingabe des Gottesvolkes an den Vater im Himmel.«[107] Dieses »sacrum commercium« macht das Wesen der Liturgie aus. Nur wenn die Priester und durch ihre Vermittlung die Gemeinden aus dieser Wahrheit leben, wird die dringend notwendige Erneuerung der Liturgie möglich. Dabei geht es nicht um Fragen des liturgischen Stils, vielmehr ist eine lebendige Rezeption der liturgischen Wesensgesetzlichkeiten vonnöten, die sich an der durch Taufe, Firmung und Ordo sakramental vermittelten Zuwendung des Herrn orientiert. »Erst durch dies Einbezogenwerden in die Gnade Christi wird das kultische Tun des Gottesvolkes erlösungskräftig«[108], entsteht Liturgie. So gelangt Elfers zu der Definition: »Liturgie ist der rechtlich geregelte Gottesdienst, insofern die fortbestehende Mittlerschaft Christi zwischen Gott und den Menschen in der Kultgemeinde symbolischen Ausdruck erhält.«[109]

Das erste Paderborner Gutachten orientiert sich an einer Position, die keinerlei Zweifel an der Berechtigung und Notwendigkeit der liturgischen Bewegung aufkommen läßt. Gleichzeitig wird deutlich gemacht, daß damit keine Infragestellung des kirchlichen Rechts, der Sakramentenlehre und der Amtstheologie verbunden sein muß.

ad 16: Das Konzil von Trient lehnt zwar die Landessprache in der Messe ab, fordert aber gleichzeitig, die Priester müßten den Gläubigen den Reichtum der Liturgie erschließen[110]. Dazu dient die in lateinischer Sprache gefeierte *Gemeinschaftsmesse*, was freilich mit Protestantismus nichts zu tun hat. Das lutherische Prinzip der sola fides läßt nämlich keinen Platz für das »sakramentale Kultmysterium«, das die Mitte der katholischen Kirche und erst recht der liturgischen Bewegung ist.

ad 17: Die *lateinische Sprache* ist in der Meßfeier unter allen Umständen beizubehalten. Anders verhält es sich mit den Ritualien und Sakramentalien,

106 Ebd. 124.
107 Ebd. 128f.
108 Ebd. 129.
109 Ebd. 132.
110 Lehre über das Meßopfer, 22. Sitzung vom 17. September 1562, Kap. 8; D(H) 1749.

bei denen Eindeutschungen durchaus sinnvoll sein können. Nur weil der Deutsch- und der Altkatholizismus, um das Volk zu gewinnen, die deutsche Liturgiesprache eingeführt haben, muß man noch lange nicht ins andere Extrem verfallen.

»Der Fehler der Freiburger Denkschrift« liegt für die Paderborner Stellungnahme in dem Versuch, falsche Lehren zu vermeiden, indem man »echte katholische Wahrheiten« an den Rand schiebt oder ganz verschweigt. Nur die »Darbietung der ganzen katholischen Wahrheit« vermag die dem Glauben drohenden Gefahren zu bannen, die Schwäche mancher Formulierung in theologischen Werken aufzudecken. Die erste Paderborner Denkschrift läßt an Gröbers Memorandum im Grunde kein gutes Haar. Es wird ad absurdum geführt. Die angegriffenen Standpunkte werden mit Hilfe der Dogmen- und Theologiegeschichte und der in gängigen Lehrbüchern der Dogmatik vertretenen Positionen als *zentrale* Bestandteile katholischen Glaubens aufgewiesen. Es ist zwar schlimm, daß es einzelne terminologische Verirrungen im religiösen Schrifttum gibt, doch was Gröber in seinem Memorandum tut, birgt in seiner Konsequenz (Verdrängung wichtiger Glaubensinhalte) weitaus größere Gefahren.

b) Das zweite Paderborner Gutachten

Das Gutachten[111] gliedert sich in drei Teile, nämlich die Betrachtung von kirchlich relevanten Zeitphänomenen überhaupt, der theologischen Wissenschaft und der Liturgie.

Teil 1: Die Zeitsituation

Einleitend stellt das Gutachten fest, daß viele Erscheinungen des zeitgenössischen kirchlichen Lebens nicht als »Ausfluß einer revolutionären Gesinnung in bezug auf den Glauben und kirchliche Einrichtungen oder gar als Gehorsamsverweigerung gegenüber der kirchlichen Hierarchie« interpretiert werden dürfen. Sie sind vielmehr legitimer Ausdruck einer ganz neuen »Bewußtseinslage«.

1. »Der *Gegensatz zwischen jung und alt* ist immer dagewesen.« Seit dem Ersten Weltkrieg wird er besonders spürbar, da in seinem Gefolge eine Absage an die Werte des 19. Jahrhunderts stattfand. Die bürgerliche Gesellschaft und ihre Ideale wurden fragwürdig, ihre ausgeprägte Vernunftorientierung und ihr Fortschrittsoptimismus abgelehnt. »Der Weltkrieg wurde von vielen als *der* Bankrott des 19. Jahrhunderts empfunden und gedeutet.« An die Stelle von Rationalismus, Subjektivismus, Relativismus, Individualismus und Mechanisierung des Daseins sollte eine Rückkehr zum Leben und zum Objektiven, die Aner-

111 Gutachten Paderborn, Archiv des Liturgischen Instituts Trier; danach das Folgende.

kennung unverrückbarer Werte, die Betonung der Gemeinschaft und das Wiederaufleben organischer Ordnungen und Bindungen treten. Ein »Glauben« trat in der Jugendbewegung an die Stelle des Wissens und der Wissenschaft. Diese Entwicklung spiegelt sich auch in der *Philosophie*, in der Max Scheler und Nicolai Hartmann der Ontologie den Weg bereiteten. Unter den Theologiestudenten wuchs die Bereitschaft, den Wert der philosophia perennis[112], ihren Objektivismus und Realismus, wieder anzuerkennen. Die neue Lebensphilosophie vermochte zu begeistern, »weil sie scheinbar dem Rationalismus vollkommen den Abschied gab«. Von dieser Bewegung wurde auch die katholische Jugend ergriffen, ohne allerdings Parolen zu folgen, die mit dem Glauben unvereinbar waren. In den Bereichen Freiheit – Autorität und Individuum – Gemeinschaft fand man genuin katholische Lösungen, wobei der liturgischen Bewegung das Hauptverdienst zukommt, da sie Gemeinschaftsgefühl und -bedürfnis in die rechten Bahnen lenkte. Weil sie diesen eigenen Weg gehen, sind katholische Jugendliche Angriffen von außen ausgesetzt (Nationalsozialismus!) und bedürfen gerade darum der verständnisvollen Zuwendung des Episkopats.

2. Auch für das *Verhältnis der Konfessionen* untereinander bedeutet der Erste Weltkrieg eine Zäsur. Die rationalistische protestantische Theologie des 19. Jahrhunderts hatte für Katholiken nichts Verlockendes. Mit der Rückwendung zum dogmatischen Glauben, der Anerkennung der Bibel als Gottes Wort (etwa bei Karl Barth[113]) kam es zu einer Annäherung der Positionen. »Vor allem wirkte die nachhaltige Umkehr der protestantischen Theologie in ihrem *Ernst* auch auf katholische Theologen ein.« Daß evangelische Bibelkommentare gelesen werden, stellt keine Vorliebe für den Protestantismus dar, sondern resultiert aus dem Mangel entsprechender Werke auf katholischer Seite. Eine biblische Theologie tut bitter not. Im Rahmen der Annäherung zwischen evangelischer und katholischer Theologie fanden gemeinsame Gespräche statt, an denen sich katholischerseits allerdings nur wenige beteiligten. Von einer breiten Una-Sancta-Bewegung zu sprechen, stellt daher eine Übertreibung dar.

3. Im Gefolge des Ersten Weltkriegs kam es auch zu einer Berührung mit Rußland und den *Ostkirchen*. Papst Pius XI. wurde zum großen Förderer und Forderer für die Auseinandersetzung mit der östlichen Theologie. Vor den Bolschewisten geflüchtete Schriftsteller machten ostkirchliches Denken und Fühlen auch im Westen bekannt, wobei keine besondere Breitenwirkung erreicht wurde. Das einzig wirklich Beeindruckende war die östliche Eschatologie, der westliche Theologen nichts Ebenbürtiges entgegenzusetzen vermochten.

112 Gemeint ist die scholastische Philosophie. Dazu Ludger OEING-HANHOFF, Philosophia perennis, in: LThK^2 8, 471f.
113 Über ihn Eberhard JÜNGEL, Karl Barth (1886–1968), in: TRE 5, 251–268.

Für die drei angesprochenen Punkte gilt: »Im Grunde genommen handelt es sich nicht um einen Gegensatz von jung und alt, sondern um einen Gegensatz zwischen zwei verschiedenen Haltungen, von denen die eine erfüllt ist von dem Wissen um die Zeitwende, die andere von dem Willen, unter allen Umständen an dem Alten festzuhalten.«

Teil 2: Die theologische Wissenschaft

1. Scholastische Philosophie

Durch die Wendung zur Ontologie in der neueren Philosophie kam auch die Scholastik wieder zu Ehren. Daß bei Theologiestudenten nicht nur ein historisches Interesse an Thomas erweckt wurde, zeigt der Erfolg der systematisch ausgerichteten Arbeiten von Sertillanges, Gilson, Maritain und Joseph Pieper. Auch die Bücher von Söhngen (Sein und Gegenstand)[114] und Max Müller (Sein und Geist)[115] belegen die Offenheit. Die Rezeption der scholastischen Philosophie wird allerdings erschwert durch die unverständliche Vortragsweise der Dozenten und eine gewisse Distanz junger Leute zur Philosophie überhaupt. Die Veränderungen der schulischen Lehrpläne seit dem Ersten Weltkrieg bedingen eine Unfähigkeit zum logischen Denken[116]. Ohne besondere Vorschulung können philosophische Gedankengänge daher oft nicht nachvollzogen werden. »Man überschüttet die Studenten mit Begriffen, die aus dem Griechischen stammen, während doch die Hörer manchmal kaum die Anfangsgründe des Lateinischen beherrschen. Und da wundert man sich, wenn viele lieber von Erlebnis und Wagnis hören als von Substanz und Akzidenz!«

2. Apologetik

Die Apologetik der Jahrhundertwende wurde vom Geist der »Voraussetzungslosigkeit« beherrscht. »An die Stelle des katholischen Glaubens war damals eine Art christliche Weltanschauung getreten, die mit natürlichen Gründen das Dasein und die Eigenschaften Gottes bewies, die Unsterblichkeit der Seele und Lohn und Strafe im Jenseits.« Nach dem Ersten Weltkrieg kam das »eigentliche, übernatürliche Wesen des Christentums« wieder in den Blick. Kierkegaard und

114 Gottlieb SÖHNGEN, Sein und Gegenstand. Das scholastische Axiom Ens et Verum convertuntur als Fundament metaphysischer und theologischer Spekulation (Veröffentlichungen des Katholischen Institutes für Philosophie Albertus-Magnus-Akademie zu Köln 2/4), Münster 1930.

115 Max MÜLLER, Sein und Geist. Systematische Untersuchungen über Grundproblem und Aufbau mittelalterlicher Ontologie (Beiträge zur Philosophie und ihrer Geschichte 7), Tübingen 1940.

116 Vgl. Paul SIMON, Theologie und Seelsorge, in: BORGMANN 85–96, hier 93f.

Pascal[117] fanden zahlreiche neue Anhänger. Die in manchen Kreisen anzutreffende scharfe Ablehnung der Vernunft wurde von katholischen Theologen jedoch nicht mitvollzogen, da die neu entstehende Fundamentaltheologie bei der Evidenz des christlichen Glaubens an sich einsetzte und so zu den Anliegen der Apologetik eines Thomas von Aquin zurückkehrte (Garrigou-Lagrange: »Apologetica intrinsece dirigitur a fide.«[118]). Diese Wandlung geschah »nicht ohne den Einfluß der Umwelt, die ja gar keine Beweise mehr hören wollte, die vielmehr bereit war, jeden echten Glauben gelten zu lassen, wenn er seine Echtheit durch die Haltung der Glaubenden bewies«.

3. Der Glaubensbegriff

Von modernistischer Seite und auch in den Büchern »Der Katholizismus. Sein Stirb und Werde« und »Der Katholizismus der Zukunft«[119] wird der Vorwurf erhoben, der Glaubensbegriff sei völlig intellektualisiert. Dagegen spricht eindeutig die Lehre des Vatikanum I, das neben dem Glauben aus Vernunftgründen auch den »auf die Autorität des offenbarenden Gottes selbst hin« fordert[120]. Darin ist aber »die personale Beziehung des Menschen zu Gott« eingeschlossen. Schon daher hat es nichts mit Modernismus zu tun, wenn jüngere Leute die persönliche Seite des Glaubens stärker betont wissen wollen. Hier wirkt sich eher die Theologie Newmans[121] aus. Glaube heißt weder Rationalismus noch Irrationalismus. Daß man sich dessen auch in der jüngeren Generation bewußt ist, zeigt die geringe Resonanz der in den obengenannten Büchern vertretenen Theorien.

4. Kirche und Christusmystik

Folgende Gründe für das erstarkte Interesse an der Ekklesiologie werden angeführt:

a) Die liturgische Erneuerungsarbeit Pius' X. lenkt den Blick auf die urkirchliche Liturgie und damit auch auf die *Urkirche* selbst zurück und bereitet so die Abkehr von Bellarmins[122] Kirchenbegriff vor.

117 Blaise Pascal (1623–1662); über ihn und die Rezeption seiner Philosophie Hermann Platz, Pascal in Deutschland, Salzburg ²1990.

118 Réginald Garrigou-Lagrange, De revelatione per Ecclesiam Catholicam proposita (Theologia fundamentalis secundum S. Thomae doctrinam, prior pars apologeticae), Rom ³1925, 15.

119 Zu den genannten Büchern siehe unten S. 54–60 und 178.

120 Dazu ausführlich Paul Simon, Die natürliche Gotteserkenntnis und die Entscheidung des Vatikanischen Konzils, in: Ders., Zur natürlichen Gotteserkenntnis, Paderborn o. J. [1940], 49–90.

121 John Henry Newman (1801–1890); Ian Ker, John Henry Newman. A biography, Oxford 1988; Günter Biemer, John Henry Newman (1801–1890) nach einhundert Jahren. Ein Literaturbericht, in: Theologische Revue 89 (1993), 177–188; vgl. die zeitgenössische Werkausgabe: John Henry Kardinal Newman, Ausgewählte Werke, hg. von Matthias Laros, 6 Bde., Mainz 1922–40.

122 Über ihn Gustavo Galeota, Roberto Bellarmini (1542–1621), in: TRE 5, 525–531.

b) Das in der Jugendbewegung lebendige Gemeinschaftsbewußtsein schafft die Voraussetzung dafür, auch die Kirche als Gemeinschaft zu verstehen und zu erfahren. Die von Möhler[123] und Scheeben vertretene Lehre vom *Corpus Christi mysticum* tritt wieder ins Bewußtsein. Auch in der römischen Theologenschule[124] wurde sie gelehrt und floß in das nicht verabschiedete Kirchenschema des Vatikanum I ein. Insofern ist es abwegig, sie aus protestantischen Quellen ableiten zu wollen[125]. Das Ganze ist als Frucht des Wirkens Pius' X. zu verstehen, der die »Theologie aus den Angeln hob« und durch seine Kommuniondekrete wahrhaftige »Fehlentwicklungen« rückgängig machte!

Anschließend geht das Gutachten auf die Frage der Deutung des Bildes vom »Corpus Christi mysticum« ein und verwahrt sich gegen die massiven Vorwürfe Gröbers an die Adresse des Apostels Paulus. Gröber hatte diesem indirekt Unzulänglichkeiten in seinen Ausführungen über den mystischen Leib Christi unterstellt. Das Gutachten sieht darin einen Angriff auf die kirchliche Lehre von der göttlichen Inspiration der Heiligen Schrift. Nimmt man den Apostel ernst, ist die Rede vom Corpus Christi mysticum realiter und nicht nur bildhaft zu verstehen. Die von Gröber angegriffenen »Kerygmatiker« sind in dieser Hinsicht über jeden Verdacht erhaben. Sie bemühen sich lediglich darum, unfruchtbare Spekulationen von den Gläubigen fernzuhalten und ihnen so den Zugang zur Mitte der christlichen Botschaft zu eröffnen.
Auch bei der *Christusmystik* darf man das Kind nicht mit dem Bad ausschütten. Das indizierte Buch von Pelz »Der Christ als Christus« fand kaum Anhänger, eine »dauernde Inkorporation der Gläubigen in dem fleischgewordenen Christus« vertrat sogar Maurice de La Taille SJ (1872–1933), der gewiß unverdächtige Dogmatiker an der Gregoriana. Überdies haben die Väter (Hilarius, Chrysostomus, Augustin) so gelehrt.

123 Über ihn Hubert WOLF, Johann Adam Möhler (1796–1838), in: BAUTZ, Bd. 5, 1584–1593.

124 Dazu Walter KASPER, Die Lehre von der Tradition in der Römischen Schule (Giovanni Perrone, Carlo Passaglia, Clemens Schrader) (Die Überlieferung in der neueren Theologie 5), Freiburg/Br. 1962; Karl Heinz NEUFELD, Römische Schule, in: Gregorianum 63 (1982), 677–699.

125 Noch vor deutschen sind dem Gutachten zufolge »romanische« Theologen als Vertreter der Lehre vom Corpus Christi mysticum zu nennen: Emile Mersch SJ (Le corps mystique du Christ, 2 Bde., Löwen 1933), Columba Marmion OSB, Raoul Plus SJ, Sebastian Tromp SJ (Corpus Christi quod est ecclesia, Bd. 1: Introductio generalis, Rom 1937). Auch kirchenamtliche Äußerungen, angefangen von Bonifaz VIII. bis Pius XI. lassen sich als Belegstellen anführen. Zwar sind die Ursprünge der Lehre noch nicht geklärt, Einwände wie die von Mannes Dominikus Koster und Ludwig Deimel sind verständlich, dennoch sollte der Prozeß der Adaption in der Seelsorge (Constantin Noppel SJ, Aedificatio corporis Christi. Aufriß der Pastoral, Freiburg/Br. 1936 mit einem Geleitwort von Conrad Gröber), im Verständnis der Messe (Friedrich Jürgensmeier, Der mystische Leib Christi als Grundprinzip der Aszetik. Aufbau des religiösen Lebens und Strebens aus dem Corpus Christi mysti-cum, Paderborn ^{7}1938) und in der Frömmigkeit nicht gebremst werden.

5. Das allgemeine Priestertum

Anlaß für das neuerliche Bewußtwerden dieser Wahrheit ist der Aufruf Pius' XI. zur Katholischen Aktion[126]. Ob Väter, Thomas oder Papst – alle lehren so. Das allgemeine Priestertum gegen das Weihepriestertum auszuspielen, kam und kommt dabei niemandem in den Sinn. Die Beteiligung der Gläubigen an der Darbringung des Opfers wird in der Enzyklika »Miserentissimus Redemptor« Pius' XI. deutlich ausgesprochen[127]. In der Überlieferung wird das Meßopfer »nicht nur als Opfer des Priesters, sondern primär der Kirche bezeichnet«. Das »offerre« (darbringen) gilt dabei auch und besonders von den »adstantes«. Zu einer vollkommenen Teilnahme gehört der Empfang der Kommunion, wie wiederum das Tridentinum lehrt. Wenn jüngere Geistliche diese Lehre in die Tat umsetzen, so ist das vielleicht Mangel an pastoraler Klugheit, aber sicher kein fehlendes Sentire cum Ecclesia. »Je ernster der ältere Klerus die Anliegen der jüngeren Generation nimmt, um so mehr wird er seine eigenen seelsorgerischen Gesichtspunkte geachtet finden. Es hat manchmal den Anschein, als ob ältere Geistliche die Folgerungen, die sich aus den Weisungen der Päpste für die Aktivierung der Laien in der Kirche ergeben, als eine unberechtigte Beschränkung ihrer eigenen Betätigung empfänden und deshalb versuchen, die säkularen Richtlinien der letzten Päpste abzuschwächen.«

Teil 3: Die liturgische Bewegung

Den Anfang der liturgischen Bewegung in Deutschland bezeichnet das Dekret der Konzilskongregation über den täglichen Empfang der heiligen Eucharistie vom 20. Dezember 1905[128]. Vorbereitend wirkten die Theologie der Romantik, der liturgische Aufbruch bei den Benediktinern und »das Aufblühen einer christlichen Archäologie in Rom«. Später wurde auch in der Universitätstheologie die Messe zum Thema. Die Reform des Kirchengesangs durch Pius X.[129] ist ebenfalls als Wegbereiterin zu nennen. In Norddeutschland setzte die Bewegung erst 1919 ein und erfaßte zunächst akademische Kreise, wobei Klöster die Mittelpunkte bildeten. Mit der Jugendbewegung wurde die Gemeinschaftsmesse auch in den Pfarreien heimisch. Bestand anfangs ein großes Interesse, die Schönheit der Liturgie wieder zu entdecken, so erkannte man bald, daß ein zentraler Wesenszug der

126 Zu den vielfältigen Äußerungen Pius' XI. vgl. Jacques VERSCHEURE, Katholische Aktion, in: LThK² 6, 74–77.

127 Pius XI., Enzyklika »Miserentissimus Redemptor« vom 8. Mai 1928; AAS 20 (1928), 165–187.

128 Pius X., Dekret »Sacra Tridentina Synodus« vom 20. Dezember 1905; D(H) 3375–3383.

129 Pius X., Motu proprio »Tra le sollecitudini« vom 22. November 1903; ASS 36 (1904), 329–332.

Kirche, »das sakramentale Prinzip«, eine Belebung erfuhr. Christus ist wahrhaft Mensch geworden und hat darum auch echte Zeichen eingesetzt. Alle Verkürzungen widersprechen seiner Intention. Da die Liturgie Mitte und Höhepunkt des christlichen Lebens ist, geht es bei ihrer Erneuerung nicht um die Veränderung irgendwelcher Zeremonien, sondern um »das sakramentale Leben in der von Christus gewollten Form«, und das bedeutet, das äußere Zeichen ist so ernst zu nehmen wie die innere Gnadenwirkung.

Wenn von religiösem Erleben die Rede ist, so wollte und will die liturgische Bewegung damit nie eine Reduzierung des Glaubens auf das Gefühl zum Ausdruck bringen. Es ging immer nur um eine wirkliche, eine echte »Teilnahme an der Feier der heiligen Geheimnisse«, um das »Leben mit Gott«, das »geheimnisvolle commercium zwischen Gott und der Seele«. Wer behauptet, dies seien Selbstverständlichkeiten, vertuscht, daß die heilige Messe für lange Zeit und für viele nur der Ort war, die eigene, subjektive Frömmigkeit zu üben.

Ein neues Verständnis für die Liturgie brach gerade zu dem Zeitpunkt auf, als Äußerliches – Vereinsarbeit und Unterricht – zum Mittelpunkt priesterlichen Wirkens wurde und das eigentlich Zentrale, die Messe, die geringste Zeit des Tages in Anspruch nahm[130]. »Man bedenke, daß ein Großteil Arbeit von jungen Geistlichen geleistet werden mußte in der Deutschen Jugendkraft, deren wichtigste Tätigkeit der Sport war. Man darf wohl sagen, daß Gottes Vorsehung das neue Verständnis für Liturgie zur rechten Zeit erweckte und einer großen Gefahr für Klerus und Volk vorbeugte.«

Gerade auch nach der Zerschlagung aller Vereinsarbeit erweist die liturgische Bewegung ihre Fähigkeit, »die Jugend zu fesseln«. Sie vermag der vom Nationalsozialismus propagierten Erziehung der Jugend zur »Ehrfurchtslosigkeit« entgegenzuwirken. »In einer Zeit, die alle möglichen irdischen Dinge verabsolutieren will, die Hygiene zur Religion und das Baden zu einem Kult machen möchte, tun wir gut, den von Christus eingesetzten Kult in seiner ganzen Größe und symbolischen Tiefe zu zeigen.« Ebenso kann dem nationalsozialistischen Versuch, »eine Liturgie ohne Religion zu schaffen«, nur durch einen »angemessenen, würdigen und feierlichen Vollzug« der göttlichen Liturgie entgegengewirkt werden. Gerade darum sollen die Bischöfe endlich ihr Amt als »dispensatores mysteriorum Dei« entschieden wahrnehmen und die liturgische Bewegung »nicht sich selbst überlassen«.

Die menschliche Größe und geistige Weite dieses Gutachtens ist unverkennbar; der geschichtliche Ort theologischer und liturgischer Erneue-

130 »Das sakramentale Leben und der Vollzug dieses Lebens [ist] der Mittelpunkt des gesamten Tuns des Seelsorgers.« Paul SIMON, Theologie und Seelsorge, in: BORGMANN 85–96, hier 91; dazu auch DERS., Das Priestertum als Stand und der Laie, Salzburg 1938, 74–78.

rung wird überzeugend geklärt; die Zeitsituation und die Bedrängung durch den Nationalsozialismus kommen in den Blick. Der detaillierte Rückgriff auf Theologie und Lehramt bringt die Kurzatmigkeit der Gröberschen Anklagen auf den Punkt: Sie verraten theologische Unkenntnis und ein fehlendes Gespür für die brennenden Fragen der Zeit. Das fundamentale Interesse des Gutachters an Leben und Erhalt der Kirche ist in jeder Zeile zu spüren. Da schreibt einer, der weiß: jetzt geht es ums Ganze, der erkennt, wie notwendig gerade angesichts der nationalsozialistischen Bedrohung eine Konzentration der Kräfte auf das Wesentliche geworden ist.

c) Das Mainzer Gutachten

Das Bemühen, den »westdeutschen Bischöfen« einen konsensfähigen Text vorzulegen, führte zur Ausarbeitung eines weiteren Memorandums. Es stammt aus der Feder des Mainzer Bischofs Stohr[131]. Seine Stellungnahme sollte sich – nach eigenem Bekunden – an Wahrheit und Liebe orientieren, »die wir auch dem irrenden Bruder schuldig sind«. Ein erster Blick gilt der Zeitsituation. Auch das Mainzer Gutachten konstatiert seit der Jahrhundertwende eine Tendenz weg von der »ratio« hin zur »fides«. Doch dieses Spannungsverhältnis gab es bereits in der Scholastik (Anselm von Canterbury[132] – Bernhard von Clairvaux[133].) Insgesamt ist der Zustand der Theologie positiv zu bewerten. Die »Scheeben-Renaissance«, das Interesse an Thomas und der Scholastik, an biblischer und patristischer Theologie sind deutliche Zeichen des Aufschwungs. Im folgenden geht das Gutachten auf die »Beunruhigungen« Gröbers en detail ein:

1. *Sorge um Spaltungen im Klerus.* Gäbe es wirklich eine Spaltung im Klerus, müßte von seiten der Bischöfe energisch eingeschritten werden. Aber da die Kirche die Verschiedenheit der theologischen Schulen duldet, muß sie auch unterschiedliche Anschauungen ertragen. Erst wenn manche Gruppen ihr »Sondergut« als alleinseligmachende Wahrheit ausgeben, müssen die Bischöfe einschreiten.

2. *Das sinkende Interesse an der theologia naturalis.* In der Apologetik hat sich seit der Jahrhundertwende viel verändert, bisweilen wird der Irrationalismus tatsächlich übertrieben und so die kirchliche Lehre hinterfragt. »Man redet angesichts der beiden Bücher von Mensching und Mulert nicht ganz ohne Grund von einem Dolchstoß des Modernismus in den Rücken der Kirche.«

131 Gutachten der Bischöfe der Kölner und Paderborner Provinz; Archiv des Liturgischen Instituts in Trier; danach das Folgende; zur Frage der Verfasserschaft vgl. MAAS-EWERD 380.

132 Über ihn Ludwig HÖDL, Anselm von Canterbury (1033–1109), in: TRE 2, 759–778.

133 Jürgen MIETHKE, Bernhard von Clairvaux, in: Kaspar ELM (Hg.), Die Zisterzienser. Ordensleben zwischen Ideal und Wirklichkeit, Bd. 1, Köln 1980, 47–55.

Auf der anderen Seite darf nicht übersehen werden, daß das Verhältnis vieler Christen zu ihrem Glauben »froher und entschlossener« geworden ist. Für Übertreibungen aus jugendlichem Überschwang muß man Verständnis haben. Bücher wie die von Koepgen und Keindl[134] wurden zu Recht aus dem Verkehr gezogen. Doch selbst in Rom wird an der Hochschule der Dominikaner (Garrigou-Lagrange) die Fundamentaltheologie »ganz vom Standpunkt des Glaubens« betrieben; die Theologia naturalis spielt nur noch eine Nebenrolle.

3. *Die neue Begriffsbestimmung des Glaubens.* Die Definition des Glaubens als Verstandeszustimmung darf nicht ersetzt werden, bedarf aber sehr wohl einer Ergänzung. Die Teilhabe des Menschen am »göttlichen Innenleben« muß endlich auch in der Lehre zum Ausdruck kommen. Vitalistische Einseitigkeiten sind damit freilich nicht abgesegnet.

4. *Wachsende Minderbewertung der scholastischen Philosophie und Theologie.* Junge Theologen sind hier in die Schranken zu verweisen und zur Ehrfurcht vor der Scholastik zu erziehen. »Priester, die konsequent die Gegnerschaft gegen die traditionelle kirchliche Wissenschaft zur Schau tragen und verfechten (Hessen), dürfen nicht geschont werden.« Wer die herkömmliche theologische Begrifflichkeit in Frage stellt, muß schärfstens zurechtgewiesen werden.

Die den Punkten 2–4 zugrundeliegende Tendenz gipfelt in der Furcht vor einem überhandnehmenden Irrationalismus, dem nur durch eine gründliche philosophische Schulung gewehrt werden kann. »Es ist im Zusammenhang mit Erörterungen über die Bildung der Theologen von einer Art Noviziat und einer besonderen Betonung der scholastischen Philosophie die Rede gewesen.« Entsprechende Forderungen lassen sich an kirchlichen Lehranstalten natürlich leichter als an staatlichen Universitäten durchsetzen.

5. *Rücksichtslose Kritik am Gewordenen, willkürliches Zurückgreifen auf irgendeine Periode der Vergangenheit.* Es steht fest, daß es keine klassische Epoche der Kirche gibt, die als Maßstab für alle anderen zu gelten hat. Dennoch: die Entscheidungen Pius' X. zu Fragen der Eucharistie deckten eine Reihe tatsächlicher »Fehlentwicklungen« auf.

6. *Einseitige Bevorzugung der östlichen Patristik.* Über die Einbeziehung der östlichen Patristik ins theologische Denken der Gegenwart braucht man nun wirklich nicht zu klagen, höchstens, es kommt zu extremen »Einseitigkeiten«, wie bei Koepgen, der ausschließlich auf Symeon den neuen Theologen setzt.

7./8. *Wachsender Einfluß der protestantischen Dogmatik. Grenzöffnung anderen Kirchen gegenüber.* Vor Karl Barth war nur die protestantische Exegese in-

134 Josef KEINDL, Wir müssen wissen. Probleme zwischen Naturwissenschaft und Religion, Paderborn 1941; Josef Keindl (*1903), Dr. phil. habil., Oberstudienrat, 1949–66 Honorardozent an der Universität Wien.

teressant, die jedoch beim raschen Voranschreiten der katholischen Bibelwissenschaft überflüssig wird. Mit den systematischen Entwürfen von Barth und Brunner[135] hingegen muß man sich auseinandersetzen. Dabei geht es freilich nicht um »Grenzöffnungen«, sondern lediglich um den Versuch, andere zu verstehen, der nicht von vornherein Verdächtigungen ausgesetzt werden darf.

9. *Der neue Kirchenbegriff.* Niemand will den von Bellarmin geprägten juridischen Kirchenbegriff der societas perfecta aufgeben. Ebensowenig kann man ihn ohne Ergänzung lassen, worum sich bereits das Kirchenschema des Vatikanum I bemüht hat. Wer freilich einen Gegensatz zwischen Geist und Amt, Recht und Liebe konstruiert wie Ernst Michel, muß zurechtgewiesen werden.

10. *Der sublime Supranaturalismus.* Ein gesunder Supranaturalismus kann eher begrüßt werden als der Rationalismus der Jahrhundertwende. Gröbers Ansinnen, das Volk mit bloßen Katechismuswahrheiten abzuspeisen, stellt einen inakzeptablen »Minimalismus« dar. Die Gläubigen haben ein Recht, das ganze Evangelium zu hören. Das allgemeine »Verlangen nach der Fülle« des Glaubens ist ein gutes Zeichen, dem eine möglichst weitgespannte Verkündigung entsprechen muß. Auch das »Geheimnis« hat dabei zur Sprache zu kommen.

11./12. *Corpus Christi mysticum und Christusmystik.* Die Lehre vom Corpus Christi mysticum ist noch nicht voll ausgebildet, Seelsorger berichten jedoch von ihrer praktischen Relevanz. Was Paulus wichtig war, können wir nicht einfach abtun. Wer auf seinen Spuren wandelt, muß gegen jede Art von Ketzermacherei in Schutz genommen werden. Spricht man vom mystischen Christus, besteht nur dann eine Gefahr für den Glauben, wenn man gleichzeitig den historischen Jesus ausblendet. Die Weiterarbeit an der Lehre vom Corpus Christi mysticum stellt darum ein dringendes Desiderat dar. Ein Irrweg sollte dabei unter allen Umständen vermieden werden: der Quietismus! Ist man doch »im Namen des rechten Seins ... dem rechten Tun nicht immer gerecht geworden«! Diese Kinderkrankheiten der liturgischen Bewegung verlieren sich jedoch mehr und mehr.

13. *Überbetonung des allgemeinen Priestertums.* Hier ist das Mainzer Gutachten eindeutig: »Gegen die Vorwürfe der [Freiburger] Denkschrift soll eine feste Schranke aufgerichtet werden.« Die von Gröber angegriffenen Artikel in dem Sammelband »Volksliturgie und Seelsorge« sind bis auf eine Formulierung (»Ratifizieren des Opfers« durch die Gläubigen[136]) tadellos und anerkennenswert. Die ganze Gemeinde ist Trägerin des Gottesdienstes. Wer

135 Über ihn Horst BEINTKER, Emil Brunner (1889–1966), in: TRE 7, 236–242.
136 So formuliert bei Eugen WALTER, Weihe- und Laienpriestertum, das eine Priestertum der Kirche, in: BORGMANN 31–47, hier 40.

die Tradition der Kirche ernstnimmt, kann daran nicht zweifeln. Damit dies zum Ausdruck kommt, bedarf es in der Messe der Kommunion aller Mitfeiernden: »Allein speisen ist immer ein Notbehelf; Mahl will Gemeinschaft.«

14. *Opfermahl.* Wer die Austeilung der Kommunion außerhalb der Messe verweigert, handelt pastoral unklug. Wer sie aber innerhalb der Messe nicht spenden will, wendet sich darüber hinaus »gegen den Willen des Herrn«. Nach dieser eindeutigen Zurückweisung der vom Freiburger Memorandum erhobenen Kritik macht Stohr sich für einen seiner Diözesanpriester stark: Guardinis Ausführungen zur Kommunion unter beiderlei Gestalt finden zwar nicht seine Zustimmung, aber Gröbers Angriffe auf einen »so lauteren Christen und Priester« scheinen ihm doch überzogen[137].

15. *Überbetonung des Liturgischen.* Mit den diesbezüglichen Auslassungen Gröbers lohnt sich nach Stohrs Ansicht eine Auseinandersetzung nicht. Man muß nur die Beratungen der Fuldaer Bischofskonferenz verfolgen, um deren grundsätzlich positive Einstellung zur liturgischen Bewegung wahrzunehmen. Wie befruchtend sie für die Pastoral sein kann, belegen die Aufsätze von Gunkel und Bogler in dem Sammelband »Volksliturgie und Seelsorge«[138]. Daß der Kult die Mitte der Kirche ist und darum auch alle pastoralen Bestrebungen prägen muß, wird kein Gläubiger leugnen.

16. *Die Gemeinschaftsmesse.* Durch die Richtlinien der Bischofskonferenz für die Jugendseelsorge von 1936 ist die Gemeinschaftsmesse als gültige Form anerkannt[139]. Ihre positiven Wirkungen, die Umgestaltung der Messe vom »Privatwerk« zum »echten Volkswerk« kann niemand bestreiten. Die anfängliche Überheblichkeit bei manchem liturgisch Bewegten gegen Formen der privaten Frömmigkeit hat sich gelegt.

17. *Die Verdeutschung der Sakramentenspendung.* Die eigentliche Frage stellt die aktive Beteiligung des Volkes an der Liturgie dar. Die Vollmacht zur Verwendung der deutschen Sprache kommt allein Rom zu, »die üblen Erfahrungen der

137 »Der von mir sonst sehr geschätzte Romano Guardini glaubt sogar, daß man ohne die Wiedereinführung des Mahles unter *zwei* Gestalten nicht ›auskomme‹. Man erkennt aus dieser Bemerkung auch, wie weit die Neuliturgiker ihre Ziele sich stecken, und welche Wirrungen und Irrungen wir innerhalb der Kirche noch zu gewärtigen haben. Es schneidet mir tief ins Herz ...«; Freiburger Memorandum Nr. 14; Text bei MAAS-EWERD 558.

138 Theo GUNKEL, Zum Verhältnis von Liturgie und Seelsorge, in: BORGMANN 48–56; Theodor BOGLER, Grundsätzliches und Selbsterlebtes zur Frage: Liturgie und Seelsorge, ebd. 57–71.

139 Die Richtlinien wurden unter dem 3. April 1936 vom Trierer Bischof Bornewasser an seine Kollegen versandt; Text bei Heinrich ROTH, Katholische Jugend in der NS-Zeit unter besonderer Berücksichtigung des Katholischen Jungmännerverbandes. Daten und Dokumente (Altenberger Dokumente 7), Düsseldorf 1959, 203f.

Aufklärungszeit, der Zeit des Deutschkatholizismus und Altkatholizismus müssen berücksichtigt werden«, dennoch ist nur ein mutiges Voranschreiten der rechte Weg. »Die Kirche hat schon größere Wagnisse glücklich überstanden.«

Auf Gröbers Schlußfrage: »Können wir großdeutschen Bischöfe, und kann Rom da noch schweigen?« antwortet Stohr mit dem Bemerken, es gebe allerdings gewisse »bedenkliche Erscheinungen«. Daß Bücher mit kirchlicher Druckerlaubnis aufgrund der in ihnen vertretenen Irrlehren auf den Index[140] gesetzt werden müssen, ist eine davon. Doch insgesamt überwiegt eindeutig das Positive. In diesen Kontext gehört die »beruhigende« und »entspannende« Wirkung, die durch die Errichtung des Liturgischen Referats der Bischofskonferenz[141] hervorgerufen wurde. Aber die Bischöfe dürfen sich auf ihren Lorbeeren nicht ausruhen; sie sind vielmehr in allen Fragen gefordert. »Vielleicht wäre die vorliegende Denkschrift nicht geschrieben worden, wenn überall in Deutschland die Glaubenswächter mehr Einfluß auf das geistige Leben genommen hätten.«

Trotz dieser differenzierten Stellungnahmen aus Paderborn und Mainz konnten sich die »westdeutschen Bischöfe« nicht auf eine gemeinsame Antwort an Gröber verständigen. Insbesondere die Bischöfe Joseph Godehard Machens (1886–1956)[142] von Hildesheim, Clemens August Graf von Galen (1878–1946) von Münster und Johann Baptist Dietz (1879–1959)[143] von Fulda waren nicht zu einer Zustimmung zu bewegen[144]. Der Freiburger Erzbischof stand mit seinen Gedanken doch nicht so allein, wie er selbst annahm.

5. Der Rheinische Kreis der Reformfreunde

Um das Jahr 1940 hatte sich im Anschluß an die beiden Reformschriften »Der Katholizismus. Sein Stirb und Werde«[145] und »Der Katholizismus der Zukunft«[146] um Johannes Hessen (1889–1971), Oskar Schroeder (1889–1974)[147] und Josef Thomé (1891–1980) ein Kreis von Priestern und Laien gebildet, der

140 Dazu immer noch unverzichtbar Heinrich REUSCH, Der Index der verbotenen Bücher. Ein Beitrag zur Kirchen- und Literaturgeschichte, 2 Bde., Bonn 1883–85; Herman H. SCHWEDT, Der römische Index der verbotenen Bücher, in: HJ 107 (1987), 296–314.

141 Diese erfolgte 1940; dazu Johannes WAGNER, Liturgische Kommission, in: $LThK^2$ 6, 1101.

142 Über ihn Hans-Georg ASCHOFF, Joseph Godehard Machens (1886–1956), in: GATZ 467–470.

143 Über ihn Karl HENGST, Johann Baptist Dietz (1879–1959), ebd. 130f.

144 Dazu MAAS-EWERD 363–366.

145 Gustav MENSCHING (Hg.), Der Katholizismus. Sein Stirb und Werde. Von katholischen Theologen und Laien, Leipzig 1937.

146 Hermann MULERT (Hg.), Der Katholizismus der Zukunft. Aufbau und kritische Abwehr. Von katholischen Theologen und Laien, Leipzig 1940.

147 Über ihn »Löscht den Geist nicht aus«. Zum Gedenken an Dr. Oskar Schroeder, o.O. o. J. [Duisburg 1974].

sich der kirchlichen Reform verschrieb. Der innere Kreis, bestehend aus zehn Klerikern, die sich vorwiegend aus den Diözesen Köln, Aachen und Münster rekrutierten, traf sich seit 1940 regelmäßig zu mehrtägigen Konferenzen, auf denen ein breites Spektrum theologischer und philosophischer Fragen behandelt wurde. Erklärtes Ziel des Rheinischen Kreises der Reformfreunde[148] war die Errichtung einer Art Gegenfakultät zu den weitgehend neuscholastisch geprägten Katholisch-Theologischen Fakultäten in Bonn und Münster. Die Vorträge und Ergebnisse der Treffen des engeren Kreises wurden durch Umlaufmappen (Nikodemus-Mappen genannt) einem weiteren Kreis von ca. 30–50 Sympathisanten zugänglich gemacht. Die Reaktion der Reformgruppe auf Gröbers Memorandum verdient besondere Beachtung, da sie in allen anderen Stellungnahmen, auch der Rahners, des Antiintellektualismus und Neomodernismus geziehen wird. Die Antwort der Reformfreunde verfaßte Oskar Schroeder. Die umfangreiche Denkschrift »Aufbruch oder Verhängnis im deutschen Katholizismus?« hat sich in seinem Nachlaß in der Stadtbibliothek Duisburg erhalten[149].

Im ersten Teil verleiht Schroeder seiner Überzeugung Ausdruck, daß es mit einer Bagatellisierung der von Gröber genannten Punkte, wie sie von großen Teilen des deutschen Episkopats betrieben wird, nicht getan ist. »Hier sind Fragen aufgeworfen, die beantwortet werden wollen.« Gröbers Brief erscheint nur vordergründig als Anklage gegen gewisse deutsche Theologen oder Reformgruppen, tatsächlich aber stellt er einen Angriff auf die Bischöfe dar, die ihr Wächteramt nur unvollkommen wahrnehmen. Dem Episkopat ist die Leitung der Kirche aus den Händen geglitten; es bilden sich die verschiedensten Gruppen, »die ihre eigenen Wege gehen«.

Insofern stimmt Schroeder mit Gröbers Analyse überein. Seine Einschätzung der Lage vermag er aber nicht zu teilen. Vieles, was ihn beunruhigt, ist in Wahrheit Anlaß zur »Beruhigung, ja zur Ermutigung und Freude«: »das Zurückgreifen auf urchristliche Zeiten und Ideale, auf die Kirchenväter, das Ringen um eine neue Begriffsbestimmung des Glaubens und der Kirche, die Grenzöffnung anderen Kirchen gegenüber, die starke Betonung des allgemeinen Priestertums, des Liturgischen (insbesondere der Gemeinschaftsmesse) und die Verdeutschungsbestrebungen«.

Gröber hätte ganz andere »Versäumnisse und Fehlentwicklungen« in den Blick nehmen müssen. Schroeder nennt seinerseits 14 drängende »Beunruhigungen«:

148 Dazu vorläufig Oskar SCHROEDER, Aufbruch und Mißverständnis. Zur Geschichte der reformkatholischen Bewegung, Graz 1969, 473–478. – Der Herausgeber bereitet eine Untersuchung und Edition zum »Rheinischen Kreis der Reformfreunde« vor. Für die großzügige Finanzierung dieses Projekts sei auch an dieser Stelle der »Fritz-Thyssen-Stiftung« in Köln herzlich gedankt. Die Edition des Rahner-Gutachtens stellt bereits eine erste Frucht dieses Forschungsvorhabens dar.

149 Stadtbibliothek Duisburg, Nachlaß Schroeder 3.5.2.14 (1. Teil) und 3.5.2.18 (2. Teil).

1. *»Das Anliegen einer germanischen Frömmigkeit«.* In diesem Kontext nimmt Luther den bedeutendsten Platz ein, die Reformation mußte kommen, »weil die Deutschen das Bedürfnis hatten, fromm zu sein«. Luther befreite den heilssuchenden Menschen aus peripheren, scholastischen Lehrformeln und führte den Glauben auf sein Zentrum, auf Gott, zurück. Allerdings verkam der spätere Protestantismus zu einem orthodoxen Dogmatismus. Die Auflösung der religiösen Substanz und die endgültige Spaltung der Kirche war die Folge. Die religiösen Aufbrüche der Gegenwart, deren gemeinsames Ziel die Una Sancta ist, versuchen, diese dogmatischen Verkarstungen zu sprengen.

2. *»Die Entscheidung des politischen Katholizismus gegen eine nationale deutsche Kultur«.* Eine Ablösung des religiösen durch den politischen Katholizismus (namentlich die Gründung der Zentrumspartei[150]) und die Aufgabe des Einheitsdenkens der Romantik waren der erste Schritt des Katholizismus ins selbstgewählte Ghetto und führten zum Auseinanderbrechen von Kirche und Nation. Jede vermittelnde Position wurde sabotiert und sanktioniert, »jede Idee von Germanismus« verschwand aus dem Katholizismus.

3. *Der deutsche Episkopat ließ sich seine Selbständigkeit Rom gegenüber rauben.* Die Bestrebungen, eine Nationalkirche zu schaffen, wurden unterbunden. Dies ist der eigentliche Grund des Zwiespalts im deutschen Episkopat, »wo eine einheitliche Ausrichtung sowohl dem antichristlichen, wie dem welschen Geiste gegenüber vonnöten wäre«. Der Niedergang des bischöflichen Einflusses erreichte einen ersten Höhepunkt 1854 in der Definition der Immaculata Conceptio[151] ohne Einberufung eines Konzils. Auf dem Vatikanum I erfolgte die »Umstülpung der kirchlichen Pyramide«. In Anspielung auf Gröbers Schlußsatz formuliert Schroeder: »Was sollen die Bischöfe reden, wenn am Ende doch Rom allein das Wort führt?« Klerus und Volk in Deutschland müssen zur Selbsthilfe greifen, vor allem, da ein neues Dogma der Miterlöserschaft Mariens droht. Die Auswüchse in der Mariologie (Schönstatt!) sind nicht Bestandteil von Gröbers Memorandum, »und doch sind sie gefährliche Anzeichen einer Überfremdung deutschen Wesens durch eine romanische Frömmigkeit«. Wie positiv muß man im Gegensatz dazu die stärkere Betonung der Christusmystik bewerten (als »Anzeichen eines gesunden ›Germanismus‹«), mag sie auch bisweilen nicht frei von Übertreibungen sein.

150 Dazu Christoph WEBER, »Eine starke, enggeschlossene Phalanx«. Der politische Katholizismus und die erste deutsche Reichstagswahl 1871 (Düsseldorfer Schriften zur neueren Landesgeschichte und zur Geschichte Nordrhein-Westfalens 35), Essen 1992.

151 Pius IX., Bulle »Ineffabilis Deus« vom 8. Dezember 1854; D(H) 2800–2804; dazu Gerhard MÜLLER, Die unbefleckte Empfängnis Mariens im Urteil päpstlicher Ratgeber 1842–1852, in: ZKG 78 (1967), 300–339; DERS., Die Immaculata Conceptio im Urteil der mitteleuropäischen Bischöfe. Zur Entstehung des mariologischen Dogmas von 1854, in: Kerygma und Dogma 14 (1968), 46–70.

4. *Die Unterdrückung des um die Jahrhundertwende gemachten Versuchs, einen Dialog zwischen naturwissenschaftlicher und historischer Erkenntnis einerseits und dem katholischen Glauben andererseits herbeizuführen.* Angesprochen wird hier vor allem der Antimodernismus Pius' X. Schroeder feiert den Modernismus als einen »großzügigen und kühnen ... Versuch«, die Dichotomie von Katholizismus und Moderne zu überwinden. Dies gelingt vor allem deshalb, weil die Vertreter dieser Richtung zwischen dem eigentlichen Mysterium und seiner geschichtlichen Einkleidung, dem jeweiligen Weltbild, zu unterscheiden vermochten. »Glaube ist nicht Welterklärung, sondern *Sinngebung* der Welt aus Gottes Offenbarung.« Daneben wurde damals im Bereich des Sozialen die Selbständigkeit der Laien hervorgehoben und grundsätzlich der Vorrang des allgemeinen Priestertums vor dem hierarchischen Prinzip betont. Pius X., der den wissenschaftlichen Fortschritt in der Kirche auf jede denkbare Weise zu hemmen suchte, begann den Kampf gegen diese Bewegung »und erfand das System des Modernismus«[152]. »Alle diese Maßnahmen, die – eine Ironie der Geschichte – denjenigen gleichen, mit denen die Kirche heute selbst von ihren Gegnern bekämpft wird, haben ihre verheerende Wirkung nicht verfehlt.« Die von Gröber beklagte neue Begriffsbestimmung des Glaubens und der Kirche läßt sich als ein Aufgreifen modernistischer Anliegen verstehen: der Glaube soll aus sich selbst begründet werden, »nicht aber sich auf ein philosophisches Fundament aufstützen«, eine eindeutige Absage an jede Form extrinsezistischer Apologetik.

Die weiteren Punkte bietet Schroeder nur in Form von Thesen[153]:
5. Die Kluft zwischen dem mittelalterlichen Weltbild der Kirche und dem heutigen wissenschaftlichen Weltbild.
6. Die daraus folgende, wachsende Entfremdung denkender Katholiken.
7. Die Drosselung des wissenschaftlichen Fortschritts in der Theologie, insbesondere die verhängnisvolle Handhabung des Index.
8. Die Einflußlosigkeit der Kirche im Hinblick auf das Ethos der Katholiken, vor allem auf die Verfeinerung des Gewissens.
9. Die Mechanisierung der seelsorgerlichen Praxis und die ihr zugrundeliegende mehr oder weniger magische Auffassung von der Wirkung der Sakramente.
10. Die Vermönchung weiter Gebiete christlichen Lebens (in Askese, Beichte und Zölibatsgesetzgebung).

152 Dazu Rudolf REINHARDT, Zu den Auseinandersetzungen um den »Modernismus« an der Universität Tübingen, in: DERS. (Hg.), Tübinger Theologen und ihre Theologie. Quellen und Forschungen zur Geschichte der Katholisch-Theologischen Fakultät Tübingen (Contubernium 16), Tübingen 1977, 271–352; Thomas Michael LOOME, Liberal Catholicism, Reform Catholicism, Modernism. A Contribution to a new Orientation in Modernist Research (Tübinger theologische Studien 14), Mainz 1979.

153 Eine etwas anders akzentuierte Zusammenfassung bei Oskar SCHROEDER, Aufbruch und Mißverständnis. Zur Geschichte der reformkatholischen Bewegung, Graz 1969, 478–482.

11. Das Versagen der Kirche in den großen Menschheitsanliegen (Friede, Völkerversöhnung, soziale Frage), ihre schwache Haltung gegenüber den Mächtigen dieser Welt.
12. Ihr Mangel an ausstrahlender Liebe und Sorge für die außerhalb der Kirche stehenden Menschen.
13. Der wachsende Zentralismus der römischen Kurie, die Entmündigung des Episkopats.
14. Die Ausschaltung des Laien in religiöser Hinsicht, insbesondere der Widerstand gegen die Betätigung des allgemeinen Priestertums.

Für Schroeder besteht Grund zur Beunruhigung. Er fragt: »Was tat oder tut die Kirche angesichts der heutigen Krise der abendländischen Christenheit?« und stellt ein vollständiges Versagen fest. Als der Krieg ausbrach, schwiegen der Papst und die Bischöfe und versäumten, »dem drohenden Unheil zu steuern und die Völker durch eine umfassende geistige Aufklärung zur Besinnung zu bringen«. Auch nach innen hat man nichts für die religiöse Erneuerung getan, außer der Förderung von Exerzitien, die aber nur dem individuellen Heil dienen können.

Für die »Weltweihe an das unbefleckte Herz Mariens«[154] als Ausweg aus der Krise hat Schroeder nichts übrig – außer Spott und Hohn. Durch sie wird die Einzigkeit der Mittlerschaft Jesu in Frage gestellt. »Sie verkitscht, verwelscht und entkräftet die katholische Frömmigkeit bis zur Gefahr der Perversion.« Sie entfernt die Kirche vom Geist des Evangeliums, und nicht zuletzt: sie behindert die Einigung der Kirchen. »Wie konnte es zur Vorherrschaft der Mariologie in der katholischen Kirche kommen?« So fragt Schroeder und ist um eine Antwort nicht verlegen:
1. Die Offenbarungsgrundlage wurde de facto aufgegeben.
2. Das Dogma von der metaphysischen Gottheit Jesu führte mehr und mehr zu einem praktischen Monophysitismus, so daß Maria in die Position der Mittlerin einrückte.
3. Die Bischöfe gaben »dem Vulgärglauben der Massen« nach.

Schroeder wirft Gröber ein völliges Verkennen dieser Problematik vor, weil er nur da Gefahren sieht, wo es zu einer Annäherung von Katholizismus und Protestantismus kommt. Die das Verhältnis unter den Konfessionen belastende hypertrophe Mariologie behandelt Gröber dagegen als quantité négligeable.

Abschließend setzt sich Schroeder detailliert mit der 13. »Beunruhigung« Gröbers auseinander, die die *Überbetonung des allgemeinen Priestertums* beklagt. In thesenhafter Form wird zunächst der biblische und historische Be-

154 Pius XII. vollzog die Weltweihe an das Herz Mariens am 31. Oktober 1942 und erneuerte sie am 8. Dezember 1942; dazu Karl SCHWERDT, Herz Mariä, in: LThK² 5, 300–302.

fund erhoben und dann das allgemeine Priestertum als Forderung der Zeit vorgestellt:

Der biblische und historische Befund über das allgemeine Priestertum.
1. Die »letzte Wurzel« des allgemeinen Priestertums liegt darin, daß Jesus die Menschen lehrt, zum Vater zu beten.
2. Der Heilige Geist kommt an Pfingsten auf alle herab, nicht nur auf die Apostel.
3. Alle Autorität in der Kirche ist abgeleitet vom Heiligen Geist als ihrem Lebensprinzip, die Kategorie der Herrschaft widerspricht dem neutestamentlichen Befund. Ein Unterschied zwischen Klerus und Laien kommt im Neuen Testament nicht vor.
4. Ursprünglich gibt es nur die Kirche als Gegenstand des Glaubens und die Einzelgemeinde, nicht die hierarchisch verfaßte Papstkirche.
5. Ämter in der Einzelgemeinde sind nur Funktionen des Geistes.
6. Führende Geistträger sind Apostel, Propheten und Lehrer; andere Ämter entspringen soziologischen Notwendigkeiten. Von ihren Inhabern erwartet man nicht mehr als von allen anderen auch.
7. Erst mit dem Aufhören charismatischer Gaben gewinnen Episkopen und Diakone an Bedeutung. Für die Ausbildung eines eigentlichen Priesterstandes ist die Ausgestaltung der Liturgie verantwortlich (Opfergedanke, Altar).
8. Die Naherwartung Jesu ließ ihn nicht an die Einsetzung eines Priesterstandes denken.
9. Die von Gröber zitierte Stelle aus Justin[155] bezeugt das allgemeine Priestertum in aller Klarheit.

»Das allgemeine Priestertum als Forderung der Zeit«.
1. Es gibt weder einen christlichen Staat, noch eine christliche Welt. Nur noch christliche Zellen sind möglich.
2. Kirche und Reich Gottes sind zu unterschieden. Es muß nicht alles verkirchlicht werden, um mit Gott in Berührung zu kommen.
3. »Die Kirche hat keine direkte Mission für Politik, Kultur und Wirtschaft.« Es ist Aufgabe der Laien, die Ideale des Evangeliums in das alltägliche Leben umzusetzen.
4. Nicht kirchenpolitische Aktivitäten verchristlichen die Welt, sondern das Wirken des einzelnen Gläubigen. Insofern kommt dem Laien ein prophetisches Amt zu, das neben dem sakramentalen Priestertum eine Sonderung des allgemeinen Priestertums ist.
5. Sein prophetisches Amt hat der Laie auch der Institution Kirche gegenüber auszuüben.

155 Gröber zitiert im Freiburger Memorandum Nr. 16 aus Justinus Martyr, Dialogus cum Tryphone, c. 116 und 117. Der von ihm erweckte Eindruck, hier werde das allgemeine Priestertum zurückgewiesen, stimmt nicht mit der Tendenz des Textes überein.

6. Der Laie darf nicht »Seelsorgshelfer« werden, in der Berufsarbeit geschieht sein Gottesdienst.
7. Die »Wiedergeburt aus dem Heiligen Geiste« ist die Grundlage dieses »indirekten Gottesdienstes«. Darum gilt es, das pneumatische Kirchenbild dem juridischen gegenüber zu betonen. Das so in der Taufe Grundgelegte findet seine Bestätigung in der Firmung und seine Vollendung in der Ehe. »In der östlichen Kirche korrespondiert die Ehe des Priesters mit der Verbindung des Priesters mit seiner Gemeinde.«
8. Die Verwirklichung des Reiches Gottes ist nicht am Ende der Zeiten angesiedelt; es geht vielmehr um eine »im Heiligen Geiste sich vollziehende Durchsäuerung der Welt«. Darauf setzt der Laie seine Hoffnung. »Darum leidet er nicht so sehr unter der Zertrümmerung des äußeren Gehäuses der Kirche, ihrer zeitgeschichtlichen Formgestalt, sondern an der öffentlichen Ungerechtigkeit, der Brutalität der menschlichen Machtgebilde, der Schamlosigkeit der öffentlichen Lüge und des politischen Mordes, an der Ohnmacht des einzelnen, an dem vergewaltigenden Zentralismus in Staat und Kirche, an der Herrschaft der Dämonen unter den Völkern.«
9. Die Gleichberechtigung von Mann und Frau in der Ehe bildet den Impuls für eine »genossenschaftliche Staats- und Volksauffassung«. In dieser Weise vermögen Christen auf die Gesellschaft einzuwirken – nicht durch die Propagierung neuer Dogmen.

Angesichts der Frage nach Sein oder Nichtsein der Kirche, ihres Zusammenwachsens zur Una Sancta oder ihres Untergangs, wirken Gröbers Beunruhigungen geradezu lächerlich, erscheinen Schroeder als »tant de bruit pour une omelette«.

6. Die römische Parallelaktion

Unter dem Datum vom 15. Januar 1943 versandte Kardinal Bertram ein Rundschreiben an die Mitglieder der Fuldaer Bischofskonferenz[156], das sich auf Ermahnungen des Heiligen Stuhls berief, die der Apostolische Nuntius Cesare Orsenigo (1873–1946)[157]unter dem 11. Januar desselben Jahres übermittelt hatte. In Rom äußerte man die Sorge, Anhänger der liturgischen Bewegung vernachlässigten traditionelle Frömmigkeitsformen. Eigenmächtige Neuerungen bei der Einführung der Muttersprache in Rituale, Missale und Brevier, die sich auf altkirchliche Praxis berufen, könnten nicht geduldet werden. »Gefahren für die kirchliche Disziplin, für das kirchliche Leben und sogar für den Glauben« erforderten eine einmütige Reaktion des deutschen Episkopats.

156 Schreiben Kardinal Bertrams an die Mitglieder der Fuldaer Bischofskonferenz vom 15. Januar 1943; Text bei Maas-Ewerd 536–539.
157 Über ihn Giuseppe de Marchi, Le nunziature apostoliche dal 1800 al 1956 (Sussidi eruditi 13), Rom 1957, 133, 188, 219 und 255.

Inhaltliche Parallelen zum Freiburger Memorandum sind nicht zu übersehen. So entstand das Gerücht, Gröber habe durch eine rasche Reaktion auf die römischen Gravamina seinen Amtskollegen zuvorkommen und sie in ihrer Antwort festlegen wollen oder schlimmer noch, er sei der Inspirator der römischen Aktion, zumal es im Bertramschen Rundschreiben geheißen hatte, daß Rom »von mehreren Seiten« auf liturgische Neuerungen aufmerksam gemacht worden sei und sich erst dadurch zu einer Äußerung veranlaßt sah. Gröber wehrte sich gegen entsprechende Unterstellungen: »An dem, was uns von Rom über Breslau zugeschickt worden ist, bin ich unschuldig. Mein eigenes Schreiben ging an dem Tag an den deutschen Episkopat ab, an dem das Schreiben aus Breslau bei mir eingelaufen ist«[158]. Die inhaltlichen Übereinstimmungen blieben, und so klagte Bischof Landersdorfer seinem Kollegen im liturgischen Referat Stohr am 29. Januar 1943: »Unterdessen ist noch das Freiburger Zirkular hinzugekommen. Ich zweifle, ob es wirklich nur an die Bischöfe gegangen ist. Nach dem Breslauer Schreiben war es jedenfalls höchst überflüssig. Es verschärft nur die Lage«[159].

Im Auftrag Bertrams kommentierten die Bischöfe das römische Schreiben. Dabei nahm einer, der Linzer Kapitularvikar Joseph Calasanz Fließer (1896–1960)[160], auf das Freiburger Memorandum Bezug und warf Gröber vor, die von ihm beklagte Spaltung im Klerus erst zu schaffen[161]. Nach Eingang der Antworten verfaßte Bertram unter dem Datum des 10. April 1943 einen offiziellen Bericht »De ›Actione liturgica‹ in Dioecesibus Germaniae«[162]. Darin wird zwar auf Gröbers Memorandum verwiesen, das neben einem Schreiben Kardinal Innitzers an Pius XII. vom 15. Februar 1943[163] als Sondervotum Beachtung verdiene, doch die harmonisierenden Tendenzen des Berichts riefen den Freiburger Oberhirten erneut auf den Plan. Seine Stellungnahme vom 21. April 1943 ließ an Deutlichkeit nichts zu wünschen übrig[164]. Er sei mit der Antwort Bertrams »in ihrer Ganzheit nicht einverstanden«, und wenn der Kardinal vom deutschen Episkopat spreche, könne er (Gröber) sich selbst nicht eingeschlossen sehen. Die Zielrichtung deckt sich dabei mit den entsprechenden Abschnitten des Freiburger Memorandums: die falsch verstandene liturgische Bewegung, zu deren Begründung man völlig zu Unrecht päpstliche Verlautbarungen heranzieht; die Gemein-

158 Schreiben Gröbers an Stohr vom 3. Februar 1943, zit. bei MAAS-EWERD 285. Pius XII. bedankt sich jedoch bei Gröber für dessen Denkschrift. Sie wurde in Rom durchaus zur Kenntnis genommen: Schreiben Pius' XII. an Erzbischof Gröber vom 22. August 1943; Text bei Burkhart SCHNEIDER (Hg.), Die Briefe Pius' XII. an die deutschen Bischöfe 1939–1944 (VKZG.A 4), Mainz 1966, 252–254, hier 252.

159 MAAS-EWERD 397.

160 Über ihn Rudolf ZINNHOBLER, Joseph Calasanz Fließer (1896–1960), in: GATZ 197f.

161 Schreiben Fließers an Bertram vom 5. Februar 1943, zit. bei MAAS-EWERD 422–424.

162 Text ebd. 634–646.

163 Text ebd. 570–577.

164 Text ebd. 647–660.

schaftsmesse (wieder wird die Gefahr des »Wessenbergianismus« beschworen); die Vernachlässigung des privaten Betens; »eine Kluft im deutschen Klerus, ein Riß zwischen den liturgisch Bewegten und Nichtbewegten«; liturgische Übertreibungen etc. Auch wenn er allein stehe, so Gröber, könne er nicht schweigen; dazu sei die »Überzeugung« zu dominant, »die ich aus mannigfachen und bitteren Erfahrungen und literarisch aus Borgmanns Buch und anderen Schriften mir gewann«.

Bischof Stohr stärkte in seiner Stellungnahme vom 28. April 1943 dem Vorsitzenden der Bischofskonferenz den Rücken[165]: »Eminenz werden nicht meines Trostes angesichts des scharfen Widerspruchs von Freiburg bedürfen, ... aber soviel darf doch gesagt werden, daß ich die Gesamtrichtung des Freiburger Aktenstückes tief bedauere.«

Durchaus der Erwähnung wert ist allerdings, daß Gröber die bei Bertram und früher schon bei anderen (Denkschrift der Bischöfe Stohr und Landersdorfer vom 2. Juni 1942[166]) ausgesprochene Forderung, die beim Brautsegen genannten alttestamentlichen Namen aus dem Rituale zu streichen, schärfstens zurückwies – was ihn ehrt. »Wir haben doch nicht im Sinne, in der heiligen Liturgie unbegreiflich nachzuahmen, was andere zur Zeit den jüdischen Namensträgern in der Wirklichkeit zufügen! Gerade jetzt sollte man charakterlich das Gegenteil erwarten!«

Am 24. Dezember 1943 informierte Kardinalstaatssekretär Luigi Maglione (1877–1944)[167] Kardinal Bertram über die römischen Entscheidungen zur liturgischen Frage. Auftragsgemäß benachrichtigte der Vorsitzende der Fuldaer Bischofskonferenz die deutschen Bischöfe über die neuen Richtlinien[168]. Dabei betonte er nochmals, daß er »von Anfang an« darum gebeten habe, Gröbers und Innitzers Gutachten in die Überlegungen miteinzubeziehen. Auch Maglione wies auf das Freiburger Memorandum hin. Rom sah allerdings nur da Gefahren, wo einzelne »via facti« zu Veränderungen der liturgischen Formen schritten. Die liturgische Bewegung an sich wird positiv bewertet. Gröbers Anliegen fanden damit nur am Rande Gehör. Er legte aber die römischen Zugeständnisse in puncto »Deutsches Hochamt« und »Gemeinschaftsmesse« so eng wie möglich aus und blieb wenigstens in seiner Diözese Herr des Geschehens[169].

165 Text ebd. 661–663.

166 Text ebd. 527–532.

167 Über ihn Giuseppe de MARCHI, Le nunziature apostoliche dal 1800 al 1956 (Sussidi eruditi 13), Rom 1957, 15, 130 und 248; Bruno WÜSTENBERG, Luigi Maglione, in: Wilhelm SANDFUCHS (Hg.), Die Außenminister der Päpste, München 1962, 124–130.

168 Kardinal Bertram an die Mitglieder der Fuldaer Bischofskonferenz, Mitteilungen vom 15. Januar 1944; das Schreiben des Kardinalstaatssekretärs lag bei; Text bei MAAS-EWERD 688–695.

169 Vgl. ebd. 479.

III. Das Wiener Memorandum

1. Zur Verfasserschaft Rahners

Nachdem die übrigen Reaktionen auf Gröbers »Beunruhigungen« dargestellt sind, kann auf den Entstehungszusammenhang des Wiener Memorandums eingegangen werden. Gröber hatte die sogenannten »Wiener Aktivisten« direkt angegriffen. Hinter diesen verbarg sich ein theologischer Arbeitskreis am Seelsorgeamt der Erzdiözese Wien, der sich um Domkapitular Karl Rudolf scharte. Ursprünglich handelte es sich beim »Seelsorge-Institut« um eine Privatinitiative Rudolfs. Nach seinem Amtsantritt machte sich Kardinal Innitzer die Anliegen des Kreises mehr und mehr zu eigen, ganz nach dem Grundsatz »nihil sine episcopo«. Der Wiener Erzbischof bezeichnete die Gruppe sogar als seinen »Generalstab«. (Auf diesem Hintergrund wird verständlich, warum Rahner in seinem Gutachten die Notwendigkeit einer bischöflichen Leitung der theologischen und liturgischen Aufbrüche betont.) Nach dem »Anschluß« Österreichs mußte das »Seelsorge-Institut« ins Erzbischöfliche Seelsorgeamt überführt werden, damit der Fortgang der Arbeit auch unter nationalsozialistischer Herrschaft gewährleistet blieb. Die Anliegen blieben freilich dieselben: Belebung der Arbeit in den Pfarrgemeinden, Priesterbildung durch theologische und liturgische Kurse, Exerzitien, theologische Vorträge für Laien etc.[170]. In seinem »Aufbau im Widerstand« weist Rudolf darauf hin, daß fast alle Professoren der aufgehobenen Innsbrucker Fakultät[171] und »andere hervorragende Patres S.J.« sich während der Kriegsjahre in Wien aufhielten und dem Seelsorgeamt als Mitarbeiter und Gutachter zur Verfügung standen[172], unter ihnen auch Karl Rahner (1904–1984)[173].

170 RUDOLF 350–352 und passim; Norbert HÖSLINGER, Mit Courage und Konsequenz. Der Beitrag von Pius Parsch und des Wiener Kreises zur Liturgischen Bewegung, in: LJ 43 (1993), 48–61.

171 Zur Aufhebung vgl. Emerich CORETH, Dozent in Innsbruck (1937–39), in: IMHOF/BIALLOWONS 32–34.

172 RUDOLF 60.

173 Karl Rahner (1904–1984), 1922 SJ, Noviziat in Feldkirch, 1924–27 Studium der Philosophie in Feldkirch und Pullach, 1929–33 Studium der Theologie an der Ordenshochschule in Valkenburg/Holland, 1932 ordiniert, 1934–36 Studium der Philosophie in Freiburg/Br. als Doktorand bei Martin Honecker, die Promotion zum Dr. phil. scheitert, 1936 Studium der Theologie in Innsbruck, Promotion zum Dr. theol., 1937 Sammelhabilitation für das Fach Katholische Dogmatik und Privatdozent in Innsbruck, 1939–44 Dozent in Wien und Mitarbeiter am dortigen Seelsorgeamt, 1949 Professor in Innsbruck, 1964 in München, 1967 in Münster, 1971 emeritiert; zur Biographie Rahners vgl. Herbert VORGRIMLER, Karl Rahner. Leben – Denken – Werke, München 1963; DERS., Karl Rahner verstehen. Eine Einführung in sein Leben und Denken, Freiburg/Br. 1985; IMHOF/BIALLOWONS; Karl LEHMANN, Karl Rahner, in: Herbert VORGRIMLER/Robert van der GUCHT (Hg.), Bilanz der Theologie im 20. Jahrhundert. Bahnbrechende Theologen, Freiburg/Br. 1970, 143–181; Albert RAFFELT, Karl Rahner – Bibliographie der Sekundärliteratur 1948–1978, in: Herbert VORGRIMLER (Hg.), Wagnis Theologie. Erfahrungen mit der Theologie Karl Rahners, Frei-

Die Schließung der Theologischen Fakultät Innsbruck am 20. Juli 1938 und die Aufhebung des Jesuitenkollegs in der Sillgasse im Oktober des folgenden Jahres, mit der ein »Gauverbot« für alle Mitglieder der Gesellschaft Jesu einherging, bedeutete für den jungen Dozenten Rahner einen tiefen Einschnitt in seine akademische Laufbahn. Er war gezwungen, nach Wien ins Exil zu gehen. Eine gewisse Kompensation stellten die zahlreichen Rezensionen in der Zeitschrift für Katholische Theologie[174] dar, auf die Rahner in seinem Gutachten zurückgreifen konnte. In diese Zeit fällt auch das Erscheinen der für seine Theologie grundlegenden Werke »Geist in Welt«[175] (Rahners gescheiterte philosophische Dissertation) und »Hörer des Wortes«[176].

Im Rahmen der Bildungsarbeit des Wiener Seelsorgeamtes hielt Rahner mehrfach Vorträge und Referate[177]. Insbesondere wurde er von Kardinal Innitzer bzw. Domkapitular Rudolf mit der Abfassung einer ausführlichen Replik auf Gröbers »Beunruhigungen« beauftragt. Obwohl das Wiener Memorandum selbst keine Verfasserangabe enthält und Rudolf in der Darstellung seiner Genese nur von »einem Mitglied des Kreises« spricht, welches »in wochenlanger mühevoller Arbeit« ein »Elaborat« lieferte, das dann im Kreis »noch durchgeprüft« wurde[178], steht die Verfasserschaft Rahners eindeutig fest. Dafür gibt es vier Belege:
1. Das Wiener Memorandum trägt den Titel »Theologische und philosophische Zeitfragen im katholischen deutschen Raum«. Auf der Pfingsttagung des Referentenkreises beim Wiener Seelsorgeamt am 14. Juni 1943 hielt Karl Rahner das Hauptreferat unter der Überschrift: »Theologische und philosophische Fragen und Aufgaben der Kirche in Deutschland«[179]. Die sachliche und semantische Entsprechung beider Titel ist evident. Hinsichtlich der Datierung des Promemoria liegt damit zugleich der Terminus ad quem fest.

burg/Br. 1979, 598–622; Albert RAFFELT, Karl Rahner. Bibliographie der Sekundärliteratur 1979–1983 und Nachträge, in: Elmar KLINGER/Klaus WITTSTADT (Hg.), Glaube im Prozeß. Christsein nach dem II. Vatikanum. Für Karl Rahner, Freiburg/Br. 1984, 872–885.

174 Vgl. Roman BLEISTEIN/Elmar KLINGER (Hg.), Bibliographie Karl Rahner 1924–1969, Freiburg/Br. 1969, 12–16.

175 Karl RAHNER, Geist und Welt. Zur Metaphysik der endlichen Erkenntnis bei Thomas von Aquin, Innsbruck 1939.

176 Karl RAHNER, Hörer des Wortes. Zur Grundlegung einer Religionsphilosophie, München 1941; zur philosophischen Richtung von »Geist und Welt« und »Hörer des Wortes« vgl. Otto MUCK, Die deutschsprachige Maréchal-Schule – Transzendentalphilosophie als Metaphysik, J. B. Lotz, K. Rahner, W. Brugger, E. Coreth u. a., in: CORETH, Bd. 2, 590–622, hier 601–605.

177 Dazu RUDOLF 33, 53, 55f, 300f, 303; Margarete SCHMID, Mitarbeiter im Wiener Seelsorgeamt 1939–1944, in: IMHOF/BIALLOWONS 36–38.

178 RUDOLF 62.

179 Programm der Pfingsttagung 1943; abgedruckt ebd. 361f.

2. Der Rahnermitarbeiter und -schüler Herbert Vorgrimler nennt 1963 den Jesuiten erstmals expressis verbis als Verfasser[180], freilich ohne Quellenangabe.
3. In einem 1984 publizierten Interview bekannte Rahner sich als Autor des Memorandums: »Und ich bekam dann also von Kardinal Innitzer, beziehungsweise von dem Wiener Seelsorge-Institut unter Karl Rudolf den Auftrag, ein Gegenmemorandum zu verfassen. Das habe ich dann getan.«[181]
4. Es zeigen sich eindeutige inhaltliche Übereinstimmungen zwischen dem Wiener Memorandum und Rahners weiterer theologischer Arbeit[182].

2. Grundtendenzen des Gutachtens

In dieser Edition geht es vor allem darum, *Rahner* zu Wort kommen zu lassen und die dafür nötigen Rahmenbedingungen zu schaffen. Durch die ausführliche Darstellung des Freiburger Memorandums, das die Stellungnahme Rahners auslöste, und der wichtigsten anderen Reaktionen einerseits und die biographisch-bibliographisch orientierte Kommentierung des Textes andererseits sind die wesentlichen Verstehensvoraussetzungen gegeben. Auf dieser Grundlage vermag Rahners Gutachten für sich selbst zu sprechen und seinen Platz im Konzert der vielfältigen Stimmen um Gröbers »Beunruhigungen« zu behaupten. Es soll hier also nicht um eine systematisch-theologische oder philosophische Analyse gehen, sondern nur um die Bereitstellung einer wichtigen Quelle für die systematische Forschung. Wenn das vorliegende Buch neben anderem die Wirkung hätte, Arbeiten zur Theologie- und Philosophiegeschichte der ersten Hälfte des zwanzigsten Jahrhunderts im deutschsprachigen katholischen Raum anzuregen, wäre eines seiner wichtigsten Ziele erreicht. Die Schwierigkeiten, die sich bei der Kommentierung des Gutachtens auftaten, machen deutlich, wie bescheiden der Forschungsstand in diesem Bereich zum Teil noch ist. Daher wollen die folgenden Beobachtungen nicht mehr sein als erste Impressionen, die sich bei der Arbeit an Text und Kontexten aufdrängten. Sie können und wollen keine erschöpfende Interpretation sein, sondern dienen lediglich der Anregung des interdisziplinären theologischen Diskurses.

In *formaler* Hinsicht fällt auf, daß der theologische Teil des Rahnerschen Gutachtens sich stärker an Gröbers Beunruhigungen orientiert als der philosophische. Die Antwort auf die liturgischen Fragen im engeren Sinne überläßt Rahner Josef Andreas Jungmann[183]. Das Interesse Rahners an der Phi-

180 Herbert VORGRIMLER, Karl Rahner. Leben – Denken – Werke, München 1963, 32f. Diese Position wird wiederholt in Herbert VORGRIMLER, Karl Rahner verstehen. Eine Einführung in sein Leben und Denken, Freiburg/Br. 1985, 90f.
181 Karl RAHNER, Erinnerungen im Gespräch mit Meinold Krauss, Freiburg/Br. 1984, 56.
182 Vgl. als ein Beispiel unter vielen: Karl RAHNER, Über den Versuch eines Aufrisses einer Dogmatik, in: DERS., Schriften zur Theologie, Bd. 1, Einsiedeln [5]1961, 9–47.
183 Josef Andreas JUNGMANN, Zu liturgischen Fragen im Freiburger Memorandum; Text bei MAAS-EWERD 609–616.

losophie läßt ihn über den von Gröber gesteckten Rahmen hinausgehen. Wenn das Wiener Memorandum überhaupt emotionale Züge trägt, dann treten sie in diesem Abschnitt zutage; hier argumentiert Rahner mit Herzblut, hier wird sein ureigenstes Anliegen traktiert: der Kampf für eine erneuerte christliche Philosophie »neuscholastischer« Prägung, die Kant, Maréchal und Heidegger rezipiert und so Thomas auf dem Denkniveau neuzeitlicher Philosophie neu liest[184].

Auch innerhalb des theologischen Teils sind die Vorlieben Rahners nicht zu übersehen: Während etwa die Gnadentheologie eine breite Behandlung erfährt, erschöpft sich die Würdigung der historischen Theologie und Exegese weitgehend in einem ermüdenden »name-dropping«. Dennoch fühlt er sich durchaus berufen, auch im Blick auf diese theologischen Disziplinen eindeutige Wertungen anzubringen und Arbeitsaufträge zu erteilen. Rahner weiß, welche exegetischen Arbeiten etwas taugen und welche nicht. Rahner weiß, welcher Art von biblischer Exegese die (dogmatische) Theologie bedarf. Die Kirchengeschichte ist für Rahner (wie für Gröber) übrigens inexistent. Dem möglichen Einwand, alle Abschnitte des Gutachtens, welche auf Rahner ein dunkleres Licht fallen lassen, seien der Redaktionstätigkeit des Wiener Kreises zuzuschreiben, muß von vorneherein widersprochen werden: Die Angriffe auf Michael Pfliegler, einen profilierten Mitarbeiter des Seelsorgeamtes, hätten bei einer kritischen relecture des Gutachtens durch den Wiener Kreis kaum Bestand gehabt.

Es fällt schwer, den Denkstil und die Argumentationsweise Rahners präzise zu fassen. Der Begriff des »Dialektischen« bringt den Sachverhalt noch am ehesten auf den Punkt. So tritt Rahner zunächst Gröber mit Verve entgegen, um dann im Verlauf der Darstellung – gleichsam durch die Hintertür – doch die Berechtigung mancher Forderung des Freiburger Erzbischofs zu konzedieren. Zwei Beispiele für viele:
1. Gröber bezeichnet den Antiintellektualismus als große Gefahr für die Kirche. – Rahner dagegen sieht die Rezeption des antiintellektualistischen Zeitgeistes als lebenswichtig an, um dann doch eine radikal rational orientierte Philosophie und Theologie als conditio sine qua non zu fordern[185].

184 Die Bedeutung, die Rahner der Philosophie beimißt, zeigt sich auch in seinen Ausführungen zum Studium der Theologen. Kirchengeschichte, Einleitungswissenschaften und Fundamentaltheologie dürfen nicht länger die ausschließliche Konzentration auf die Philosophie in den ersten beiden Studienjahren behindern – ein Anliegen, in dem er sich mit dem von Josef Koch verfaßten ersten Teil des Breslauer Gutachtens trifft.

185 Rahner blieb in jüngerer und jüngster Zeit der Vorwurf eines theologischen Rationalismus nicht erspart; vgl. Joseph Kardinal RATZINGER, Vom Verstehen des Glaubens. Anmerkungen zu Rahners Grundkurs des Glaubens, in: Theologische Revue 74 (1978), 177–186, hier 183: Rahners starke Beeinflußung durch den deutschen Idealismus führt zu einer Vernachlässigung des Geschichtlichen und damit des Besonderen

2. Zwar verwahrt sich Rahner gegen eine pauschale Verurteilung der »Neomodernisten«, »Hyperliturgen« und »Supranaturalisten«, seine eigenen Angriffe gegen Casel und Koepgen (Gnosis) oder den Rheinischen Reformkreis (»Neomodernisten« um Hessen) stehen den Anwürfen Gröbers an Schärfe jedoch nicht nach.

In *inhaltlicher* Hinsicht lassen sich folgende Argumentationslinien ausmachen:

1. Rahners Hauptziel besteht in der Sicherung einer »wissenschaftlichen« Theologie, das heißt für ihn, einer auf »scholastischer« Grundlage betriebenen philosophisch-spekulativen Dogmatik und einer rationalen christlichen Philosophie. Dieses Grundanliegen findet er vorbildlich verwirklicht in der katholischen Freiburger »Heidegger-Schule«, die im wesentlichen aus Johann Baptist Lotz, Max Müller, Gustav Siewerth und nicht zuletzt aus Rahner selbst besteht – eine Tatsache, die von ihm im Gutachten geflissentlich verschwiegen wird. Von diesem Ansatz aus wendet sich Rahners Memorandum gegen verschiedene philosophische und theologische Tendenzen, die in seinen Augen das genannte Ideal verfehlen.

a) Rahner verteidigt die *Verkündigungstheologie* gegen die Angriffe Gröbers, die vor allem seinem Bruder Hugo und Josef Andreas Jungmann SJ, seinem Kollegen im Wiener Seelsorgeamt, galten. Ihr Anliegen, die Kluft zwischen Hochschultheologie und Verkündigung zu überbrücken, findet er durchaus gerechtfertigt. Doch neben der rational betriebenen Theologie eine andere, weniger wissenschaftliche, zu etablieren, erscheint ihm gefährlich[186]. Den Studierenden der Theologie darf die Anstrengung des Begriffs und die

und Eigentlichen des Christentums. Wenn Rahner »das Besondere des Heilbringers als das Allgemeine« erweist, als »geglückte Form der menschlichen Selbsttranszendenz«, muß er sich fragen lassen, »ob nicht in dieser Verallgemeinerung das Christliche dann doch gegenstandslos wird, ob es nicht, indem es logisch und anthropologisch zwingend gemacht, zugleich aufgehoben und gleichgültig wird«. Generell beklagt Ratzinger die »nahtlose« Deduktion des Gottesbegriffs aus der Anthropologie, »die Verschmelzung von Tranzendentalität und Transzendenz« (ebd. 180). Kritik an Rahners Gottesbegriff – verbunden mit dem Vorwurf des Modalismus in der Trinitätslehre – auch bei Heinz-Jürgen VOGELS, Erreicht Karl Rahners Theologie den kirchlichen Glauben? Kritik der Christologie und Trinitätslehre Karl Rahners, in: Wissenschaft und Weisheit 52 (1989), 21–62; vgl. auch Bernd Jochen HILBERATH, Der Personbegriff der Trinitätstheologie in Rückfrage von Karl Rahner zu Tertullians »Adversus Praxean« (Innsbrucker theologische Studien 17), Innsbruck 1986, 16–66. Zu Rahners Personbegriff vgl. die Diskussion zwischen Bernd Jochen Hilberath und Karl Heinz Neufeld, in: ZKTh 10 (1988), 313–322.

186 Karl Rahners Engagement in dieser Frage zeigt sich auch darin, daß er seinem Bruder Hugo bei der Herausgabe der zweiten Auflage seiner »Theologie der Verkündigung« mit »Rat und Hilfe« zur Seite stand; dazu Karl Heinz NEUFELD, Theologiegeschichtliches zur Innsbrucker »Verkündigungstheologie«, in: ZKTh 115 (1993), 13–26, hier 13.

Mühe des Denkens nicht erspart werden. Nur auf dieser Grundlage kann eine fruchtbare Verkündigung gedeihen.

b) Ebenso sträubt sich Rahner gegen eine *Historisierung* des theologisch-philosophischen Bewußtseins. Gemeint sind damit nicht irgendwelche Übertreibungen, sondern der Anteil geschichtlichen Denkens in der Theologie überhaupt. Wer sich auf Theologie- und Philosophiegeschichte beschränkt, bleibt im Vorfeld stecken, dringt nicht zur Mitte vor. Rahner offenbart hier eine eher formale Sicht der Bedeutung von Exegese und Kirchengeschichte. Diese stellen bestenfalls den Stoff für die systematische Forschung bereit, wobei sie sich von ihr auch noch sagen lassen müssen, welche Bereiche der forschenden Bemühung wert sind. Er hält wenig vom historisch-kritischen Abstand, mit der etwa Clemens Baeumker und Georg Freiherr von Hertling sich Thomas von Aquin und der Scholastik näherten. Rahners Ideal ist die unmittelbare spekulative Interpretation philosophischer und theologischer Texte, wie er sie im Seminar bei Heidegger erlebt hatte[187]. »Und dennoch habe ich, um es ganz ehrlich zu sagen, als systematischer Dogmatiker doch meine Vorbehalte und ein eher kühles Verhältnis zur Dogmengeschichte; ... Es ist auch hier so ähnlich wie in der Philosophiegeschichte: Aristoteles oder Thomas von Aquin sagen einem wirklich *philosophisch* nur etwas, wenn man mit ihnen zusammen auf die fragliche Sache selber hinblickt und sie auszusagen sucht.«[188] Diese Aussagen in Rahners letztem gedruckten theologischen Beitrag zeigen, daß er von seiner 1943 geäußerten Auffassung nicht abwich.

c) Genausowenig wie eine »historisierende« Betrachtungsweise werden neuere »*irrationalistische*« Bestrebungen in der Theologie den bewahrenswerten Anliegen der »traditionellen scholastisch-rationalen Methode der Theologie« gerecht. Rahner kritisiert hier die Mysterientheologie Casels und die »Gnosis« von Koepgen; aber auch Theologen wie Karl Adam und Karl Eschweiler bleibt der Vorwurf einer letztlich antiintellektualistischen Ausrichtung nicht erspart, ohne daß dieser näher spezifiziert würde. Die Infragestellung der Beweisbarkeit des Daseins Gottes und des metaphysischen Kausalprinzips hält Rahner für gefährlich. Hier geht es für ihn um letzte Wahrheiten.

d) Die eindeutigste Verurteilung trifft allerdings die »*Neomodernisten*« des Rheinischen Reformkreises. (Rahner nennt Hessen, Thomé, Rademacher

187 Dazu Max MÜLLER, Zu Karl Rahners »Geist in Welt«, in: IMHOF/BIALLOWONS 28–31.

188 Karl RAHNER, Dogmengeschichte in meiner Theologie, in: Werner LÖSER/Karl LEHMANN/Matthias LUTZ-BACHMANN (Hg.), Dogmengeschichte und katholische Theologie. Festschrift für H. Bacht, A. Grillmeier und A. Schönmetzer, Würzburg 1985, 323–328, hier 324 und 327.

und die anonymen Verfasser der »Mulert- und Mensching-Bücher«.) Sie vertreten »bewußt kirchenamtlich verworfene Lehren«. Schon bevor er das Wiener Memorandum verfaßte, hat sich Rahner mit umfangreichen Rezensionen gegen diese Gruppe gewandt, unter anderem auch – in popularisierender Form – in der Zeitschrift »Schönere Zukunft«. Schon dort konstatiert er reinsten »Modernismus, der selbst nichts anderes ist als der Versuch, die Grundpositionen der liberalen protestantischen Theologie in der katholischen Kirche und Theologie durchzusetzen«[189]. Auch nach Ende des Zweiten Weltkriegs blieb Rahner seiner Position treu. Zu den »Gefahren im heutigen Katholizismus« rechnet er ausdrücklich die Rheinischen Reformfreunde, er nennt sie eine »kryptogame Häresie in der Kirche«, eine »esoterische Sekte innerhalb der großen Gemeinschaft«. Rahners Verdikt gipfelt in der Feststellung, er könne nicht verstehen, »warum Christen, die sich des Widerspruchs ihrer Auffassungen mit der Lehre der amtlichen Kirche bewußt sind, doch in der Kirche bleiben wollen«[190].

e) Diese antiintellektualistischen Strömungen in Theologie und Philosophie, die ein Schisma von Ontologie und Leben zulassen, arbeiten aus Rahners Sicht Hand in Hand mit der von den Nationalsozialisten forcierten Reduktion aller geistigen Fragen auf bloße »*Weltanschauung*«. Indem Theologie und christliche Philosophie hier Widerspruch einlegen und an einem metaphysisch begründeten Menschen- und Weltbild festhalten, werden sie zu den letzten Bastionen des Humanum.

2. Auch wenn Rahner einige Befürchtungen Gröbers teilt, bezieht er in vier wesentlichen Punkten eine dezidiert andere Position:

a) Rahner und Gröber verstehen die Jahre seit 1919 als »neue Zeit«. Doch damit enden schon die Gemeinsamkeiten. Für den einen spiegeln sich in den theologischen und philosophischen Aufbrüchen bloße »Fehlentwicklungen«, Rahner hält sie für »aufs Ganze gesehen notwendig und segensreich«. Gröbers »unlebendiger Traditionalismus« kann nicht die Antwort auf die Herausforderungen des Nationalsozialismus sein.

b) Die Lehre vom Corpus Christi mysticum ist in den Augen Rahners eine ekklesiologische Selbstverständlichkeit. Für jeden Gläubigen muß sie zum »lebendigen Besitz« werden. Sie stellt nicht nur ein mögliches Interpreta-

189 Karl RAHNER, Neuer Modernismus? Zu dem Buch: Der Katholizismus. Sein Stirb und Werde (herausgegeben von G. Mensching), in: Schönere Zukunft 13 (1938), 1049f und 1083–1085, hier 1050.

190 Karl RAHNER, Gefahren im heutigen Katholizismus, Einsiedeln 1950, 74f. – Dazu die Erwiderung von Oskar SCHROEDER, Aufbruch und Mißverständnis. Zur Geschichte der reformkatholischen Bewegung, Graz 1969, 482–486.

tionsmodell dar, sondern ist – wie Rahner lapidar feststellt – »richtig«. Die Enzyklika »Mystici Corporis« bestätigte wenige Monate später diese Position.

c) Rahner bricht eine Lanze für das allgemeine Priestertum, wobei er dieses eindeutig vom Amtspriestertum geschieden wissen will. Er sieht die Bedeutung dieser Lehre zum einen in der Zurüstung der Laien für die Auseinandersetzung mit der vom Nationalsozialismus geprägten Zeit; zum anderen entfaltet er ihre liturgische Dimension, die in der »actuosa participatio« der Gläubigen am Gottesdienst gipfelt.

d) Die grundsätzlichen Überlegungen am Beginn des Memorandums scheinen die schon zu Lebzeiten einsetzende Stilisierung Rahners zum mutigen Rufer in einer »winterlichen Kirche« zu bestätigen. Er weist die Vorwürfe Gröbers, der eine gefährliche Spaltung im Klerus zu erkennen glaubt, unzweideutig zurück und stellt stattdessen eine heilsame Spannung zwischen Konservativen und Progressiven fest, die spontane Aufbrüche von unten in der Kirche ermöglicht. Bei der Lektüre der ersten Seiten drängt sich der viel mißbrauchte Begriff des »aggiornamento«, dem es um ein Ernstnehmen der Kirche in der Welt von heute geht, geradezu auf. Die Enge Gröbers korrespondiert mit Rahners Weite.

3. In diese ausdrücklich hervorzuhebende positive Grundtendenz mischen sich einige Züge, die Rahners menschliche und theologische Grenzen aufscheinen lassen:

a) Hier muß zunächst auf eine gewisse Arroganz des Theologieprofessors und hochgebildeten Jesuiten hingewiesen werden, der auf den »einfachen Seelsorgepriester«, den »Durchschnittsmenschen« und »durchschnittlichen Kleriker«, der zu wenig studiert und seine Dogmatik nicht exakt genug gelernt hat, herabschaut.

b) Teilweise zeigen sich in Rahners Argumentation Züge, denen eine latente Tendenz zum Zwanghaften eignet. Begriffliche Exaktheit, Unerbittlichkeit im Studium, präzises, nüchternes Lernen bis zum Umfallen – das sind die Allheilmittel, die Rahner der Theologie seiner Tage verordnen zu müssen glaubt. Es bleibt zu fragen, ob sich hinter dieser idée fixe nicht doch ein etwas naives Modell wissenschaftlich-theologischen Arbeitens verbirgt.

c) Rahner ist in seinem Urteil mitunter recht parteiisch. Wer so arbeitet wie er, wem er sich verbunden weiß (insbesondere seinem Bruder Hugo), dem gesteht er die besten Absichten, auch bei möglicherweise mißverständlicher Wortwahl, zu. Hier läuft Rahner zu großer Form auf. Wer Hugos Buch mißversteht, zeigt nur seine theologische Unkenntnis. Geht es um andere Theologen, legt Rahner strengere Maßstäbe an. Die eine Publikation ist ihm zu wenig didaktisch, die andere zu kurz, eine dritte genügt nicht den Anforderungen strenger Wissenschaftlichkeit. Es gibt »gute« Bücher, »lebendige« Bücher und »Bücher«. Insbesondere die sehr kritische Beurteilung von Schmaus, dessen Lehrbuch damals als enormer Fortschritt empfunden wurde (Erstauflage!) und erst später unter dem Druck des Erfolgs zu kolossaler Größe ausuferte, springt ins Auge. Auch daß sämtliche Werke Matthias Laros' von Rahner totgeschwiegen werden, spricht Bände. Ebensowenig Beachtung finden die römischen Thomisten um Réginald Garrigou-Lagrange. Der alte Gegensatz zwischen den Innsbrucker Suarezianern und den Professoren am Angelicum dürfte hier im Hintergrund stehen. Überhaupt findet Rahner an der Arbeit der »anderen« wenig Gutes: Die Schultheologie ist ihm »zu bequem«; die Arbeit der systematischen Theologen an den deutschen Universitäten nicht »eindrucksvoll«; die vorhandenen Lehrbücher bedeuten »eher die untere Grenze zum Studium dessen ..., was von einem jungen Theologen ... zu verlangen ist«[191]. – Die Parallele zu Martin Heidegger, der nur noch seinen eigenen Ansatz gelten ließ, drängt sich auf[192], oder wie wollte man sonst das harte Urteil Rahners über den Freiburger Philosophen Martin Honecker (1888–1941)[193], bei dem er vergeblich zu promovieren versuchte, verstehen? Honecker hatte Rahners Arbeit abgelehnt mit dem Bemerken, »er wolle keine Dissertationen mehr, die nicht von seinem Geist bestimmt seien. Dazu bemerkte Rahner lakonisch: ›Als ob der überhaupt einen Geist hätte!‹«[194]

d) Eine gewisse Hybris wird auch bei der Be-, oder sollte man besser sagen, Verurteilung der katholischen philosophischen Versuche des 19. Jahrhunderts

191 Bezeichnend ist der im Memorandum immer wieder auftauchende Vorschlag, die theologische und philosophische Forschung durch eine Kommission der Bischöfe zu koordinieren. Vergleichbare Vorschläge finden sich im Gutachten des Mainzer Bischofs Stohr.

192 Dazu Hugo OTT, Martin Heidegger. Unterwegs zu seiner Biographie, Frankfurt/M. 1988.

193 Über ihn Hugo OTT, Die Weltanschauungsprofessuren (Philosophie und Geschichte) an der Universität Freiburg – besonders im Dritten Reich, in: HJ 108 (1988), 157–173.

194 Johannes Baptist LOTZ, Freiburger Studienjahre 1934–1936, in: IMHOF/BIALLOWONS 26f, hier 27. Vgl. das Urteil des Rahner-Schülers Herbert Vorgrimler, der Martin Honecker als einen »schlichten und beschränkten Vertreter jener rationalistischen Neuscholastik, die mit Thomas von Aquin nicht viel mehr zu tun hatte als die Existenzialistenbärte von Montmartre mit der Existenzphilosophie« nannte; Herbert VORGRIMLER, Karl Rahner. Leben – Denken – Werke, München 1963, 19. Dazu aber Hugo OTT, Die Weltanschauungsprofessuren (Philosophie und Geschichte) an der Universität Freiburg – besonders im Dritten Reich, in: HJ 108 (1988), 157–173, hier 169: »Gravierender und wirkungsvoller jedoch sind zum andern die von Häme getragenen Invektiven gegen Honecker, nur weil er 1936 die vom Jesuiten Karl Rahner bei ihm eingereichte philosophische Dissertation abgelehnt hatte: im Kontext der mitunter kultische Dimensionen erreichenden Verehrung Karl Rahners – durchaus in Verbindung mit verlegerischen Marketing-Interessen – ist dieses Faktum immer wieder Anlaß für unwürdige Angriffe auf Honecker gewesen, vor allem von katholischen Theologen, die gnadenlos agierten und agieren.«

deutlich. Rahner behauptet sehr pauschal, sie seien allesamt gescheitert, weil ihnen der Rückgriff auf die mittelalterliche christliche Philosophie gefehlt habe. Ob Rahner die Theologen Drey, Günther oder Kuhn wirklich kannte, steht auf einem anderen Blatt. Staudenmaier[195], der sich in herausragender Weise mit Hegel auseinandersetzte[196], ist nicht einmal einer Erwähnung wert.

e) Rahner argumentiert nicht selten pro domo: Er nimmt die Anliegen der Verkündigungstheologie auch deshalb in Schutz, weil sein Bruder Hugo sie vertritt; er stellt sich vor die Arbeit von Seelsorgeämtern, weil er in Wien in einem solchen sein Brot verdient und sich mit dessen Arbeit identifiziert; er plädiert für die Leitung der seelsorgerlichen und liturgischen Erneuerung durch die Bischöfe, weil Innitzer in Wien das so tut; er nimmt »Volksliturgie und Seelsorge« in Schutz, weil er am Fortsetzungsband mitarbeitet[197]; er rühmt die Arbeiten von Johann Baptist Lotz und Max Müller, weil er seinen eigenen Namen nicht nennen kann, diese aber mit ihm zusammen die »katholische Freiburger Heidegger-Schule«[198] bilden und – überspitzt formuliert – die einzigen sind in Deutschland, die wirklich noch etwas von Philosophie verstehen; er verteidigt die Rezeption neuzeitlicher Philosophie als für katholische Theologen durchaus nützlich (»geniale Tiefe« Kants[199]), weil er diese selbst vollzieht. Das ins Mark treffende Gröbersche Verdikt, manche suchten »einen Anschluß an neuere philosophische Systeme«, wird vom Tisch gewischt. Rahners Anliegen einer auf der Grundlage der Transzendentalphilosophie erneuerten scholastischen Theologie konnte – wie jeder theologische Neuansatz – leicht mit dem Vorwurf des »Modernismus« konfrontiert werden, wobei dieser Begriff ähnlich wie der sogenannte »Jansenismus« kaum noch inhaltliche Konsistenz hat(te). Vor diesem Hintergrund wird verständlich, warum sich Rahner vehement von den »wirklichen« Neo-Modernisten um Johannes Hessen absetzt.

195 Über ihn Peter HÜNERMANN, Franz Anton Staudenmaier (1800–1856), in: FRIES/SCHWAIGER, Bd. 2, 99–128.

196 Dazu Peter HÜNERMANN, Die Hegel-Rezeption Franz Anton Staudenmaiers, in: Georg SCHWAIGER (Hg.), Kirche und Theologie im 19. Jahrhundert (Studien zur Theologie und Geistesgeschichte des Neunzehnten Jahrhunderts 11), Göttingen 1975, 147–155; Albert FRANZ, Glauben und Denken. Franz Anton Staudenmaiers Hegelkritik als Anfrage an das Selbstverständnis heutiger Theologie (Eichstätter Studien NF 18), Regensburg 1983.

197 Karl RAHNER, Der Pfarrer, in: Karl BORGMANN (Hg.), Parochia. Handreichungen für die Pfarrseelsorge, Colmar o. J. [1943], 20–27. Dazu Josef GÜLDEN, In der »Krise der Liturgischen Bewegung« 1942–1944, in: Balthasar FISCHER/Hans Bernhard MEYER (Hg.), J. A. Jungmann. Ein Leben für Liturgie und Kerygma, Innsbruck 1975, 64–68.

198 Vgl. zum Begriff Erich PRZYWARA, Die Reichweite der Analogie als katholischer Grundform [1940], in: DERS., Analogia Entis. Metaphysik. Ur-Struktur und All-Rhythmus, Einsiedeln 1962, 247–301, hier 248f.

199 Karl Rahner, für den ansonsten indizierte Schriften ein Greuel sind, lobt hier einen Autor, dessen »Kritik der reinen Vernunft« seit 1827 auf dem Index der verbotenen Bücher stand; INDEX 242.

f) Obwohl Rahner die Notwendigkeit einer popularisierenden Theologie sieht und selbst in diesem Bereich tätig ist[200], lehnt er die faktisch vorhandene Literatur ab. Die Gefahren, die er etwa im Werk Romano Guardinis feststellen zu müssen glaubt, sprechen eine sehr deutliche Sprache. Hier zeigt sich erneut der Widerspruch zwischen der mutigen Bejahung des Fortschritts am Beginn des Memorandums und den retardierenden Momenten im weiteren Verlauf desselben. Rahner verkennt den die kirchliche Bindung der Gläubigen stabilisierenden Effekt dieser Werke, denen gerade angesichts der Bedrohung durch die nationalsozialistische Weltanschauung eine erhöhte Bedeutung zukam.

g) Auffallend ist auch die positive Nähe Rahners zu Index, Präventivzensur und Codex Iuris Canonici. Für ihn hat »die Kirche das Recht und die Pflicht, durch Indizierung und ähnliche Maßnahmen gegen Bücher und Lehren einzugreifen, die die rationalen Grundlagen des Glaubens leugnen oder unzweifelhaft bedrohen«. Im Falle von Huber, Koepgen und Pelz ist Rahner der Ansicht, daß die »kirchlich vorgeschriebene ›praevia censura librorum‹ CIC 1385 sicher eine wichtige Funktion« wahrnimmt. Noch 1968 war der Jesuit der Überzeugung, daß zahlreiche Entscheidungen der päpstlichen Bibelkommission am Anfang des 20. Jahrhunderts zwar »objektiv falsch« waren, aber trotzdem »eine gewisse providentielle Bedeutung gehabt« haben[201] – die Nöte der Betroffenen bleiben auch hier außerhalb des Blickfelds.

4. Es verdient festgehalten zu werden, daß Rahner sich in wesentlichen Grundzügen seines Denkens treu blieb. So versteht er Sinn und Aufbau des Theologiestudiums 1943 genauso wie 1968: Hinter den systematischen Fächern hat alles andere zurückzutreten; anstelle von Exegese und Kirchengeschichte muß biblische und historische Theologie betrieben werden[202]. Diese Auffassung spiegelt sich auch in der Konzeption der zweiten Auflage des »Lexikons für Theologie und Kirche«. Im Zusammenhang mit dem »Fall Hans Küng« brach Rahner eine Lanze für die Kompetenzen des Lehramtes. Er äußerte, »daß ich wie immer so auch heute der Meinung bin,

200 Vgl. als Beispiel die Gebetssammlung »Worte ins Schweigen«, Innsbruck 1938, ²1940; zu Rahners »bewußt gesuchter Nähe zur Seelsorgspraxis« vgl. Karl Heinz NEUFELD, Theologiegeschichtliches zur Innsbrucker »Verkündigungstheologie«, in: ZKTh 115 (1993), 13–26, hier 25.

201 Karl RAHNER, Im Beichtstuhl nach der Pille fragen? Über die Enzyklika zur Geburtenregelung »Humanae Vitae« [1968], in: Paul IMHOF/Hubert BIALLOWONS (Hg.), Karl Rahner im Gespräch, Bd. 1: 1964–1977, München 1982, 75–90, hier 88.

202 Karl RAHNER, Zur Neuordnung der theologischen Studien, in: StdZ 181 (1968), 1–21; Widerspruch aus der Sicht des Exegeten erhob Norbert LOHFINK, Text und Thema. Anmerkungen zum Absolutheitsanspruch der Systematik bei der Reform der theologischen Studien, ebd. 120–126.

daß das römische Lehramt unter Umständen auch heute noch in bestimmten anders gelagerten Fällen ein Anathem sprechen kann und muß, das auch kirchenrechtliche Folgen hat«[203]. Die im Wiener Memorandum angesprochene »Causa Hessen« war für ihn ein solcher »anders gelagerter Fall«. Andererseits hat sich Rahner später durchaus für inkriminierte Theologen bei der Glaubenskongregation verwendet.

So steht Rahner selbst zwischen Tradition und Fortschritt, Licht und Schatten liegen im Wiener Memorandum eng nebeneinander; der von manchem fast zur Ehre der Altäre erhobene Rahner gewinnt dadurch menschliche Züge. Er versucht, sich für seinen eigenen theologischen und philosophischen Denkansatz Raum zu schaffen. Von der festen Basis der Tradition, sprich: der Scholastik, aus will er in betont vernunftbezogener Weise durch kritische Rezeption neuzeitlicher philosophischer Modelle auf seine Art Kirche und Theologie weiter bringen. Dabei bewundert man die Souveränität Rahners im Umgang mit Schrift(en) und Tradition(en). Die Gefahren, die in dieser Selbstsicherheit liegen, und die latente Tendenz der Selbstüberschätzung und Einseitigkeit sind jedoch nicht zu übersehen. Dieser Grundzug ist die Hauptursache für den Widerspruch, der sich bald regte.

3. Nachhutgefechte

Bis heute ist zumindest eine entschiedene Erwiderung bekannt geworden. Odo Casel OSB (1886–1948), einer der profiliertesten Vertreter der Mysterientheologie, setzt sich in seinen »Randbemerkungen zu einer Äußerung des Wiener Seelsorgeamtes«[204] zunächst gegen die »Form« zur Wehr, in welcher seine Theologie im Wiener Memorandum behandelt wird (nämlich unter der Überschrift »Irrationalismus« und mit der Unterstellung einer Wiederbelebung der Gnosis). Dann folgt eine sachliche Auseinandersetzung mit den Argumenten Rahners:

1. Casel tritt für die Wiederaufnahme einer Methode der patristischen Theologie ein, die die Väter selbst »Gnosis« nannten.
2. Die mittelalterliche Scholastik steht auf dem Boden dieser Art des patristischen Theologietreibens; die neue Methode tritt neben die alte, will sie aber nicht verdrängen.
3. Äußere Glaubensgründe werden von den heutigen Menschen nicht mehr akzeptiert, nur »der Erweis innerer Kraft« vermag anzusprechen. Ihm muß man Raum geben, damit die Gläubigen nicht dem Irrationalismus verfallen.

203 Karl RAHNER, Zur Beendigung des römischen Lehrverfahrens gegen Hans Küng [1975], in: Paul IMHOF/Hubert BIALLOWONS (Hg.), Karl Rahner im Gespräch, Bd. 1: 1964–1977, München 1982, 256–258, hier 257.

204 Text bei Theodor MAAS-EWERD, Odo Casel OSB und Karl Rahner SJ: Disput über das Wiener Memorandum »Theologische und philosophische Zeitfragen im katholischen deutschen Raum«. Zwei unveröffentlichte Dokumente aus dem Jahre 1943, in: ALW 28 (1986), 193–234, hier 200–210; danach das Folgende.

4. Die scholastische Methode kann nicht alle theologischen Fragen lösen. Am Beispiel der Adoptivkindschaft des Menschen zeigt Casel die Notwendigkeit des Rückgriffs auf die patristische Theologie[205].
5. Casel steht zwar einer eigenständigen »Verkündigungstheologie« (Jungmann, Hugo Rahner) und »Laientheologie« kritisch gegenüber, konzediert jedoch, daß das Entstehen dieser theologischen Ansätze auf ein Ungenügen der Scholastik zurückzuführen ist. Er sieht nur einen Ausweg aus diesem Dilemma, die Rückkehr »zu der bewährten traditionellen Theologie der Kirche«. Dem Wiener Memorandum bescheinigt Casel eine auffällige Blindheit vor den Gefahren der Verkündigungstheologie.
6. Ein Nachdenken über das Wesen der Theologie im Anschluß an die Patristik muß daher erlaubt sein. Wenn das Wiener Memorandum den Caselschen Ansatz in die Nähe eines irrationalistischen Modernismus rückt, stellt dies ein Mißverständnis dar.
7. Alle Versuche, unter Ausschluß der Patristik zu einer Theologie des Symbols zu gelangen, werden von Casel verworfen – ein indirekter Angriff gegen die in diesem Bereich engagierten Jesuiten[206].

Abschließend zitiert er nicht ohne erhobenen Zeigefinger die Ausführungen des Wiener Memorandums über die Bedeutung der Liebe in theologischen Auseinandersetzungen: »Hätte das Wiener Memorandum sich an seine eigenen Grundsätze gehalten, so wäre es wohl nicht zu einer ungerechten und willkürlichen Verdächtigung einer theologischen Richtung gekommen, die wahrhaftig sich auf die beste Tradition der Kirche berufen kann.«

Daß Rahner diese Angriffe nicht unwidersprochen lassen konnte, liegt auf der Hand. Er antwortete in einer dreiteiligen Denkschrift[207].

Die einleitenden *grundsätzlichen Überlegungen* bemühen sich, Casels Attacke den Wind aus den Segeln zu nehmen. Im Grunde verbindet ein gemeinsames Anliegen: Der Wiener »Kreis weiß sich von jeder reaktionären, steril nur das eben Gewesene bloß bewahren wollenden Haltung sehr fern«. Heutzutage ist positive Arbeit, keine Überwachung gefordert. Die Mahnungen des Wiener Memorandums kommen aus dem Mund von Freunden und

205 Vertreten findet Casel die These auch bei Karl RAHNER, ›Gott‹ als erste trinitarische Person im Neuen Testament, in: ZKTh 66 (1942), 71–88, hier 87. Rahner kommt an dieser Stelle allerdings lediglich auf den Umstand zu sprechen, daß dem ausschließlich scholastisch Gebildeten der Zugang zu patristischer Terminologie erschwert ist.

206 Vgl. Franz MITZKA SJ, Symbolismus als theologische Methode, in: ZKTh 67 (1943), 22–35.

207 Karl Rahner, Zu den Ausstellungen P. O. Casels zum Wiener Memorandum über ›Theologische und philosophische Zeitfragen im deutschen Raum‹; Text bei Theodor MAAS-EWERD, Odo Casel OSB und Karl Rahner SJ: Disput über das Wiener Memorandum »Theologische und philosophische Zeitfragen im katholischen deutschen Raum«. Zwei unveröffentlichte Dokumente aus dem Jahre 1943, in: ALW 28, (1986), 193–234, hier 210–230.

nicht von Gegnern. Rahner mahnt aber: »Brüder, nehmt doch nicht eine Haltung ein, die allmählich doch so aussieht ..., als werde das protestantische Prinzip der sola scriptura bei uns nun abgelöst durch das Prinzip: Soli Patres.« Der Blick muß der »gesamten Vergangenheit« der Theologie und Kirche gelten, nicht nur einem Ausschnitt. Einerseits ist die Scholastik eben doch in manchem über die Väter hinausgekommen, zum andern kennen auch die Väter »das metaphysische rationale Denken«, das man bisweilen an der Scholastik kritisiert.

Ausführlich geht Rahner auf den »Rheinischen Kreis der Reformfreunde« ein: »Als kirchlich gläubige Theologen, die auch an den Beistand des Heiligen Geistes beim heutigen ordentlichen kirchlichen Lehramt glauben, müssen wir sagen: Wofür man aufs Ganze und in wesentlichen Punkten auch bei ehrlicher und exakter theologischer Arbeit und auf unabsehbare Zeit hinaus keine Aussicht hat, es schreiben zu dürfen, das dürfen wir auch nicht meinen und nicht mündlich sagen, weil es eben nicht wahr sein kann. Sonst entsteht eine Theologie mit doppeltem Boden, eine merkwürdige neue Form eines versteckten, im Gefahrenbereich der Häresie sich bewegenden, in Konventikeln mündlich weitergegebenen, unkontrollierbaren Denkens, das wirklich beunruhigend ist. Und man wird leider nicht sagen können, daß man da nur Gespenster sieht (vgl. den Kreis um die Mulert-Mensching-Bücher).« Das Bestehen eines solchen Kreises macht in Rahners Augen die Sorge und das bisweilen scharfe Reagieren der »kirchlichen Obrigkeit« verständlich.

Ein zweiter Teil äußert sich unmittelbar *zu Casels Replik*:
Die Einordnung der Mysterientheologie unter der Überschrift »Irrationalismus« in Rahners Gutachten folgt lediglich der Ordnung des Freiburger Memorandums. »Wenn man der Ansicht ist, daß das Freiburger Memorandum leider nicht *nur* Gespenster sieht« – wo hätte man sie sonst behandeln sollen?

Dann wendet sich Rahner differenziert Casels sieben Einwänden zu:
ad 1. Eine Kritik an Casels Gnosis-Begriff ist noch lange keine Kritik an den Vätern.
ad 2. Die scholastische Methode tritt nicht neben die patristische, da es sich um zwei Entwicklungsphasen der einen Theologie handelt. Eine Höherbewertung der frühen Theologie bleibt problematisch; denn der Beistand des Heiligen Geistes, der der Kirche verliehen ist, verhindert einen Niedergang der Theologie.
ad 3. Die »innere Kraft« des Christentums wird durch rationale Argumentation aufgewiesen. Zwischen ratio und emotio einen Gegensatz zu konstruieren und nur dem »Erleben« Raum zu geben, führt tatsächlich zu dem Subjektivismus, den Gröber beklagt.
ad 4. Das Scheitern der scholastischen Methode, das Casel postuliert, ist nirgendwo zu erkennen. Wenn bisher bestimmte theologische Fragen nicht an-

gegangen wurden, so liegt das an den Theologen, nicht an der Theologie.
ad 5. Bei seinen Ausführungen zur Verkündigungstheologie geht Casel am eigentlichen Problem vorbei, weil er die Frage eines eigenständigen Kerygmas mit der einer eigenständigen kerygmatischen *Theologie* verwechselt. Nur die Notwendigkeit der letzteren weist das Wiener Memorandum zurück.
ad 6. Das Wesen der Theologie unter alleinigem Rückgriff auf die Väterzeit und somit unter Ausschluß der Scholastik definieren zu wollen, muß zu irrtümlichen und gefährlichen Ergebnissen führen. Der Vorwurf des Modernismus gilt nur dem Rheinischen Kreis der Reformfreunde; Casel braucht sich nicht angesprochen zu fühlen.
ad 7. Historische Theologie kann sich in ihrem Forschen durchaus darauf beschränken, nur die Zeit der Väter in den Blick zu nehmen, nicht aber die Dogmatik. Sie muß auch die scholastische Theologie rezipieren, sonst bleiben »Rückschritte und Verarmungen« nicht aus. Die besondere Affinität des liturgisch orientierten Benediktinertums zur Patristik will niemand bestreiten, doch zeigt die Geschichte, daß der Ordo Sancti Benedicti durchaus keine Berührungsängste vor der Scholastik hatte (Anselm von Canterbury, Salzburger Benediktinerscholastik[208]). Rahner weist ausdrücklich darauf hin, Casel gehe in seiner Replik nicht auf den eigentlichen Vorwurf des Wiener Memorandums ein: er marginalisiere in seinem Buch »Glaube, Gnosis und Mysterium«[209] die scholastische Methode, weshalb die seinerzeit vorgebrachte Kritik in einem dritten Teil präzisiert werden muß.

Der größte Mangel von *Casels Buch »Glaube, Gnosis und Mysterium«* liegt in der Abwertung des heiligen Thomas und der Scholastik. Nur wo die »Denkform« der Kirchenväter in eine spätere Theologie Aufnahme findet, erweist sie sich als kirchlich. Was nicht rezipiert wurde, ist zeitbedingt. Casels Hauptthema, »die seinshafte Christusangleichung als ontologische Voraussetzung echter, gläubiger Theologie« wäre durch einen Rückgriff auf die Scholastik knapper, besser und exakter darzustellen gewesen. Die Einschränkung, das logische Denken sei nur eine Denkform neben anderen und nicht vielmehr Grundlage aller, stellt »ein eindeutiges Zurückdrängen jener vom Glaubenslicht erleuchteten und durch die Lehroffenbarung unterrichteten ratio, jenes intellectus« dar, »die im Vatikanum und in der sonstigen kirchlichen Lehre als die einzige Fähigkeit des theologischen Denkens bekannt« ist. Damit hat Rahner sein philosophisches und theologisches Hauptanliegen noch einmal treffend umrissen.

208 Dazu Friedrich STEGMÜLLER, Barockscholastik, in: LThK^2 1, 1269f.
209 Odo CASEL, Glaube, Gnosis und Mysterium, Münster 1941.

KARL RAHNER, THEOLOGISCHE UND PHILOSOPHISCHE ZEITFRAGEN IM KATHOLISCHEN DEUTSCHEN RAUM

Editorische Vorbemerkung

Der Edition liegt das Exemplar des Memorandums aus dem Diözesanarchiv Wien, Nachlaß Rudolf, Karton 120, Fasz. 9 zugrunde. Das hektographisch vervielfältigte Memorandum umfaßt 55 einzeilig beschriebene maschinenschriftliche Seiten. Die Seiten 54f enthalten ein detailliertes Inhaltsverzeichnis, das in dieser Edition in das Gesamtinhaltsverzeichnis integriert ist. – Orthographie und Interpunktion sind heutigem Gebrauch angepaßt. Alle Abkürzungen im Text, außer den im Abkürzungsverzeichnis aufgeführten, sind aufgelöst, Sperrungen und Unterstreichungen des Originals werden im Druck kursiv gesetzt. Anmerkungen des Editors im Text stehen in eckigen Klammern. – Die Kommentierung in den Fußnoten bietet zum einen die bibliographischen Nachweise der im Text genannten Werke und zum anderen Kurzbiogramme der Verfasser und sonstiger Personen. Dabei beschränken sich die Angaben im wesentlichen auf die jeweiligen Lebensstationen bis zum Jahr 1943. Wenn Rahner das Gesamtwerk eines Autors in den Blick nimmt, wird auf vorhandene Bibliographien verwiesen, ansonsten werden die wichtigeren Werke einzeln angeführt. Das Kurzbiogramm steht an der Stelle der zentralen Erwähnung (siehe Personenregister). Neben den gängigen Abkürzungen für Zeitschriften und Lexika werden auch Kurztitel für häufig zitierte Literatur verwendet (siehe Verzeichnis der bibliographischen Abkürzungen). Grundsätzlich folgt die Edition den »Richtlinien für die äußere Textgestaltung bei Herausgabe von Quellen zur neueren deutschen Geschichte«, in: Blätter für deutsche Landesgeschichte 98 (1962), 1–11.

Erster Abschnitt: Theologie

I. Allgemeines

1. Grundsätzliche allgemeinste Überlegungen

a) Tradition und Fortschritt. Alt und jung

Die in dem Freiburger Memorandum[1] dargelegten Klagen beruhen wohl im wesentlichen auf den Problemen, Aufgaben und Schwierigkeiten, die unvermeidlich aus der heutigen Situation herauswachsen. Die Kirche steht einer neuen Zeit gegenüber. Es ist nicht bloß eine Redensart, wenn wir von einer neuen Zeit reden. Es ist angesichts der ungeheuren politischen, sozialen und kulturellen Umwälzungen der letzten 30 Jahre nur zu deutlich, daß wir in einem geschichtlichen Umwälzungsprozeß begriffen sind, der weit über den hinausgeht, der selbstverständlich mit jedem Generationswechsel verbunden zu sein pflegt. Und dieser Umwälzungsprozeß ist auf jeden Fall – und darüber darf man sich keiner Täuschung hingeben, wie es leider oft noch geschieht – von solcher Tiefe und Unvermeidlichkeit, daß die neue Situation in ihren entscheidenden Grundlinien auch dann bestehen bliebe, wenn die Einschränkungen der Betätigungsfreiheit der Kirche[2] nicht vorhanden wären oder wieder wegfielen. Das Wesentliche der christlichen Botschaft und der Kirche bleibt selbstverständlich auch in diesem Wandel der Zeit unberührt. Aber ebenso wesentlich ist es, daß dieses Wesentliche der Kirche und der christlichen Verkündigung immer wieder eingehen muß in die konkrete neue Zeit. Wie die Kirche in früheren Zeiten in der Sprache, in der Gestaltung des Gottesdienstes, in der Akzentuierung und Herausstellung bestimmter Glaubenswahrheiten, in ihrer Kunst, in den Formen ihrer Organisation (soweit sie durch das veränderliche menschliche Kirchenrecht bestimmt werden), in den konkreten Formen der Betätigung des religiösen Lebens usw. selbstverständlich auch aus dem Lebensgefühl der jeweiligen Zeit gelebt hat (man kann dieses selbstverständliche Berücksichtigen der konkreten Zeitlage eigentlich nicht »Anpassung« nennen, weil »Anpassung« immer die Vorstellung und Gefahr eines nur äußerlichen kompromißhaften Nachgebens an ein Zeitgefühl hervorruft, welche das wirklich Echte einer Zeit nicht versteht und dem Unechten und Irrigen einer Zeit trotz aller Vorsicht und Abstriche dennoch verfällt; in großen Zeiten hat sich die Kirche nicht in einem äußerlichen Kompromiß der Zeit angepaßt, sondern selbst-

1 Vgl. Freiburger Memorandum Nr. 1; Text des Freiburger Memorandums bei MAAS-EWERD 540–569. Diese Edition liegt dem Folgenden stets zugrunde. Eine Zusammenfassung der »17 Beunruhigungen« Gröbers bietet die Einleitung.
2 Vgl. Heinz HÜRTEN, Deutsche Katholiken 1918–1945, Paderborn 1992, 342–361.

verständlich aus ihr heraus gelebt, sie selber mitgestaltet und so christlich gemacht), so muß die Kirche auch heute in diese Zeit hinein leben. Da sie die Verheißung des Bestandes bis zum Ende der Zeiten hat, wissen wir, daß sie dies auch immer irgendwie und irgendwo tun wird. Aber dennoch ist dies eine Aufgabe, die die Menschen der Kirche einer bestimmten Zeit besser oder weniger gut lösen können, in der sie sogar in einzelnen Ländern ganz versagen können. Wo ein solches gänzliches oder teilweises Versagen eintritt, erscheint die Kirche als das, als was sie ihre Feinde immer wieder hinstellen, als bloßes Stück einer Kultur und einer geschichtlichen Situation, die vergangen ist oder eben unvermeidlich vergeht, und wird die Gefahr heraufbeschworen, daß die Kirche wohl noch die ältere Generation, deren Denken und Fühlen sich noch in den altgewohnten Bahnen hält, um sich sammelt, daß ihr aber die jüngere Generation, die vom Lebensgefühl der neuen Zeit getragen ist, entfremdet wird, und die lebendige Kraft der christlichen Wahrheit und der Kirche sich unter den Formen der Vergangenheit nicht mehr auswirken kann. Wenn nun, wie gesagt, die Zeitenwende, in der wir leben, wesentlich tiefer greift als in den letzten hundert Jahren, dann ist auch selbstverständlich, daß die Aufgabe, die in dieser Hinsicht der heutigen Generation gestellt ist, größer und schwerer ist als die der letzten Generationen, daß die Erschütterungen und Schwierigkeiten, unter denen diese Aufgabe gelöst werden muß, unvermeidlich und empfindlicher sind als früher. So wahr es ist, daß die Bewahrung des Überkommenen – selbst dort, wo dieses Überkommene weit über das dogmatisch-unveränderliche Wesen der Kirche und ihrer Lehre hinausgeht –, richtig verstanden und durchgeführt, auch ein wesentlicher und unaufgebbarer Beitrag zur Gestaltung der christlichen Wirklichkeit in der neuen Zeit ist, so sehr ist aber auch der Wille zur Eroberung einer *neuen* Zukunft für das Christentum in einer neuen Zeit unerläßlich. Ja, wir haben darin gerade ein sehr wesentliches Kriterium dafür, ob der Wille zur Bejahung des guten Alten gesund und echter Wille zur Tradition ist oder bloß das Ressentiment einer überlebten Haltung: Nur dort, wo ehrlich nach neuen Wegen und Mitteln gesucht wird, ist auch der Wille zur Tradition so, daß ihm ein Erfolg für die Zukunft versprochen werden kann. (Unter diesem Kriterium betrachtet, enthüllt sich z. B. das Buch von A. Doerner, Sentire cum Ecclesia[3], zum größten Teil als Produkt einer Ressentimenthaltung, die zwar negativ notwendige Entwicklungen verzögern kann, vielleicht mit Recht da und dort auf objektiv vorhandene Gefahren aufmerksam macht, im letzten aber unfruchtbar bleibt und so auch nicht wirklich die Kraft gibt,

3 August DOERNER, Sentire cum Ecclesia! Ein dringender Aufruf und Weckruf an Priester, Mönchengladbach 1941. – August Doerner (1874–1951), ordiniert 1901 (Trier), gründete 1913 das »Apostolat der Priester- und Ordensberufe« und in diesem Zusammenhang 1920 die »Rosenburg« in Bonn, Gegner der Liturgischen Bewegung; MAAS-EWERD 197–242; Gabriel ADRIANYI, Apostolat der Priester- und Ordensberufe. Ein Beitrag zur Geschichte des deutschen Katholizismus im 20. Jahrhundert, Köln 1979.

solche Gefahren, auf die sie warnend und klagend hinweist, wirklich zu überwinden.) Daß die gewaltige Aufgabe, die der Kirche damit gestellt ist, nicht allein durch Gesetze und Weisungen der kirchlichen Führung gelöst werden kann, dürfte klar sein. Wenn nicht überall in der Geistlichkeit und bei den geistig-religiös regsamen Laien ein lebendiges Bewußtsein der Aufgabe und eine freudige Bereitschaft, für ihren Teil an der Lösung mitzuarbeiten, zu finden wäre, dann würden Gesetze allein wenig nützen. Es ist also an sich kein Grund zur Beunruhigung, wenn sich tatsächlich überall frisches Leben regt, wenn die Fragen und Aufgaben der Zeit gespürt und erörtert werden, wenn neue Wege angeregt und versucht werden. Es ist an sich auch kein Grund zur Beunruhigung, wenn diese Initiative nicht bloß angeregt wird durch Befehle und Erlässe von oben, sondern spontan von unten her entsteht[4]. Eine Führung, die eine solche spontane Initiative der Geführten unangenehm und beunruhigend fände, würde dadurch nur ihre eigene Unsicherheit und ihr Unvermögen verraten, eine wirklich lebendige Kirche zu leiten und zu regieren. Weder die Dogmatik noch die Kirchengeschichte liefert einen Beweis dafür, daß die großen lebendigen Bewegungen in der Kirche Gottes, durch die sie immer wieder aufs neue einer neuen Zeit gerecht wird, immer in ihrem Ursprung ausgehen müssen von der Hierarchie selbst. Selbstverständlich wird es, wo Neues wächst, bei der Unvollkommenheit alles Irdischen auch Wildwuchs geben. Das ist unvermeidlich und eine unvermeidliche Gefahr allen neuen Werdens. Aber viel bedenklicher wäre es, wenn sich nichts Neues regen, wenn man ohne Gespür für die Nöte der Zeit in den alten Geleis[en] weiterliefe, wenn man sich ohne echten, offensiven Willen zu einer neuen Zukunft in rein negativer Verteidigung der Tradition mit dem trösten würde, was man an Menschen, Einrichtungen und Formen »noch« hat. Die Formen, die einmal früher lebendig waren, würden immer mehr erstarren und innerlich ausgehöhlt werden, eben weil sie nicht mehr vom Lebensgefühl der neuen Zeit getragen sind. Die Menschen, zu denen der Einfluß der Kirche noch gelangen würde, wären nur noch eine immer mehr schwindende Gruppe, bei der sich aus soziologischen Gründen der umformende Prozeß der Entwicklung am spätesten auswirkt (die Alten, das Landvolk, soziale Schichten, die aus wirtschaftlichen und profan-kulturellen Gründen besonders traditionsverbunden sind, wie gewisse Schichten eines reicheren Bürgertums oder des Adels). Nichts ist ja den Feinden der Kirche lieber als ein unlebendiger Traditionalismus; wir sehen ja immer wieder, wie sie gegenüber neuen, zügigen Wirkformen der Kirche besonders empfindlich sind, während sie das »Altgewohnte« eher hinzunehmen bereit sind.

4 Rahner verwendet hier eine Terminologie, wie sie im Quickborn, dem er selbst zugehört hatte, üblich war: »frisches Leben«, »neue Wege«, »spontan von unten«; Romano Guardini (Hg.), Aus einem Jugendreich, Mainz 1920; zu Rahners Mitgliedschaft im Quickborn: Hubert Biallowons, Herkunft und Heimat, 1904–1922, in: Imhof/Biallowons 8–13, hier 11.

Über diese grundsätzliche Einstellung zu den Aufgaben der Zeit dürfte an sich ja Einigkeit bestehen. Die Meinungsverschiedenheit beginnt, wo es sich um das *Ausmaß* der erstrebten Neugestaltung handelt. Solange in diesen Fragen nicht durch große, von Gott erweckte Heilige konkrete und eindeutig für alle überzeugende Lösungen gefunden sind (wie sie etwa durch Franziskus[5] und Dominikus[6] im 13. Jahrhundert zu Beginn der bürgerlichen Städtekultur oder durch Ignatius[7] usw. zu Beginn der Neuzeit geschaffen wurden), wird sich ein tastendes, mit Kompromissen arbeitendes, vorsichtiges und doch mutiges Suchen nach dem Richtigen in Verbindung von Altem und Neuem nicht vermeiden lassen. Das Dunkle und Unbefriedigende einer solchen Situation ist einfach in Geduld und gläubiger Zuversicht zu ertragen und darf weder zu einem reaktionären, noch zu einem revolutionären Kurzschluß verleiten. Daß sich bei einem solchen vorläufig unvermeidlichen Kompromiß (der nur als Vorbereitungsstadium zu einer echten und ursprünglichen Synthese zwischen altem Glauben und neuer Zeit gelten kann) bei den »Alten« mehr die beharrenden, bei den »Jungen« mehr die vorwärtsdrängenden Kräfte geltend machen, ist ebenso naturgemäß und gottgewollt, also auch an sich kein Grund zur Beunruhigung. Nur müßte bei den Auseinandersetzungen die gegenseitige Liebe stets gewahrt werden. Auch wenn man persönlich in einer Frage anderer Meinung ist als der andere, sollte man doch stets anerkennen, daß auch die Bestrebungen des anderen aus wahrer Liebe zur Kirche und aus aufrichtiger Sorge um ihre Zukunft hervorgehen. Hier wirken besonders ungerechte Verallgemeinerungen verletzend und erbitternd. Es ist natürlich nicht schwer, sowohl auf Seite der Jungen wie der Alten Fehler festzustellen. Bei den vorandrängenden »Jungen« vermißt man zuweilen die Ehrfurcht vor der kirchlichen Autorität und vor der Überlieferung; es ist natürlich auch nicht zu bestreiten, daß da und dort allzu gewagte Äußerungen oder Eigenmächtigkeiten vorkamen, die nicht mehr zu rechtfertigen sind. Aber wenn nun von den Verteidigern der Überlieferung derartige Einzelfälle, die man zudem manchmal nur vom Hörensagen kennt, in einer Weise zusammengestellt werden, daß der Eindruck entsteht: So ist diese »ganze Richtung«, es fehlt ihr der rechte kirchliche Sinn, ja, sie kommen wohl gar mit dem Dogma in Widerspruch; wenn aus solchen Einzelheiten eine ganze »Richtung« konstruiert wird, bei der man nicht genau weiß, wer dazu gerechnet wird und wer nicht, dann muß ein solches Vorgehen auf katholische Männer und Priester, die ihrer Kirche aus ganzer Seele ergeben sind, tief verletzend wirken. Ohne eine sehr genaue

5 Über ihn Werner GOETZ, Franciscus von Assisi (1181/82–1226), in: TRE 11, 299–307.

6 Dominikus (um 1170–1221), Gründer des Prediger- oder Dominikanerordens; Ambrosius ESSER, Dominicus, in: TRE 9, 125–127.

7 Ignatius von Loyola (1491–1556), Gründer der Gesellschaft Jesu (SJ); Jos E. VERCRUYSSE, Ignatius von Loyola (1491–1556), in: TRE 16, 45–55.

Präzisierung des wirklich zu Mißbilligenden kann eine Verurteilung oder Warnung vor solchen »Richtungen« (der »Hyperliturgen«, der »Neo-Modernisten«, der »Supranaturalisten«[8] usw.) zu leicht den Eindruck erwecken, als seien alle Bestrebungen und Leistungen im innerkirchlichen Leben der letzten Jahrzehnte ein Irrweg gewesen, was sicher niemand ernstlich behaupten kann. Es entstünde die Gefahr, daß eine solche Verurteilung oder Warnung in ungerechter Weise auf viele bezogen würde, deren Arbeit Anerkennung und Förderung, nicht aber Mißtrauen verdient. Wenn z. B. alle, die Klagen und Warnungen in Büchern, wie den[en] von Kassiepe[9] oder Doerner, auf sich beziehen würden (gleichgültig, ob diese Verfasser sie gemeint hatten oder nicht), verbittert aus dem kirchlichen Leben und Schreiben in ein Schweigen sich zurückziehen würden, wäre dieser Ausfall zu ertragen und könnte er durch die ersetzt werden, die solchen Büchern zustimmen?

Was nun [die] aus einer solchen Auseinandersetzung zwischen Altem und Neuem, Alten und Jungen hervorgehende Spaltung im Klerus angeht, die das Freiburger Memorandum[10] zu sehen glaubt und als gefährlich beklagt, so ist wohl folgendes zu sagen: Zunächst einmal: Ist eine solche »Spaltung« wirklich vorhanden, das heißt, geht der Gegensatz zwischen Alten und Jungen über den zwischen den Generationen immer unvermeidlich vorhandenen wirklich hinaus, und zwar dann, wenn man den Umbruch der Zeit gebührend in Ansatz bringt, der, weil er größer ist als früher, auch unvermeidlich die Spannung zwischen dem Lebensgefühl der Generationen größer als in früheren Zeiten sein läßt? Wenn man diese beiden Momente in Rechnung stellt, wird man die »Spaltung« wohl kaum für größer halten müssen, als sie unvermeidlich ist. Damit diese unvermeidliche Spannung zwischen jüngerer und älterer Generation, zwischen konservativen und fortschrittlicheren Elementen sich, was sie kann, belebend und befruchtend auswirke und nicht, was natürlich auch möglich ist, zu einer Gefahr werde, sind nicht sosehr Verbote und Warnungen notwendig und nützlich, sondern eine positiv arbeitende Führung und Lenkung. Dort, wo die Bischöfe selbst, sei es durch ihre Seelsorgeämter, sei es durch dazu eigens be-

8 Den Vorwurf des »Hyperliturgismus« hatte August Doerner erhoben: Sentire cum Ecclesia! Ein dringender Aufruf und Weckruf an Priester, Mönchengladbach 1941, 339–353. Die Gefahr eines »Neomodernismus« wurde im Breslauer Gutachten zum Freiburger Memorandum beschworen; vgl. Einleitung S. 29–31. Zum »Supranaturalismus« vgl. Freiburger Memorandum Nr. 10.

9 Max Kassiepe, Irrwege und Umwege im Frömmigkeitsleben der Gegenwart, Kevelaer 1939, Würzburg ²1940. – Max Kassiepe (1867–1948), 1892 Oblate (Oblati Mariae Immaculatae), Volksmissionar, Gründer der Missionskonferenz, Gegner des »Liturgismus«; Wilhelm Esser, Max Kassiepe, in: LThK² 6, 13; Maas-Ewerd 100–130. Vgl. Freiburger Memorandum Nr. 1: »Darum melden sich auch die ›ewig Gestrigen‹ zu Wort und spenden den Schriften A. Doerners (›Sentire cum ecclesia‹) und Kassiepes (›Irrwege und Umwege‹) Beachtung und Beifall«; Maas-Ewerd 542.

10 Freiburger Memorandum Nr. 1.

auftragte Priester, die Leitung der liturgischen Arbeit und anderer Bestrebungen, an denen sich dieser Gegensatz zu entzünden pflegt, fördernd und regelnd in die Hände genommen haben, braucht man dieser Spannung wegen wohl keine übertriebene Besorgnis zu haben[11]. Wenn beklagt wird, daß der einfache Seelsorgepriester im Streit der Meinungen vielfach nicht mehr ein und aus wisse, so wäre es demgegenüber empfehlenswert, wenn, wie es an verschiedenen Orten schon geschieht, mehr als bisher allgemein üblich für die Weiterbildung des Priesters durch Vorträge, Studientage, Ferienkurse usw. getan würde[12]. Bei solchen Kursen, Tagungen usw. müßte natürlich dafür gesorgt werden, daß sie nicht zu Versammlungen einzelner Richtungen werden, sondern daß in der Auswahl der Vortragenden und in der Zusammensetzung des Zuhörerkreises eine Gewähr dafür gegeben ist, daß die einzelnen Richtungen und Bestrebungen einander in gegenseitigem Verstehen und Ausgleich näherkommen.

Wenn es wahr sein sollte, daß der einfache Seelsorgepriester den vielfältigen und divergierenden Richtungen und Bestrebungen oft hilflos gegenübersteht, dann müßte dies mehr als ein Indicium gewertet werden dafür, daß in seiner theologischen Ausbildung hinter der Unmenge positiven Wissensstoffes aus unorganisch nebeneinander liegenden theologischen Einzeldisziplinen das Wichtigere zu sehr zurückgetreten ist, nämlich eine gründliche, klare dogmatische Bildung, durch die der einzelne sich selbständig immer wieder an den feststehenden, kirchenamtlich festgelegten Grundthesen orientieren kann und die Fähigkeit hat, das einzelne immer wieder am rechten Ort in das große Ganze einzuordnen.

b) Berufung auf frühere Zeiten. »Fehlentwicklungen«[13]

Sowohl in liturgischen Fragen als auch in theologischen Problemen ist es heute mehr als vor einigen Jahrzehnten wieder üblich geworden, über die unmittelbare Vergangenheit zurückzugreifen und sich zur Stütze der eigenen theoretischen oder praktischen Anschauungen und Vorschläge auf Lehre und Tun früherer Zeiten zu berufen und von dieser Position aus auch unter Umständen Haltung und Lehre der unmittelbaren Vergangenheit als »Fehlentwicklung« zu kritisieren. Diesbezüglich seien einige grundsätzliche Anmerkungen gemacht.

Wenn einerseits das Christentum und die Kirche wesentlich geschichtliche Größen sind und es andererseits eine Fortentwicklung in die Zukunft gibt und geben muß, dann ist der Rückgriff und die Berufung auf frühere Pha-

11 Hier hat Rahner die Wiener Verhältnisse im Blick; Rudolf passim.

12 Rahner spielt hier auf die Arbeit der von Gröber kritisierten »Wiener Aktivisten« an; er selbst war in Wien in der Priesterbildung tätig; Rudolf 411–441; Margarete Schmid, Otto Mauer. Gedanken zu seinem 20. Todestag, in: Die Zeit im Buch 5 (1993), 193–201.

13 Vgl. Freiburger Memorandum Nr. 5.

sen der Entwicklung dieses geschichtlichen Gebildes zum Beweis der Legitimität der gewünschten Fortentwicklung grundsätzlich nicht nur erlaubt, sondern auch notwendig; denn wenn es für die Entwicklung in die Zukunft hinein in der Kirche grundsätzlich keinen absoluten Neuanfang geben kann (und die profane neue Zeitsituation, theologisch gesehen, eigentlich immer nur Anlaß, nicht aber Legitimation der für sie geforderten Änderung sein kann), dann ist ein Rückgriff auf frühere Zeiten der Haltung der Kirche und der Theologie an sich grundsätzlich immer berechtigt. Denn keine Zeit der Kirche bringt für sich genommen in Lehre und Tun restlos und gleichmäßig ausdrücklich die ganze Fülle der Wahrheit und Wirklichkeit, die ihr von Christus eingestiftet ist, zur Erscheinung, und so kann man sich immer wieder auf eine frühere Periode der Kirche und der Theologie berufen, in der das, was man aus der jetzt gerade vorliegenden Zeitsituation für notwendig und nützlich hält, deutlicher in Erscheinung trat als in der unmittelbaren Vergangenheit. Wenn in der Theologie auch amtlich das Studium der Kirchenväter und des heiligen Thomas empfohlen und gefördert wird[14], so liegt darin mindestens auch die Empfehlung eines Rückgriffes auf eine frühere Vergangenheit, um dadurch über die nächstliegende Vergangenheit hinauszukommen. Alle großen, von der Kirche selbst anerkannten Reformen in der Praxis und Theologie haben ihre Forderungen immer auch unter Berufung auf frühere Zeiten erhoben. Wenn die Freiburger Denkschrift (numero 5) sagt, »Wir können überhaupt, um uns grundsätzlich auszusprechen, keine Zeit innerhalb einer zurückliegenden Vergangenheit so ›repräsentieren‹, das heißt, so vergegenwärtigen, als ob sie wirklich und Forderungen stellend vor uns läge. Das Bild, das wir uns von Weiterzurückliegendem machen, trägt immer zuletzt unsere eigenen Züge und nur zu oft sehr verzerrt und verschönert«, so ist das nicht annehmbar und würde, folgerichtig durchgeführt, zur Leugnung der Möglichkeit einer objektiven Geschichtserkenntnis führen. Wir können auch fernerliegende Geschichte, grundsätzlich wenigstens, so erkennen, daß wir in ihr nicht bloß nur wieder unsere eigenen Züge finden, und diese erkannte objektive Wirklichkeit der früheren Zeit kann, wo es sich um die Kirche, die Überlieferung und die Theologie handelt, wirklich eine mahnende, befruchtende, ja sogar normative Bedeutung für uns haben.

Natürlich ist, grundsätzlich gesehen, jede Zeit der Kirche an sich gleichberechtigt, und falsch wäre es, wollte man eine bestimmte Zeit (etwa die der Urkirche oder der Väter) so zur absoluten Norm erheben, daß in ihr alles und jedes für uns maßgebend wäre. Die bloße Feststellung, daß dieses oder jenes früher einmal nicht oder anders war, ist für sich allein in keiner Weise

14 Vgl. z. B. Leo XIII., Enzyklika »Aeterni Patris« vom 4. August 1879; ASS 12 (1879/80), 98–114; D(H) 3135–3140; Pius XI., Enzyklika »Studiorum ducem« vom 29. Juni 1923; AAS 15 (1923), 309–326.

eine Norm für die heutige Zeit. Normative Bedeutung hat eine solche Feststellung erst dann, wenn (in theologischen Wahrheitsfragen) darüber hinaus gezeigt wird, daß diese Feststellung eine eigentliche traditio dogmatica und nicht bloß eine für uns unverbindliche theologische Meinung früherer Zeiten beinhaltet oder wenn (in praktischen Fragen) wirklich nachgewiesen wird, daß die frühere Praxis aus Gründen der heutigen Situation für das heutige religiöse Leben gefordert oder wenigstens wesentlich nützlicher ist als die gegenwärtige Übung.

Wenn so in Theologie und Praxis unter Berufung auf frühere Zeiten neue Gesichtspunkte geltend gemacht werden, die nicht ohne weiteres als geradlinige Fortsetzung des heute Bestehenden kenntlich sind, so bedeutet das an sich noch nicht ohne weiteres, daß damit die unmittelbare Vergangenheit als »Fehlentwicklung« betrachtet werden müsse. Denn wenn etwas für eine anders gelagerte Zukunft für notwendig oder nützlich erklärt wird, so impliziert ein solcher Satz nicht notwendig die Behauptung, daß dies auch in der ja anders gearteten Vergangenheit hätte so sein sollen und daß darum dort eine »Fehlentwicklung« gelegen habe.

Darüber hinaus muß gesagt werden, daß grundsätzlich auch »Fehlentwicklungen« in Theorie und Praxis möglich sind und auch als Tatsache nicht bestritten werden sollten. Manches z. B. in der Theorie und Praxis des Buß- und Altarsakramentes in früheren Zeiten (die Verweigerung der mehrmaligen Absolution, die durch Jahrhunderte hindurch von den Theologen allgemein geforderten Bedingungen für die öftere Kommunion und ähnliches) mag aus der Situation der früheren Zeit verständlich gemacht werden, objektiv war es auch für die damalige Zeit falsch[15]. (Das meiste dessen, was man da und dort heute – mit Recht oder mit Unrecht – als »Fehlentwicklung« beklagt, betrifft wohl viel weniger wichtige und zentrale Punkte wie die eben genannten, die historisch nicht bestritten werden können.)

Wenn mit dem Gesagten grundsätzlich die Berechtigung der Berufung auf frühere Zeiten der Kirche und der Theologie und selbst die Möglichkeit der Annahme von »Fehlentwicklungen« behauptet wird, so soll damit nicht gesagt werden, daß in der tatsächlichen Handhabung und Anwendung solcher grundsätzlicher Möglichkeiten immer und überall das rechte Maß, die notwendige Diskretion und die Ehrfurcht, die man auch der jüngsten Vergangenheit der Kirche schuldet, gewahrt wurde. Namentlich im Reden über »Fehlentwicklungen« sollte man vorsichtiger sein, um Ärgernis zu vermeiden. Freilich darf auch die Angst vor dem Ärgernis nicht dazu

15 Hier stehen Rahners eigene Arbeiten zur Geschichte der christlichen Buße im Hintergrund; Karl Heinz NEUFELD, Unter Brüdern. Zur Frühgeschichte der Theologie K. Rahners aus der Zusammenarbeit mit H. Rahner, in: Herbert VORGRIMLER (Hg.), Wagnis Theologie. Erfahrungen mit der Theologie Karl Rahners, Freiburg/Br. 1979, 341–354, hier 346.

verleiten, offenbare Fehler zu vertuschen und alles und jedes Hergebrachte zu verteidigen; sonst würde auf die Dauer das wirkliche Ärgernis nur um so größer. Jedenfalls wird man bezweifeln dürfen, ob angesichts des wirklich tiefgehenden Umbruchs der Zeit diese Berufungen auf frühere Zeiten so heftig, ungestüm und verwirrend sind, daß sie zu schweren Bedenken Anlaß geben. In der Theologie jedenfalls – von den liturgischen Bestrebungen wird eigens zu handeln sein – scheint man das wirklich nicht sagen zu können. Und hier jedenfalls ist die positive Arbeit mehr zu empfehlen als ängstliche und nervöse Verbote und Warnungen. Wird die unmittelbar überkommene Theologie eingehend, klar und lebendig den jungen Theologen gelehrt, dann ist dies wohl das beste Mittel gegen den unrichtigen und gefährlichen Eindruck, man könne zu einer tiefen, lebendigen und umfassenden Glaubenserkenntnis nur kommen, wenn man unter unorganischer Überspringung der theologischen Arbeit der letzten Jahrhunderte zu einer *bloß* biblischen oder *bloß* patristischen Theologie zurückgreife.

c) Irrationalismus

Das Wesentliche über den mit diesem Stichworte bezeichneten Fragekomplex wird wohl passender gesagt werden in dem Abschnitt über die Philosophie. Zu dem dort zu Sagenden braucht darum hier nur kurz die Theologie der Laacher Schule um O. Casel[16] erwähnt zu werden. Damit ist weder die hervorragende Arbeit hinsichtlich des Jahrbuchs für Liturgiewissenschaft[17] gemeint, noch die Mysterientheorie im engeren Sinn[18] (die ruhig der weiteren *fach*theologischen Auseinandersetzung überlassen bleiben kann). In diesem Zusammenhang sei nur die Frage gestellt, ob nicht in ihr durch eine zu exklusiv patristische Einstellung die rationale Methodik der Scholastik in einer gefahrdrohenden Weise zurückgedrängt wird zugunsten einer »Gnosis«. Hier wird wohl etwas zu sehr die eigentliche Scholastik und besonders die nachtridentinische in ihrer Haltung und Methode abgewertet. Es ist vielleicht doch ein gewisses Symptom dafür, wenn in Casels neuester Arbeit (Glaube, Gnosis, Mysterium, 1941, Seite 26 und 79[19])

16 Odo Casel OSB (1886–1948), 1905 Mönch der Abtei Maria Laach, 1922 Spiritual der Benediktinerinnen im Kloster Herstelle; Arno SCHILSON, Theologie als Sakramententheologie. Die Mysterientheologie Odo Casels (Tübinger theologische Studien 18), Mainz 1982.

17 Jahrbuch für Liturgiewissenschaft, hg. von Odo Casel u. a., Münster 1921–41.

18 Vgl. Viktor WARNACH, Mysterientheologie, in: LThK^2 7, 724–727.

19 Odo CASEL, Glaube, Gnosis, Mysterium, Münster 1941 (neu paginierter Separatdruck aus: Jahrbuch für Liturgiewissenschaft 15 [1941], 155–305); ebd. 26, Anm. 25: »Daß diese alte Auffassung von Theologie [als Gnosis] in unseren Tagen wieder auflebt, zeigt v.a. das Buch von M.-D. Chenu OP ...«; ebd. 79, Anm. 25: »Von dieser Entwicklung [der rationalen Verengung des ›wissenschaftlichen‹ Denkens zur ganzheitlichen Schau] zeugt auch das Buch von Georg Koepgen ...«.

Chenu[20] und Koeppgen [sic!][21] zustimmend zitiert werden als Beispiele für jene theologische Methode, die Casel für wünschenswert hält, zwei Werke also, die indiziert wurden, weil sie der traditionellen scholastisch-rationalen Methode der Theologie nicht gerecht wurden.

d) Scholastik

Grundsätzliche Überlegungen über die scholastische Theologie verbinden wir passend mit einigen Betrachtungen über ihren gegenwärtigen Stand in Deutschland.

2. Bemerkungen zum Stand der katholischen Theologie in Deutschland

a) Die historische Arbeit

Es ist zunächst in den letzten Jahrzehnten, wie ja auch das Freiburger Memorandum betont[22], in der historischen Theologie in Deutschland sehr viel geleistet worden. Namen wie Ernst[23], Stiglmayr[24], Mausbach[25], Bardenhewer[26], Weigl[27], Diekamp[28], Adam[29], Poschmann[30], Nieder-

20 Marie-Dominique CHENU, Une école de théologie: Le Saulchoir, Tournai 1937; 1942 indiziert durch Dekret des Heiligen Offiziums; INDEX 91. – Marie-Dominique Chenu OP (1895–1990), 1932 Regens des Ordensstudiums Le Saulchoir; Giuseppe ALBERIGO/Marie-Dominique CHENU, Une école de théologie: Le Saulchoir, Paris 1985; L'hommage différé au Père Chenu, Paris 1990.

21 Georg KOEPGEN, Die Gnosis des Christentums, Salzburg 1939; 1941 indiziert durch Dekret des Heiligen Offiziums; INDEX 246.

22 Vgl. Freiburger Memorandum Nr. 4.

23 Johann Ernst (1844–1929), Dr. theol., Krankenhausseelsorger in Miesbach; KOSCH 651f (Werke).

24 Joseph Stiglmayr SJ (1851–1934), 1892–1919 Dozent für Klassische Sprachen am Kolleg Stella Matutina in Feldkirch, dann Spiritual am Klerikalseminar Dillingen; Burkhart SCHNEIDER, Joseph Stiglmayr, in: LThK² 9, 1080 (Werke).

25 Joseph Mausbach (1861–1931), 1892 Professor für Moraltheologie und Apologetik in Münster, 1918 zugleich Dompropst; Georg SCHREIBER, Joseph Mausbach, in: LThK² 7, 199f.; Wilhelm WEBER, Joseph Mausbach, in: MORSEY, Bd. 3, 149–161 (Werke).

26 Otto Bardenhewer (1851–1935), 1884 Professor für Altes Testament in Münster, 1886–1924 für Hermeneutik und neutestamentliche Exegese in München; Hugo RAHNER, Otto Bardenhewer, in: LThK² 1, 1242 (Werke).

27 Eduard WEIGL, Die Heilslehre des heiligen Cyrillus von Alexandrien, Mainz 1905; DERS., Untersuchungen zur Christologie des heiligen Athanasius, Paderborn 1914. – Eduard Weigl (1869–1960), 1909 Professor für Pastoraltheologie und Dogmen- und Liturgiegeschichte in München, 1909–42 Direktor des Georgianums; Walter DÜRIG, Eduard Weigl (1869–1960), in: Georg SCHWAIGER (Hg.), Christenleben im Wandel der Zeit, Bd. 2: Lebensbilder aus der Geschichte des Erzbistums München und Freising, München 1987, 265–278.

28 Franz Diekamp (1864–1943), 1904 Professor für Patrologie, Dogmen- und Kirchengeschichte, 1906 für Dogmatik in Münster; BAUTZ, Bd. 1, 1290; Klaudius JÜSSEN, Franz Diekamp, in: LThK² 3, 376 (Werke).

huber[31], Altaner[32], F. Hofmann[33] usw. für die patristische Theologie, Denifle[34], Ehrle[35], Grabmann[36], Landgraf[37], Schmaus[38], Geiselmann[39], A.

29 Karl Adam (1876–1966), 1915 ao. Professor in München, 1917 o. Professor für Moraltheologie in Straßburg, 1919 Professor für Dogmatik in Tübingen; Hans KREIDLER, Eine Theologie des Lebens: Grundzüge im theologischen Denken Karl Adams (Tübinger theologische Studien 29), Mainz 1988 (Werke).

30 Bernhard Poschmann (1878–1955), 1910–28 Professor für Dogmatik in Braunsberg, 1928–45 in Breslau, 1945–48 in Münster; Ernst Manfred WERMTER, Bernhard Poschmann, in: LThK² 8, 636 (Werke).

31 Johannes Evangelist NIEDERHUBER, Die Eschatologie des hl. Ambrosius (Forschungen zur christlichen Literatur- und Dogmengeschichte 6/3), Mainz 1907; DERS., Die Lehre des hl. Ambrosius vom Reiche Gottes auf Erden (Forschungen zur christlichen Literatur- und Dogmengeschichte 4/3–4), Mainz 1904. – Johannes Evangelist Niederhuber (1870–1932), 1908 Professor für Neues Testament, Patrologie und theologische Enzyklopädie in Regensburg; KOSCH 3253 (Werke).

32 Berthold Altaner (1885–1964), 1929 Professor für Kirchengeschichte und Patrologie in Breslau, 1933 des Lehramtes enthoben, 1934–45 Domvikar in Breslau; Berthold ALTANER, Verzeichnis meiner Veröffentlichungen 1907–1953, Würzburg 1953; KLEINEIDAM 125–127.

33 Fritz HOFMANN, Der Kirchenbegriff des hl. Augustinus in seinen Grundlagen und in seiner Entwicklung, München 1933. – Fritz Hofmann (1902–1977), 1937 Privatdozent in München, 1943 Vertreter der Professur für Dogmatik in Passau; DBA NF 603, 440.

34 Friedrich Heinrich Suso Denifle OP (1844–1905), 1876 Professor für Kirchengeschichte in Graz, 1883 Unterarchivar des Heiligen Stuhls; BAUTZ, Bd. 1, 1258 (Werke); Joachim KÖHLER, Heinrich Seuse Denifle (1846 [sic!] -1905), in: TRE 8, 490–493.

35 Franz Ehrle SJ (1845–1934), 1895–1914 Präfekt der Vatikanischen Bibliothek, 1922 Kardinal, 1929 Bibliothekar und Archivar der Römischen Kirche; Friedrich STEGMÜLLER, Franz Ehrle, in: LThK² 3, 719; BAUTZ, Bd. 1, 1472f (Werke); Manfred WEITLAUFF, Franz Ehrle (1845–1934), in: TRE 9, 366–369.

36 Martin Grabmann (1875–1949), 1906 Professor in Eichstätt, 1913 Professor für Christliche Philosophie in Wien, 1918 für Dogmatik in München; Michael SCHMAUS, Zur 100. Wiederkehr des Geburtstages von Martin Grabmann, in: MThZ 26 (1975), 1–16; Hermann KÖSTLER/Ludwig OTT, Martin Grabmann. Nachlaß und Schrifttum (Veröffentlichungen des Grabmann-Institutes NF 30), Paderborn 1980; Ulrich HORST, Martin Grabmann (1875–1949), in: Georg SCHWAIGER (Hg.), Christenleben im Wandel der Zeit, Bd. 2: Lebensbilder aus der Geschichte des Erzbistums München und Freising, München 1987, 279–289.

37 Arthur Michael Landgraf (1895–1958), 1924 Professor für Dogmatik in Bamberg, 1937–39 an der Catholic University in Washington D.C., 1943 Weihbischof in Bamberg; Ludwig OTT, Arthur Michael Landgraf, in: LThK² 6, 775f (Werke); Bruno NEUNDORFER, Arthur Michael Landgraf (1895–1958), in: GATZ 431f.

38 Michael Schmaus (1897–1993), 1929 ao. Professor an der Deutschen Universität in Prag, 1933–45 o. Professor für Dogmengeschichte und Systematische Theologie in Münster, 1946 in München; Ulrich HORST, Michael Schmaus. Glückwunsch zum 95. Geburtstag, in: MThZ 43 (1992), 389f; Bibliographie Michael Schmaus, in: Leo SCHEFFCZYK u. a. (Hg.), Wahrheit und Verkündigung. Michael Schmaus zum 70. Geburtstag, Bd. 1, Paderborn 1967, S. XVI-XXXIII.

39 Josef Rupert GEISELMANN, Die Abendmahlslehre an der Wende der christlichen Spätantike zum Frühmittelalter. Isidor von Sevilla und das Sakrament der Eucharistie, München 1933. – Josef Rupert Geiselmann (1890–1970), 1930 ao., 1934 o. Professor für scholastische Philosophie und Fundamentaltheologie in Tübingen; Leo SCHEFFCZYK, Josef Rupert Geiselmann – Weg und Werk, in: ThQ 150 (1970), 385–395.

Lang[40], J. Koch[41], Weisweiler[42], Pelster[43] usw. für die mittelalterliche Theologie, Stegmüller[44], Hünermann[45], Stakemaier [sic!][46], Jedin[47], Hentrich[48] usw. für die nachtridentinische Scholastik legen von dieser Tatsache genügend Zeugnis ab. Hier seien auch ehrenvoll erwähnt die große Ausgabe der Akten usw. des Trienter Konzils durch die Görres-Gesellschaft[49], die neue deutsche Thomasausgabe[50], die deutsche Kirchenväter-

40 Albert LANG, Die loci theologici des Melchior Cano und die Methode des dogmatischen Beweises. Ein Beitrag zur theologischen Methodologie und ihrer Geschichte (Münchener Studien zur Historischen Theologie 6), Kempten 1925. – Albert Lang (1890–1973), 1929 ao. Professor für Dogmatik in Regensburg, 1935 o. Professor in München, nach Aufhebung der Fakultät 1939 Professor für theologische Erkenntnislehre und Scholastik in Bonn; KOLPING 388f.

41 Josef KOCH, Durandus de S. Porciano OP. Forschungen zum Streit um Thomas von Aquin zu Beginn des 14. Jahrhunderts (Beiträge zur Geschichte der Philosophie des Mittelalters 26), Münster 1927. – Josef Koch (1885–1967), 1933–45 Professor für Fundamentaltheologie in Breslau, 1947 für Philosophie in Göttingen, 1948–53 in Köln; KLEINEIDAM 136f.

42 Heinrich WEISWEILER, Das Schrifttum der Schule Anselms von Laon und Wilhelms von Champeau in deutschen Bibliotheken (Beiträge zur Geschichte der Philosophie und Theologie des Mittelalters 33/1–2), Münster 1936. – Heinrich Weisweiler SJ (1893–1964), 1928–42 Professor für Dogmatik in Valkenburg/Holland, dort Lehrer Rahners, 1945 an der Jesuitenfakultät in Büren/Westfalen, 1950 in St. Georgen/Frankfurt; In Memoriam Pater Heinrich Weisweiler SJ, in: Scholastik 39 (1964), 161f.

43 Franz Pelster SJ (1880–1956), 1921 Professor für Geschichte der Scholastik, 1936 für Geschichte der Moraltheologie an der Gregoriana/Rom; Zoltan ALSZEGHI, Franz Pelster, in: $LThK^2$ 8, 256.

44 Friedrich STEGMÜLLER, Geschichte des Molinismus (Beiträge zur Geschichte der Philosophie und Theologie des Mittelalters 32), Münster 1935. – Friedrich Stegmüller (1902–1981), 1936 Professor für Dogmatik in Würzburg, 1949 in Freiburg/Br.; Helmut RIEDLINGER, Friedrich Stegmüller zum Gedächtnis, in: MThZ 33 (1982), 124–128.

45 Friedrich Hünermann (1886–1969), 1927 ao. Professor für Dogmatik in Bonn, 1931–38 und 1943–65 Offizial in Aachen, 1932 nebenamtlicher Professor für Dogmatik am Priesterseminar Aachen, 1938 Weihbischof; Erwin GATZ, Friedrich Hünermann, in: GATZ 333f (Werke).

46 Eduard Stakemeier (1904–1970), 1939 Professor für Fundamentaltheologie, vergleichende Religionswissenschaft und Konfessionskunde in Paderborn; Eduard Stakemeier zum Gedenken, hg. vom Johann-Adam-Möhler-Institut, Paderborn 1971 (Werke).

47 Hubert Jedin (1900–1980), 1930 Habilitation für Kirchengeschichte (Universität Breslau), 1933 Entzug der venia legendi durch das Preußische Kultusministerium, 1933–36 und 1939–49 in Rom (Exil und Arbeiten zur Geschichte des Konzils von Trient), 1936–39 erzbischöflicher Archivar in Breslau, 1943 Ernennung zum päpstlichen Geheimkämmerer, 1946 Professor für Kirchengeschichte in Bonn; Konrad REPGEN (Hg.), Hubert Jedin. Lebensbericht (VKZG.A 35), Mainz 1984 (Werke).

48 Wilhelm HENTRICH, Gregor von Valencia und die Erneuerung der deutschen Scholastik im 16. Jahrhundert, Regensburg 1930. – Wilhelm Hentrich SJ (1887–1972), 1922 Professor für Philosophie in Valkenburg/Holland, 1926 in St. Georgen/Frankfurt; DBA NF 562, 153.

49 Concilium Tridentinum. Diariorum, actorum, epistolarum, tractatuum nova collectio, edidit Societas Goerresiana, Freiburg/Br. 1901ff.

50 Die Deutsche Thomas-Ausgabe. Vollständige, ungekürzte deutsch-lateinische Ausgabe der Summa Theologica, übersetzt von Dominikanern und Benediktinern Deutschlands und Österreichs, hg. vom Katholischen Akademikerverband, Salzburg 1933ff.

ausgabe[51] durch den Verlag Kösel, die Opuscula et textus, Series Scholastica[52] von Grabmann und Pelster, das Florilegium Patristicum[53] im Verlag Hanstein, die Beiträge zur Geschichte der Philosophie und Theologie des Mittelalters[54], die Breslauer Beiträge zur historischen Theologie[55], die Freiburger theologischen Studien[56], die Münsterischen Beiträge zur Theologie[57]. Alle diese Arbeiten sind nicht nur wissenschaftlich wertvoll, sondern auch durchaus im kirchlichen Geist dogmatisch einwandfrei gehalten. Versuche von katholischen Theologen, dogmatisch unhaltbare Anschauungen auf dem Weg über dogmengeschichtliche Arbeiten zu propagieren (wie etwa Turmel[58] in Frankreich) gibt es in Deutschland nicht (Hugo Koch[59] kann hieher nicht gerechnet werden und die Nestoriusdeutung von P. Junglas[60] mag falsch gewesen sein, berührt aber die eigentliche Dogmatik nur sehr indirekt). Aber in zweifacher Hinsicht kann man zu dieser Arbeit wohl Wünsche äußern (ähnlich wie es später auch bezüglich der philosophiegeschichtlichen Arbeiten sein wird): Wir sind mit größeren, zusammenfassenden Arbeiten, die die Ergebnisse der dogmengeschichtlichen Forschungen dem Durchschnittstheologen zugänglich und für die eigentliche dogmatische Arbeit verwendbar machen, nicht sehr reich gesegnet, und vielleicht weniger als in anderen Ländern.

51 Bibliothek der Kirchenväter, 63 Bde., Kempten ^{2}1911–31, 2. Reihe, 20 Bde., Kempten 1932–38.

52 Opuscula et textus historiam ecclesiae eiusque vitam atque doctrinam illustrantia, series scholastica et mystica, edita curantibus Martino Grabmann et Francisco Pelster SJ, Münster 1926ff.

53 Florilegium Patristicum, digessit, vertit, adnotavit Gerardus Rauschen, 44 Bde., Bonn 1904–41.

54 Beiträge zur Geschichte der Philosophie [seit 1928: und Theologie] des Mittelalters, hg. von Clemens Baeumker und Georg Freiherr von Hertling, Münster 1891ff.

55 Breslauer Studien zur historischen Theologie, 24 Bde., Breslau 1922–33, Neue Folge, hg. von Joseph Wittig und Franz Xaver Seppelt, 9 Bde., Breslau 1933–41.

56 Freiburger theologische Studien, hg. von Gottfried Hoberg und Georg Pfeilschifter, Freiburg/Br. 1910ff.

57 Münsterische Beiträge zur Theologie, hg. von Franz Diekamp und Richard Stapper, Münster 1923ff.

58 Joseph Turmel (1859–1943), 1882 Professor am Seminar in Rennes, 1892 abgesetzt, 1930 persönlich exkommuniziert, »modernistischer Dogmenhistoriker«; Adalbert HAMANN, Joseph Turmel, in: LThK^{2} 10, 413 (Werke).

59 Hugo KOCH, Cyprian und der römische Primat. Eine kirchen- und dogmenhistorische Studie (Texte und Untersuchungen zur Geschichte der altchristlichen Literatur 35/1), Leipzig 1910. – Hugo Koch (1869–1940), 1893 Repetent am Tübinger Wilhelmsstift, 1904–12 Professor für Kirchengeschichte und Kirchenrecht in Braunsberg. Im Zuge der Auseinandersetzung um das genannte primatskritische Werk wurde er 1912 vom preußischen Staat seiner Aufgabe entpflichtet; K.G. STECK, Hugo Koch, in: RGG^{3} 3, 1687; August HAGEN, Der Reformkatholizismus in der Diözese Rottenburg (1902–1920), Stuttgart 1962, 102–108.

60 Johannes Peter JUNGLAS, Die Irrlehre des Nestorius, Trier 1912. – Johannes Peter Junglas (1876–1937), Professor für Dogmatik in Bonn; WENIG 137.

Arbeiten wie in Frankreich, z. B. die von Grandmaison[61], Prat[62], Lebreton[63], Lepin (L'idée du sacrifice de la messe, 1926)[64], J. Gross (La Divinisation du chrétien d'après les pères grecs, 1938)[65], E. Mersch (Le Corps mystique du Christ, 1936)[66] usw., sind bei uns selten. Die Arbeiten von Poschmann (besonders »Poenitentia secunda«)[67] runden sich, zusammen genommen, ungefähr zu einer Dogmengeschichte des Bußsakramentes, die von M. Schmaus[68] einigermaßen zu einer solchen des Trinitätsdogmas; K. Prümm[69] gibt einen synthetischen Durchblick durch die Frage »Antike und Christentum«. Wir haben die ausgezeichneten Patrologien von Bardenhewer[70] und

61 Léonce de Grandmaison SJ (1868–1927), 1899 Professor für Fundamentaltheologie in Fourvière, 1901 in Ore-Place/England, 1908 Herausgeber von »Etudes«, 1910 Begründer der »Recherches de Sciences religieuses«; Dictionnaire de Biographie Française, Bd. 16, Paris 1985, 982 (Werke).

62 Ferdinand Prat SJ (1857–1938), 1903 Konsultor der päpstlichen Bibelkommission; Peter NOBER, Ferdinand Prat, in: LThK^2 8, 700 (Werke); Hugues BEYLARD, Ferdinand Prat, in: Catholicisme. Hier – Aujourd'hui – Demain, Bd. 11, Paris 1988, 732f.

63 Jules LEBRETON, Histoire du dogme de la Trinité des origines au concile de Nicée (Bibliothèque de Théologie historique 8), Paris 1910; DERS., Verbum Salutis, La vie et l'enseignement de Jésus Christ, notre Seigneur, Paris 1931. – Jules Lebreton (1873–1956), 1905–43 Professor für die Geschichte des Urchristentums am Institut Catholique in Paris; Joseph LECLER, Jules Lebreton, in: Catholicisme. Hier – Aujourd'hui – Demain, Bd. 7, Paris 1975, 139–141.

64 Marius LEPIN, L'idée du sacrifice de la messe d'après les théologiciens depuis l'origine jusqu'à nos jours, Paris 1926. – Marius Lepin (1870–1952), Sulpizianer, 1898–1902 Professor in Issy, 1902–40 Professor für Exegese am Seminar Saint-Irénée in Lyon; Irénée NOGE, Marius Lepin, in: Dictionnaire de Spiritualité, Bd. 9, Paris 1976, 681.

65 Jules GROSS, La divinisation du chrétien d'après les pères grecs. Contribution historique à la doctrine de la grâce, Paris 1938; vgl. dazu die Rez. von Karl RAHNER, in: ZKTh 63 (1939), 450. – Julius Gross (1892–1980), Dr. theol., 1929 ao. Professor in Straßburg, 1944 Bibliotheksrat in Göttingen.

66 Emile MERSCH, Le corps mystique du Christ, 2 Bde., Löwen 1936; vgl. dazu die Rez. von Hugo RAHNER, in: ZKTh 59 (1935), 112–115. – Emile Mersch SJ (1890–1940), Dozent für Philosophie in Namur/Belgien; Henri HOLSTEIN, Emile Mersch, in: Dictionnaire de Spiritualité, Bd. 10, Paris 1980, 1055f.

67 Bernhard POSCHMANN, Paenitentia secunda. Die kirchliche Buße im ältesten Christentum bis Cyprian und Origenes (Theophaneia 1), Bonn 1940; vgl. dazu die Rez. von Karl RAHNER, in: ZKTh 64 (1940), 161f.

68 Vgl. v.a. Michael SCHMAUS, Die psychologische Trinitätslehre des heiligen Augustinus (Münsterische Beiträge zur Theologie 11), Münster 1927; DERS., Augustinus und die Trinitätslehre Wilhelms von Ware, in: Aurelius Augustinus. Festschrift der Görresgesellschaft, hg. von Martin Grabmann und Joseph Mausbach, Köln 1930, 315–352; DERS., Die Trinitätslehre des Simon von Tournai, in: Recherches de Théologie ancienne et médievale 3 (1931), 373–396.

69 Karl PRÜMM, Der christliche Glaube und die altheidnische Welt, 2 Bde., Leipzig 1935; DERS., Religionsgeschichtliches Handbuch für den Raum der altchristlichen Umwelt, Freiburg/Br. 1943. – Karl Prümm SJ (1890–1981), 1923 Professor für Exegese und Religionsgeschichte in Valkenburg/Holland, dort Lehrer Rahners, 1938 in Innsbruck; DBA NF 1030, 207.

70 Otto BARDENHEWER, Geschichte der altkirchlichen Literatur, 5 Bde., Freiburg/Br. 1902–32.

Altaner[71] – die Patrologie ist überhaupt ungefähr das einzige Gebiet, auf dem wir von den Protestanten unabhängig sein können –, aber damit sind wir eigentlich auch schon ungefähr mit solch größeren synthetischen Leistungen am Ende. Seit dem längst überholten Schwane[72] hat kein deutscher katholischer Theologe mehr eine Dogmengeschichte geschrieben (auch im katholischen Ausland gibt es keine wirklich befriedigende). Was soll der machen, der nun doch eine Dogmengeschichte lesen will? Bleibt ihm etwas anderes übrig, als zu Harnack[73] oder besser zu Seeberg[74] zu greifen? Wir besitzen keine zusammenfassende biblische Theologie des Neuen Testaments; wir haben keine Geschichte der scholastischen Theologie (Grabmann, Geschichte der scholastischen Methode[75], ist eigentlich in den Anfängen stecken geblieben), wir haben keine Geschichte der neueren Theologie (Hurter[76] und Grabmann[77] sind wirklich – so verdienstlich auch das schon ist – nicht mehr als Namensverzeichnisse); wir haben keine große katholische Religionsgeschichte (wofür auch das treffliche Buch von Anwander[78] kein Ersatz sein kann); wir haben keine Geschichte der Moraltheologie (Ar-

71 Berthold ALTANER, Patrologie, Freiburg/Br. 1938; vgl. dazu die Rez. von Karl RAHNER, in: ZKTh 62 (1938), 424f.

72 Joseph SCHWANE, Dogmengeschichte, 4 Bde., Münster-Freiburg/Br. 1862–90, Bd. 1–2 ^{2}1892–95. – Joseph Schwane (1824–1892), 1867 Professor für Moraltheologie, 1884 für Dogmatik in Münster; Eduard HEGEL, Joseph Schwane, in: LThK^{2} 9, 531.

73 Adolf von HARNACK, Lehrbuch der Dogmengeschichte, 3 Bde., Tübingen ^{4}1909/10, ^{5}1931. – Adolf von Harnack (1851–1930), protestantischer Theologe, 1879 Professor für Kirchengeschichte in Gießen, 1886 in Marburg, 1888 in Berlin; Friedrich Wilhelm KANTZENBACH, Adolf von Harnack, in: TRE 14, 450–458.

74 Reinhold SEEBERG, Lehrbuch der Dogmengeschichte, 4 Bde. in 5 Teilen, Leipzig 1895–98. – Reinhold Seeberg (1859–1935), protestantischer Theologe, 1885 Professor in Dorpat, 1889 in Erlangen, 1898 in Berlin; Ernst Walter ZEEDEN, Reinhold Seeberg, in: LThK^{2} 9, 564f.

75 Martin GRABMANN, Die Geschichte der scholastischen Methode, 2 Bde., Freiburg/Br. 1909–11.

76 Hugo HURTER, Nomenclator literarius theologiae catholicae theologos exhibens aetate, natione, disciplinis distinctos, 5 Bde., Innsbruck 1871–86; 6 Bde., Innsbruck ^{3}1903–13. – Hugo Hurter SJ (1832–1914), 1858–1912 Professor für Dogmatik in Innsbruck; Franz LAKNER, Hugo Hurter, in: LThK^{2} 5, 543; Manfred BRANDL, Hugo von Hurter, in: NDB 10, 77f; DERS., Neubearbeitung von Hugo Hurters Nomenclator literarius theologiae catholicae, in: Georg SCHWAIGER (Hg.), Kirche und Theologie im 19. Jahrhundert (Studien zur Theologie und Geistesgeschichte des Neunzehnten Jahrhunderts 11), Göttingen 1975, 201–206.

77 Martin GRABMANN, Die Geschichte der Katholischen Theologie seit dem Ausgang der Väterzeit mit Benützung von M. J. Scheebens Grundriß dargestellt, Freiburg/Br. 1933.

78 Anton ANWANDER, Die Religionen der Menschheit. Einführung in Wesen und Geschichte der außerchristlichen Gottesvorstellungen. Nebst einem religionsgeschichtlichen Lesebuch, Freiburg/Br. 1927. – Anton Anwander (1887–1977), 1928 Spiritual am Georgianum in München, 1933 Pfarrer in Pöcking, 1940 Benefiziat in Landsberg, 1948 Honorarprofessor für Patrologie und Allgemeine Religionswissenschaft in München; DBA NF 159, 35; freundliche Auskunft von Prof. Dr. Reiner Kaczynski, Direktor des Georgianums München, vom 6.12.1993.

beiten wie die von Mausbach[79], Stelzenberger[80], Fr. Wagner[81] usw. können diesen Mangel zusammen auch nicht gutmachen). Man kann solchen und ähnlichen Desideraten gegenüber sich nicht ewig darauf berufen, daß die nötigen Vorarbeiten noch nicht vorhanden seien. Es ist auf all diesen Gebieten soviel an Einzelarbeit schon geleistet, daß zusammenfassende Synthesen möglich und nützlich wären, wie etwa Prat, La théologie de S. Paul[82], Seebergs Dogmengeschichte usw. beweisen.

Mit diesem Mangel an Wille und Kraft zu großer synthetischer Arbeit hängt der zweite Mangel zusammen: Die historische Arbeit befruchtet tatsächlich nur in sehr bescheidenem Maße die eigentlich dogmatische Theologie, der sie doch letztlich dienen muß, soll sie nicht in unfruchtbaren Historismus entarten. Davon wird gleich noch zu reden sein.

b) Dogmatische Theologie

Da Einzelfragen der dogmatischen Theologie weiter unten behandelt werden sollen, so seien hier nur ein paar lose, allgemeine Beobachtungen und Bemerkungen gemacht.

α) Die Schulbücher und der Schulbetrieb

Wir haben in Deutschland eine Reihe tüchtiger Schulbücher für die dogmatische Theologie, die an echt kirchlicher, scholastischer und wissenschaftlicher Haltung allen berechtigten Forderungen genügen und die auch durch die Schulbücher anderer Länder, aufs Ganze gesehen, nicht überboten werden. Wir denken hier besonders an Pohle-Gierens[83] und Diekamp[84] (Entsprechendes gilt

79 Joseph Mausbach, Die Ethik des heiligen Augustinus, 2 Bde., Freiburg/Br. 1909; Ders., Katholische Moraltheologie, 3 Bde., Münster 1915–18.

80 Johannes Stelzenberger, Die Beziehungen der frühchristlichen Sittenlehre zur Ethik der Stoa. Eine moralgeschichtliche Studie, München 1933. – Johannes Stelzenberger (1898–1972), 1936 Professor für Moraltheologie in Breslau, 1950 in Tübingen; Josef Rief, Johannes Stelzenberger zum Gedenken, in: ThQ 152 (1972), 380–387 (Werke).

81 Friedrich Wagner, Geschichte des Sittlichkeitsbegriffs, 3 Bde., Münster 1928–36. – Friedrich Wagner (1867–1943), 1916–32 Professor für Moraltheologie in Breslau; Kleineidam 156.

82 Ferdinand Prat, La Théologie de S. Paul, 2 Bde., Paris 1908–12.

83 Josef Pohle, Lehrbuch der Dogmatik, neu bearbeitet von Michael Gierens, Bd. 1, Paderborn ^{9}1936, Bd. 2, ^{9}1937, Bd. 3 ^{8}1932. – Josef Pohle (1852–1922), 1883 Professor für Moraltheologie am Priesterseminar in Leeds/England, 1886 Professor für Philosophie in Fulda, 1889 für Apologetik in Washington D.C., 1894 für Dogmatik in Münster, 1897 in Breslau; Josef Gummersbach, Josef Pohle, in: LThK^{2} 8, 578. – Michael Gierens SJ (1888–1937), 1928 Professor für Dogmatik in St. Georgen/Frankfurt; DBA NF 447, 160.

84 Franz Diekamp, Katholische Dogmatik nach den Grundsätzen des heiligen Thomas, 3 Bde., Münster 1912–14.

für die Fundamentaltheologie: Brunsmann[85], Goebel[86]). Jedenfalls sind sie in *dem* Sinn vorzügliche Schulbücher, daß man sagen muß, der junge Theologe müsse sie zuerst einmal gründlich sich zu eigen gemacht haben, bevor er überhaupt vernünftigerweise von der dogmatischen Theologie mehr zu verlangen berechtigt ist als das, was ihm hier geboten wird. Man wird sogar sagen müssen, daß sie eher die untere Grenze zum Studium dessen bedeuten, was von einem jungen Theologen in der Ausbildung an nüchternem, exaktem dogmatischem Wissen zu verlangen ist. Wo der dogmatische Schulbetrieb in Deutschland mit einfacheren und primitiveren Schulbüchern sich begnügen wollte, würde nicht das erzielt werden, was heutzutage an dogmatischem Wissen von jedem Theologen verlangt werden muß. Eine Frage sei nur bezüglich der Deutschsprachigkeit der Schulbücher und des Vorlesebetriebes gestellt: Wie wird die unerläßliche Vertrautheit des Theologen mit der lateinisch geschriebenen Theologie erreicht? Auf jeden Fall wäre es z. B. bedauerlich, wenn die an sich nützliche Herausgabe des »Neuner-Roos«[87] (Der Glaube der Kirche in den Urkunden der Lehrverkündigung) den Erfolg hätte, daß den Theologen der Denzinger[88] allmählich ein Buch mit sieben Siegeln würde. Bloß um an einem Beispiel auf eine grundsätzliche Frage aufmerksam zu machen, sei in diesem Zusammenhang auch ein Wort über die Dogmatik von M. Schmaus[89] gesagt. So sehr das Bestreben in dieser Dogmatik nach einem lesbaren Deutsch, nach einer wirkli-

85 Johannes BRUNSMANN, Lehrbuch der Apologetik, 2 Bde., Wien 1924–26, ^{2}1930. – Johann Konrad Brunsmann (1870–1936), Steyler Missionar, 1898/99 Dozent an der philosophisch-theologischen Lehranstalt St. Gabriel in Mödling bei Wien; freundliche Auskunft von Prof. Dr. Karl Joseph Rivinius, St. Augustin, vom 15.12.1993.

86 Bernardin GOEBEL, Katholische Apologetik, Freiburg/Br. 1930. – Bernardin Goebel OFMCap (1881–1973), 1929 Lektor der Theologie in Münster; Konradin ROTH, Die Rheinisch-Westfälische Kapuzinerprovinz 1851–1976, Koblenz-Ehrenbreitstein 1976, 49, Nr. 244.

87 Josef NEUNER/Heinrich ROOS (Hg.), Der Glaube der Kirche in den Urkunden der Lehrverkündigung, Regensburg 1938; vgl. dazu die Rez. von Karl RAHNER, in: ZKTh 62 (1938), 423; Rahner hatte das Entstehen des Werkes gefördert und übernahm ab der zweiten Auflage (1948) seine Herausgabe. – Josef Neuner SJ (*1908), 1938 Professor am De Nobili-College, Poona/Indien. – Heinrich Roos SJ (1904–1977), 1940 Studentenseelsorger in Kopenhagen; Kaspar KALLAN, P. Heinrich Roos in Memoriam, in: Aus der Provinz 1977, Heft 3, 31f.

88 Heinrich DENZINGER, Enchiridion Symbolorum Definitionum et Declarationum de rebus fidei et morum, hg. von Johannes B. Umberg, Freiburg/Br. $^{14-27}$1922–51. – Heinrich Denzinger (1819–1883), 1854 Professor für Dogmatik in Würzburg, veröffentlichte 1854 in Würzburg erstmals seine Sammlung von lehramtlichen Dokumenten »Enchiridion Symbolorum et Definitionum quae de rebus Fidei et Morum a Conciliis Oecumenicis et Summis Pontificibus emanaverunt«, die bis heute zahlreiche Bearbeitungen erfahren hat (u. a. von ^{28}1952–^{31}1957 durch Karl Rahner); Josef HASENFUSS, Heinrich Denzinger, in: LThK^{2} 3, 233f; Joseph SCHUMACHER, Der »Denzinger«. Geschichte und Bedeutung eines Buches in der Praxis der neueren Theologie (Freiburger Theologische Studien 114), Freiburg/Br. 1974; Manfred WEITLAUFF, Zur Entstehung des »Denzinger«, in: ZKG 88 (1977), 247–263.

89 Michael SCHMAUS, Katholische Dogmatik, Bd. 1: Gott der Eine und der Dreieinige, München 1938, ^{2}1940, Bd. 2: Schöpfung und Erlösung, 1938, ^{2}1941, Bd. 3/1: Kirche und göttliches Leben im Menschen, $^{1-2}$1940, Bd. 3/2: Die göttliche Gnade, 1941.

chen Schrifttheologie, nach Berücksichtigung moderner Fragen, nach einer Verkürzung des Weges von der Wissenschaft zum Leben zu billigen ist, so richtig es sein mag, daß, wer wirklich sich den Inhalt dieser Dogmatik zu seinem Besitz gemacht hat, genug von Dogmatik für die Praxis weiß, so nützlich ihre Lektüre neben dem Dogmastudium her in vieler Hinsicht den jungen Theologen sein mag (vgl. die Würdigung der Vorzüge dieser Dogmatik in ZkTh 63/1939/226–229[90]), so möchte uns doch scheinen, daß eine Dogmatik dieses Typs als eigentliches Schulbuch und Lernbuch für den ersten wissenschaftlichen dogmatischen Unterricht und als Muster, wie die dogmatischen Schulvorlesungen zu halten sind, didaktisch nicht ganz geeignet ist (vgl. B. Poschmann in Theologische Revue 37/1938/192ff.[91]). Eine klare und eindeutige Herausarbeitung der Begriffe, die deutliche Heraushebung der kirchenamtlichen Lehre mit ihrer theologischen Qualifikation[92], eine deutliche Absetzung von allen unverbindlichen theologischen Meinungen und literarischen Paraphrasen, eine exegetisch und begrifflich möglichst genaue Analyse der biblischen Grundlagen scharf herausgestellter theologischer Sätze, ein erster, aber doch einigermaßen gründlicher Einblick in die dogmengeschichtliche Entwicklung, wenigstens der grundlegenden dogmatischen Sätze, diese und ähnliche Grundaufgaben des ersten dogmatischen Unterrichtes sind natürlich auch bei Schmaus irgendwie vorhanden, aber doch nicht genügend in *der* didaktischen Form dargeboten, in der der Schüler solche Fragen wirklich zum ersten Mal lernen kann. Es hat bei der bis zu einem gewissen Sinn antiintellektualistischen Mentalität der heutigen jungen Theologen natürlich eine gewisse Schwierigkeit, sie dazu zu bringen, diese Dinge wirklich klar so zu lernen, daß sie wirklich ihr stets verfügbarer Besitz werden. Aber geschenkt darf ihnen dennoch nicht alles werden. Die Aufgabe der dogmatischen Vorlesung darf in dieser Hinsicht zuerst nicht sein, den Weg zum »Erlebnis« und zum Leben auf Kosten begrifflicher Exaktheit zu verkürzen, sondern dem Schüler bei aller Unerbittlichkeit eines nüchternen und exakten Lernens, eines klar fixierten Schulstoffes durch Lebendigkeit und echte Tiefe des Vortrags zu helfen, die Einseitigkeit der heutigen Mentalität nach Möglichkeit zu überwinden. Ein gewisses Kriterium dafür, daß dieses Ziel erreicht wurde, wäre es unter anderem, wenn der Schüler soweit gebracht würde, daß er auch ein lateinisches Lehrbuch, deren wir auch im deutschsprachigen Gebiet tüchtige haben (Pesch[93],

90 Karl RAHNER, Rez. Michael Schmaus, Katholische Dogmatik, Bd. 2, München 1938, in: ZKTh 63 (1939), 226–229.

91 Bernhard POSCHMANN, Rez. Michael Schmaus, Katholische Dogmatik Bd. 1, München 1938, in: Theologische Revue 37 (1938), 192–194.

92 Zum System der den theologischen Verbindlichkeitsgrad festlegenden Qualifikationen vgl. Adolf KOLPING, Qualifikationen, theol., in: LThK² 8, 914–919.

93 Christian PESCH, Praelectiones dogmaticae, 9 Bde., Freiburg/Br. 1894–99; DERS., Compendium theologiae dogmaticae, 4 Bde., Freiburg/Br. 1913–14, ⁶1941–42. – Christian Pesch SJ (1853–1925), 1884 Professor in Ditton Hall/England, 1895–1912 in Valkenburg/Holland; Franz LAKNER, Christian Pesch, in: LThK² 8, 309.

Lercher[94], Lange[95], Dickmann [sic!][96], Dorsch[97], Stolz[98]) und größere lateinische theologische Werke (vor allem Thomas[99] natürlich) leicht und mit innerem Verständnis zu gebrauchen versteht, und zwar nicht nur, wenn er gerade als Doktorand eine historische Arbeit aus der mittelalterlichen Scholastik macht. Ob dieses notwendige Ziel bei der Zeit, die in den durchschnittlichen Lehrplänen der Dogmatik zugeteilt wird, tatsächlich in genügendem Maß erreichbar ist, bleibt allerdings eine Frage. Diesbezüglich könnte man schon überlegen, ob unser Studienbetrieb die Mahnung Pius XII. (AAS 31/1939/240ff.) genügend befolgt: »Die Hauptfächer ... müssen den ersten Platz einnehmen, um sozusagen den Kern der Studien [zu] bilden; die Spezialfächer sind so zu geben und praktisch so zu betreiben, daß sie die Hauptfächer dienlich begleiten und ergänzen, ohne allzuviel Arbeitskraft für sich zu beanspruchen, niemals aber darf es so sein, daß das sorgfältige und wirklich gründliche Studium der Hauptfächer durch die Spezialfächer auch nur den geringsten Schaden erleide.«[100]

94 Ludwig LERCHER, Institutiones theologiae dogmaticae, 3 Bde., Innsbruck 1924–26. – Ludwig Lercher SJ (1864–1937), 1899 Professor für philosophische Propädeutik in Innsbruck, 1918–35 daselbst für Dogmatik; Franz LAKNER, Ludwig Lercher, in: LThK² 6, 974.

95 Hermann LANGE, De gratia. Tractatus dogmaticus, Valkenburg ²1926, ³1929 (1. Aufl.: Theses de gratia, Valkenburg 1920, als Manuskript gedruckt). – Hermann Lange SJ (1878–1936), 1912–14 und 1916–36 Professor in Valkenburg/Holland, dort ein Lehrer Karl Rahners; Josef GUMMERSBACH, Hermann Lange, in: LThK² 6, 784f.

96 Hermann Joseph DIECKMANN, De revelatione christiana. Tractatus philosophico-historici, Freiburg/Br. 1930; DERS., De ecclesia. Tractatus historico-dogmatici (Theologia fundamentalis), 2 Bde., Freiburg/Br. 1925. – Hermann Joseph Dieckmann SJ (1880–1928), 1915 Professor für apologetische Theologie in Valkenburg/Holland; Johannes BEUMER, Hermann Dieckmann, in: LThK² 3, 375.

97 Emil DORSCH, Institutiones theologiae fundamentalis, 3 Bde., Innsbruck 1914–27. – Emil Dorsch SJ (1876–1934), 1910 Professor für Religionswissenschaft, Fundamentaltheologie und Mystik in Innsbruck; Burkhart SCHNEIDER, Emil Dorsch, in: LThK² 3, 526.

98 Anselm STOLZ, Manuale theologiae dogmaticae, 6 Fasz., Freiburg/Br. 1939–43. – Anselm Stolz OSB (1900–1942), 1928 Professor für Dogmatik an S. Anselmo/Rom; Basilius SENGER, Anselm Stolz, in: LThK² 9, 1094; Elmar SALMANN (Hg.), La teologia mistico-sapienzale di Anselm Stolz (Studia Anselmiana 100), Rom 1988.

99 Thomas von Aquin (um 1225–1274); Otto Hermann PESCH, Thomas von Aquin. Grenze und Größe mittelalterlicher Theologie. Eine Einführung, Mainz 1988.

100 Pius XII., Ansprache »Solemnis conventus« an die Theologiestudierenden der römischen Seminarien vom 24. Juni 1939; AAS 31 (1939), 245–251, hier 246. Die Unterscheidung von »Haupt- und Spezialfächern« entnimmt Pius XII. der Apostolischen Konstitution »Deus scientiarum Dominus« seines Vorgängers Pius' XI. vom 18. Mai 1931; AAS 23 (1931), 241–262, hier 255. Eine Festlegung der »Hauptfächer« wird nicht gegeben. Für Pius XI. ist die »Theologie« zentral, die aber sowohl mit positiver (d.h. auch historischer) als auch scholastischer Methode betrieben werden müsse. In der Ansprache Pius' XII. steht die scholastische Methode im Vordergrund. Auch für Rahner scheint eine neuscholastisch betriebene Dogmatik das »Hauptfach« der Theologie zu sein.

β) Der Mangel an großen Arbeiten spekulativer Theologie

Was später bezüglich großer Arbeiten systematischer Philosophie festgestellt werden muß, gilt auch auf dem Gebiet der Theologie: Arbeiten streng wissenschaftlichen Charakters von großem Format auf dem Gebiet der systematischen, spekulativen Dogmatik sind in Deutschland selten. Seit Scheeben[101], Schell[102] und Heinrich[103], also seit mehr als vierzig Jahren, haben wir keine Gesamtdarstellung der Dogmatik in Deutschland mehr, die über das Schulbuch hinausgeht. Natürlich gibt es eine Reihe von Abhandlungen über Einzelfragen systematischer Theologie wie z. B., um wenigstens einige Namen zu nennen, von Ranft[104], Deimel[105], Feckes[106], Koster[107], Scheller[108], Söhngen[109], J. B. Walz[110],

101 Matthias Joseph SCHEEBEN, Handbuch der katholischen Dogmatik, 4 Bde., Freiburg/Br. 1873–98. – Matthias Joseph Scheeben (1835–1888), 1852–59 Studium der Theologie und Philosophie als Germaniker an der Gregoriana/Rom, 1860 zunächst Dozent, dann Professor für Dogmatik und Moraltheologie am Kölner Priesterseminar; Eugen PAUL, Denkweg und Denkform der Theologie von Matthias Joseph Scheeben (Münchener Theologische Studien II, 40), München 1970; DERS., Matthias Joseph Scheeben, in: FRIES/SCHWAIGER, Bd. 2, 386–403; Gedenkheft: Divinitas 32 (1988), Heft 1; Hans GASPER, Das Wirken Scheebens als Priester und Theologe, in: Norbert TRIPPEN (Hg.), Das Kölner Priesterseminar im 19. und 20. Jahrhundert (Studien zur Kölner Kirchengeschichte 23), Siegburg 1988, 223–243.

102 Herman SCHELL, Katholische Dogmatik in 6 Büchern, Paderborn 1889–93. – Herman Schell (1850–1906), 1883 ao. Professor für Apologetik, Christliche Kunstgeschichte und Archäologie in Würzburg, 1886 o. Professor für Apologetik daselbst, 1899 Indizierung seiner Hauptwerke; INDEX 431; Günter BLEICKERT, Herman Schell, in: FRIES/SCHWAIGER, Bd. 3, 300–327 (Werke); Vincent BERNING, Herman Schell, in: CORETH, Bd. 1, 365–383.

103 Johann Baptist HEINRICH, Dogmatische Theologie, 6 Bde., Mainz 1873–87. – Johann Baptist Heinrich (1816–1891), Dr. jur. utr., 1855 Domkapitular in Mainz, wichtiger Berater Bischof Kettelers, Mitherausgeber des »Katholik«, führender Kopf der »Ultramontanen«; Anton Ph. BRÜCK, Johann Baptist Heinrich, in: FRIES/SCHWAIGER, Bd. 2, 442–470; Peter WALTER, Johann Baptist Heinrich (1816–1891). Ein Mainzer Theologe im Spannungsfeld seiner Epoche, in: AMRhKG 44 (1992), 201–215.

104 Joseph RANFT, Die Stellung der Lehre von der Kirche im dogmatischen System, Aschaffenburg 1927; DERS., Der Ursprung des katholischen Traditionsbegriffs, Paderborn 1931; DERS., Die Traditionsmethode als älteste theologische Methode des Christentums, Würzburg 1934. – Joseph Ranft (1889–1959), 1933 ao. Professor für Dogmatik und Dogmengeschichte in Würzburg, 1936 in Regensburg, 1937 Amtsenthebung; Dictionnaire de Théologie Catholique, Tables Générales, Bd. 3, Paris 1972, 3858f.

105 Ludwig DEIMEL, Leib Christi. Sinn und Grenzen einer Deutung des innerkirchlichen Lebens, Freiburg/Br. 1940. – Ludwig Deimel (1900–1970), Dr. theol., 1941 Kaplan in Kleve, Mitarbeit in der Katholischen Arbeiterbewegung; freundlicher Hinweis von Dr. Herbert Sowade, Bistumsarchiv Münster, vom 16.12.1993.

106 Carl FECKES, Dogmatische Untersuchungen zum Wesen der Kirche, Paderborn 1934; DERS., Das Mysterium der heiligen Kirche, Paderborn [2]1935; DERS., Die Harmonie des Seins. Ein Blick in das metaphysische Weltgebäude des Thomas von Aquin mittels seiner Seinsstufen, Paderborn 1937. – Carl Feckes (1894–1958), 1924–28 Dozent für Metaphysik an der Albertus-Magnus-Akademie in Köln, 1929 Professor für Dogmatik am erzbischöflichen Priesterseminar zu Bensberg; Hermann Joseph HECKER, Chronik der Regenten, Dozenten und Ökonomen im Priesterseminar des Erzbistums Köln 1615–1950 (Studien zur Kölner Kirchengeschichte 1), Düsseldorf

Niebecker[111], aber man wird nicht sagen können, daß die systematische Theologie in Deutschland sehr eindrucksvoll vertreten sei. Natürlich werden große Theologen wie Scheeben nicht alle zwanzig Jahre aufstehen, aber verglichen mit dem Ausland haben wir da doch wohl weniger an Leistung aufzuweisen als möglich und wünschenswert wäre. Man denke z. B. im Ausland an größere Dogmatiken und dogmatische Einzeltraktate wie die von Janssens[112], Lepicier[113],

1952, 266–268; Leo SCHEFFCZYK, Carl Feckes, in: Marienlexikon, Bd. 2, St. Ottilien 1989, 453f.

107 Mannes Dominikus KOSTER, Wesen und Natur der Kirche Christi. Eine systematische Studie nach den ekklesiologischen Grundsätzen des hl. Thomas von Aquino, Bonn 1939. – Mannes Dominikus Koster OP (1901–1981), 1932 Professor an der Albertus-Magnus-Akademie Walberberg; Mannes Dominikus KOSTER, Volk Gottes im Werden. Gesammelte Studien, hg. von Hans-Dieter Langer und Otto Hermann Pesch (Walberberger Studien, Theologische Reihe 7), Mainz 1971; Schriften von Mannes Dominikus Koster, in: Freiburger Zeitschrift für Philosophie und Theologie 18 (1971), 378–380.

108 Emil Justus SCHELLER, Vom Priestertum Christi im Anschluß an den hl. Thomas von Aquin. Vom Mysterium des Mittlers in seinem Opfer und unserer Anteilnahme, Paderborn 1934. – Emil Justus Scheller (*1892), 1921 Konversion zur katholischen Kirche, 1934 Eintritt in den Dominikanerorden, 1937 Rückkehr in die Erzdiözese München, 1938 Spiritual im Kloster der Salesianerinnen in Dietramszell; DBA NF 1138, 138.

109 Gottlieb Söhngen (1892–1971), 1924–31 Leiter der Albertus-Magnus-Akademie in Köln, 1937 Professor in Braunsberg; KOLPING 401f (Werke); Heinrich FRIES, Gottlieb Söhngen, in: Wilfried HÄRLE/Harald WAGNER (Hg.), Theologenlexikon, München 1987, 219f; Josef GRAF, Gottlieb Söhngens Suche nach der »Einheit in der Theologie«. Ein Beitrag zum Durchbruch des heilsgeschichtlichen Denkens (Regensburger Studien zur Theologie 39), Frankfurt/M. 1991.

110 Johann Baptist WALZ, Die Sichtbarkeit der Kirche. Ein Beitrag zur Grundfrage des Katholizismus, Würzburg 1924; DERS., Die Fürbitte der Heiligen. Eine dogmatische Studie, Freiburg/Br. 1927; DERS., Die Fürbitte der Armen Seelen und ihre Anrufung durch die Gläubigen auf Erden. Ein Problem des Jenseits dogmatisch untersucht und dargestellt, Würzburg 1932, ^{2}1933. – Johann Baptist Walz (1894–1966), 1927 Privatdozent für Dogmatik in Würzburg, 1933 Professor für Apologetik und Dogmatik in Freising, 1937 in Bamberg; DBA NF 1364, 343; Wilhelm IMKAMP, Die katholische Theologie in Bayern von der Jahrhundertwende bis zum Ende des Zweiten Weltkrieges, in: BRANDMÜLLER, Bd. 3, 539–651, hier 625.

111 Engelbert NIEBECKER, Das allgemeine Priestertum der Gläubigen, Paderborn 1936; DERS., Die kirchliche Lehre vom allgemeinen Priestertum als Grundlage des Laienapostolates, Hildesheim o. J. – Engelbert Niebecker (1895–1955), Dr. theol. (Münster 1936), Studienrat in Borken; HEHL 860; HEGEL, Bd. 2, 185; Diptychon der seit dem Jahre 1920 verstorbenen Priester, die im Bistum Münster geweiht wurden oder in ihm tätig gewesen sind, Münster 1975, 71.

112 Laurentius JANSSENS, Summa theologica ad modum commentarii in Aquinatis Summam, 9 Bde., Rom-Freiburg/Br. 1900–21. – Laurentius Janssens OSB (1855–1925), 1885 Dozent am Ordensstudium in Seckau, 1893–1908 an S. Anselmo in Rom, 1907 Sekretär der Vulgata-Kommission, 1908 der Religiosen-Kongregation, 1915 der Bibelkommission, 1921 Titularbischof von Betsaida; Daniel MISONNE, Laurentius Janssens, in: $LThK^2$ 5, 877; R. GAZEAU/A. MICHEL, Mgr Laurent Janssens, in: Dictionnaire de Théologie Catholique, Tables Générales, Bd. 2, Paris 1967, 2416f.

113 Alexis Marie LEPICIER, Institutiones theologiae dogmaticae ad textum S. Thomae, 25 Bde., Rom 1901–28. – Alexis Marie Lépicier (1863–1936), Servit, 1892 Professor am Athenäum der Propaganda-Kongregation, 1913 Ordensgeneral, 1924 Apostolischer Vi-

Beraza[114], Galtier[115] usw., an systematische Monographien wie z. B. von de la Taille (Mysterium fidei, 2. Auflage 1924)[116], Anger (La doctrine du corps mystique, 1929)[117], Bittremieux (De mediatione universali BMV, 1926 usw.)[118], Merkelbach (Mariologia 1939)[119], W. Gossens [sic!] (De cooperatione immediata Matris redemptoris ad redemptionem objectivam, 1939)[120], Mura (Le corps mystique du christ 1.-2. Band, 2. Auflage 1937)[121] usw. Es handelt sich bei der Feststellung dieses Mangels nicht um eine Frage nationalen Ehrgeizes oder Eitelkeit auf dem Gebiet der Theologie, sondern diese Tatsache ist in einer ganz anderen Richtung bedeutsam: Während die Schulbücher – mit Recht – das überlieferte Lehrgut vermitteln, vollzieht sich das theologische Leben mit seinen neuen Fragestellungen, Problemen, überhaupt in der Berührung mit der ganzen modernen Haltung und Denkweise usw. in Deutschland nicht, wie man

sitator für Indien, 1927 für Abessinien und Eritrea, 1927 Kardinal und Präfekt der Religiosen-Kongregation; Alessio M. Rossi, Alexis Lépicier, in: LThK² 6, 973; Michael Seybold, Alexis-Henri-Marie Lépicier, in: Marienlexikon, Bd. 4, St. Ottilien 1992, 104.

114 Blasius Beraza, De gratia Christi, Bilbao 1910; Ders., De Deo creante, Bilbao 1921; Ders., De virtutibus infusis, Bilbao 1929. – Blasius Beraza SJ (1862–1936), spanischer Theologe, 1898–1904 Dozent in Burgos, 1904–32 in Oña, 1932 nach Belgien (Jesuitenvertreibung); Burkhart Schneider, Blasius Beraza, in: LThK² 2, 211f; Diccionario de Historia Eclesiastica de España, Bd. 1, Madrid 1972, 239.

115 Paul Galtier, De paenitentia. Tractatus dogmatico-historicus, Paris 1923; Ders., L'unité du Christ. Etre, personne, conscience, Paris ³1939. – Paul Galtier SJ (1872–1961), Professor für Theologie an der Gregoriana/Rom; Dictionnaire de Biographie Française, Bd. 15, Paris 1982, 277.

116 Maurice de La Taille, Mysterium fidei, Paris 1921, ²1924. – Maurice de La Taille SJ (1872–1933), 1904 Dozent für Theologie am Institut Catholique in Angers, 1914–18 Militärseelsorger, 1919 Professor an der Gregoriana; Guy de Broglie, Maurice de La Taille, in: LThK² 6, 808; H. Rondet, Maurice de La Taille, in: Dictionnaire de Théologie Catholique, Tables Générales, Bd. 2, Paris 1967, 2896.

117 Joseph Anger, La doctrine du corps mystique de Jésus-Christ d'après les principes de la théologie de Saint-Thomas, Paris 1929. – Joseph Anger (1883–1951), 1930 Regens des Priesterseminars in Rennes, 1938 Domkapitular, 1940 Generalvikar; freundliche Auskunft von Mlle. Mazoyer, Diözesanbibliothek Rennes, vom 3.2.1994.

118 Joseph Bittremieux, De meditatione universali Beatae Mariae Virginis quoad gratias, Brüssel 1926. – Joseph Bittremieux (1878–1950), 1919–45 Professor für Dogmatik in Löwen; René Metz, Joseph Bittremieux, in: LThK² 2, 519f.

119 Benoit Henri Merkelbach, Mariologia, Paris 1939. – Benoit Henri Merkelbach OP (1871–1942), 1908 Seminarprofessor in Lüttich, 1918 Dozent am Ordensstudium daselbst, 1929–36 Professor am Angelicum/Rom; Angelus Walz, Benedikt Merkelbach, in: LThK² 7, 308.

120 Werner Goossens, De cooperatione immediata matris redemptoris ad redemptionen objectivam. Quaestionis controversae perpensatio, Paris 1939. – Werner Goossens (1899–1949), 1931 Professor am Großen Seminar in Gent, vertrat in der mariologischen Kontroverse (Christian Pesch SJ, Franz Mitzka SJ, Jakob Bergmann u. a.) der 20er/30er Jahre dieses Jahrhunderts eine »minimalistische These« (keine objektive Miterlöserschaft Mariens); Josef Finkenzeller, Miterlöserin, in: Marienlexikon, Bd. 4, St. Ottilien 1992, 484–486; freundliche Auskunft von Prof. P. Schmidt, Gent, vom 1.2.1994.

121 Ernest Mura, Le corps mystique du Christ. Sa nature et sa vie divine, 2 Bde., Paris 1934. – Ernest Mura (1900–1977), Vinzentiner, 1941–46 Professor für Dogmatik im Scholastikat von Saint-Just (Loire); Victor Dugast, Ernest Mura, in: Dictionnaire de Spiritualité, Bd. 10, Paris 1980, 1844.

vielleicht erwarten könnte, zuerst in streng wissenschaftlichen Untersuchungen, sondern zuerst und fast ausschließlich in einer mehr popularisierenden Literatur, die sich an weite Kreise wendet und darum mit Recht mehr oder weniger auf strenge Exaktheit der Begriffsbildung und der theologischen Begründung verzichtet. (Man denke z. B. an Lippert[122], Guardini[123] – zwei in ihrer Art sicher große Theologen –, E. Walter[124], Hengstenberg[125], Graber[126], Bauhofer[127], Tyciak[128], Fr. Meister[129], Feuerer[130], um nur einige Namen von

122 Peter LIPPERT, Die Kirche Christi, Freiburg/Br. 1931. – Peter Lippert SJ (1879–1936), Mitarbeiter bei den »Stimmen der Zeit«, Rundfunkprediger; Franz HILLIG, Peter Lippert, in: $LThK^2$ 6, 1070 (Werke).

123 Romano Guardini (1885–1968), 1922 Privatdozent für Dogmatik in Bonn, 1923 Professor in Breslau und »ständiger Gast an der Universität Berlin« (Weltanschauungsprofessur), 1939 »pensioniert«, 1945 Professor für christliche Weltanschauung in Tübingen, 1948 in München; Hanna-Barbara GERL, Romano Guardini 1885–1968. Leben und Werk, Mainz 1985; Hans MERCKER, Bibliographie Romano Guardini (1885–1968). Guardinis Werke, Veröffentlichungen über Guardini, Rezensionen, Paderborn 1978.

124 Eugen WALTER, Zu den Herrlichkeiten der Taufe, Freiburg/Br. 1937; DERS., Diener des Neuen Bundes, Freiburg/Br. 1940. – Eugen Walter (*1906), Priester der Erzdiözese Freiburg/Br., 1942–46 Pfarrverweser in Lippertsreute bei Überlingen; Eugen WALTER, Alle meine Quellen sind in Dir (Christliche Konfessionen in Selbstdarstellungen 1), Würzburg 1962 (Autobiographie); freundlicher Hinweis von Herrn Dr. Hundsnurscher, Diözesanarchiv Freiburg/Br. vom 8.12.1993.

125 Hans-Eduard HENGSTENBERG, Das Band zwischen Gott und Schöpfung, Paderborn 1940. – Hans-Eduard Hengstenberg (*1904), Dr. phil., 1930 Konversion zum Katholizismus, im Kreis um Romano Guardini, Mitarbeiter der »Schildgenossen«; Johannes BINKOWSKI, Hans-Eduard Hengstenberg (geb. 1904), in: CORETH, Bd. 3, 243–248.

126 Rudolf GRABER, Die Gaben des Heiligen Geistes, Regensburg 1936; DERS., Christus in seinen heiligen Sakramenten, München 1937, ^{2}1940; DERS., Die letzten Dinge des Menschen und der Welt. Christliche Reden (Bücher christlichen Lebens), Würzburg 1940. – Rudolf Graber (1903–1992), 1937 Dozent für Aszetik und Mystik am Priesterseminar Eichstätt, 1941 ao. Professor für Kirchengeschichte und Fundamentaltheologie an der Philosophisch-Theologischen Hochschule daselbst, 1962–83 Bischof von Regensburg; Paul MAI, In memoriam Prof. Dr. Rudolf Graber, Bischof von Regensburg, in: Verhandlungen des Historischen Vereins für Oberpfalz und Regensburg 132 (1992), 255–258; Johannes GROHE, Die Hierarchie in Bayern von der Säkularisation bis zum Zweiten Vatikanischen Konzil, in: BRANDMÜLLER, Bd. 3, 931–941, hier 936.

127 Oskar BAUHOFER, Die Heimholung der Welt. Von der sakramentalen Lebensordnung, Freiburg/Br. 1937. – Oskar Bauhofer (1897–1976), Schweizer katholischer Religionsphilosoph, 1924–25 Professor in Oglethorpe/Atlanta (USA); DBA NF 76, 350.

128 Julius TYCIAK, Die Liturgie als Quelle östlicher Frömmigkeit, Freiburg/Br. 1937. – Julius Tyciak (1903–1976), Priester der Erzdiözese Köln, 1963 ao. Professor für die Geschichte der orientalischen Liturgien in Rom; Wilhelm NYSSEN u. a. (Hg.), Handbuch der Ostkirchenkunde, Bd. 1, Düsseldorf 1984, S. XXXII.

129 Franz A. MEISTER, Das Lehramt der Kirche. Formen und Träger, Köln 1939; DERS., Begriffe der Seinslehre in der lehrhaften Darlegung des christlichen Glaubens, Köln 1939; DERS., Die Vollendung der Welt im Opfer des Gottmenschen, Freiburg/Br. 1938. – Franz Meister (1894–1946), Dr. theol., 1926 Regens am Bischöflichen Konvikt in Hadamar, 1934 beurlaubt, 1935 Pfarrer in Hachenburg; Karl Joseph STAHL, Geschichte des Hadamarer Konvikts, in: J. RACKY (Hg.), 1652–1952 Gymnasium Hadamar. Festschrift zur 300-Jahrfeier 3.–5. September 1952, o. O. [Limburg] 1952, 75–84, hier 80, 84; freundlicher Hinweis von Dr. Herman H. Schwedt, Limburg, vom 12.1.1993.

130 Georg Feuerer (1900–1940), 1926 Priesterweihe in Bautzen, ab 1930 in Freiburg, Dr. phil.

natürlich außerordentlich verschiedenem Rang und Bedeutung zu nennen.) Diese Erscheinung ist bis zu einem gewissen Grade verständlich: Das Leben stellt die neuen Fragen an die Dogmatik, und so wird die Antwort auf sie zunächst wieder unmittelbar in das Leben hineingesprochen. Zweifellos sind in Arbeiten, wie denen von Guardini, Ph. Dessauer[131] usw. theologische Ansätze, Fragen, Gesichtspunkte usw. in einer neuen Lebendigkeit, Ursprünglichkeit und Tiefe vorhanden, die auf die »zünftige« Fachtheologie – hoffentlich – nur belebend und befruchtend zu wirken berufen sind. Aber ein gewisses Gefahrenmoment trägt diese Erscheinung eines theologischen Vorwärtsdrängens außerhalb der Fachtheologie doch auch in sich: zunächst einmal die Gefahr, daß solche Anregungen durch die zu bequeme Schultheologie nicht in genügendem Maße aufgegriffen und in diese eingebaut werden und darum auf längere Sicht sich nicht genügend auswirken, nicht genügend »rezipiert« werden, weil sie nicht leicht von der Schulsprache und den üblichen Einteilungen und Gesichtspunkten der »Schulbuchtheologie« assimiliert werden können. Und dann die Gefahr, daß eine solche theologische Literaturgattung da und dort doch einer genügenden Bestimmtheit und Ausgeglichenheit ermangelt. Jedenfalls müßte die *wissenschaftliche* Behandlung solch neuauftauchender Fragen in Deutschland dem Leben und der nichtfachwissenschaftlichen Literatur so rasch zu folgen suchen, daß *nicht* bloß *vor* ihr, sondern auch *aus* ihr heraus eine theologische Literatur für weitere Kreise entstehen kann, die mit Zeitgemäßheit und Lebendigkeit in höherem Maße Genauigkeit und Ausgeglichenheit verbindet, als dies da und dort der Fall ist. Daß diese fachwissenschaftliche Inangriffnahme theologisch neuer Fragen in Deutschland trotz des großen Interesses für sie und unserer deutschen problematisierenden Veranlagung in relativ so geringem Grad geschieht, hat wohl darin seinen Grund: Der deutsche junge Theologe ist durchschnittlich in systematischer Theologie nicht so gründlich ausgebildet, daß er den Mut zu derartiger wissenschaftlicher Arbeit findet. Will er dennoch wissenschaftlich arbeiten, so flüchtet er in die ungefährlichere historische Theologie; bedrängen ihn neue Fragen, dann sucht er sich und anderen eine Antwort zu geben auf einer Ebene, die leichter Vorläufiges, Unverbindliches, eher »Versuche« usw. zuläßt. Damit soll weder gesagt werden, daß in dieser theologischen Literatur für weitere Kreise viel objektiv Bedenkliches vorhanden sei (darüber wird ja in den »Einzelfragen« Genaueres zu sagen sein), noch daß sie nicht vieles enthalte, was für die wissenschaftliche Theologie höchst bedeutsam und fruchtbar sein könnte (ganz im Gegenteil); aber es ist nun einmal so, daß, solange neue Fragestellungen, Einsichten, Formulierungen nur in der mehr frommen, nichtwissenschaftlichen Literatur

et theol.; Matthias LAROS, Georg Feuerer als katholischer Denker, in: Schönere Zukunft 15 (1940), 410f; Guntram LAUTENBACHER, Georg Feuerer. Sein Leben und Werk, Regensburg 1951.

131 Philipp DESSAUER, Der Anfang und das Ende. Eine religiöse und theologische Betrachtung zur Heilsgeschichte, Leipzig 1939. – Philipp Dessauer (1898–1966), Oratorianer, 1930 im Oratorium Leipzig; Philipp DESSAUER, Erwartung der Ewigkeit. Ansprachen und Meditationen. Mit einem Vorwort von Heinrich Kahlefeld, Frankfurt/M. [2]1967, 8–11.

außerhalb der Überlieferung der Schule leben, sie das kurzlebige Schicksal dieser (bis zu einem gewissen Grad immer der Mode unterworfenen) Literatur teilen und nicht in den festen Bestand des durch die Schule Tradierten und so allgemein Verkündeten eingehen. Eine assimilationsfähige und lebendige wissenschaftliche dogmatische Arbeit hat in dieser Hinsicht die wichtige Aufgabe der Aufnahme, Klärung und Bewahrung dieser Dogmatik des Lebens. Es wäre bedauerlich und gefährlich, wenn die wissenschaftliche Dogmatik diese Aufgabe nicht wahrnehmen würde, wenn nicht durch positive Arbeit in der Ausbildung der Theologen und durch spätere Förderung und Freistellung dafür geeigneter Leute auch außerhalb der Fakultäten dafür gesorgt würde, daß die dafür notwendige Kraft vorhanden ist, oder wenn durch den Mangel an solchen wissenschaftlichen Arbeiten allmählich der Eindruck entstehen müßte, als sei diese außerfachwissenschaftliche Theologie, die leicht ein wenig zuviel von der Intuition und Begeisterung des Herzens lebt, grundsätzlich die einzige Art, in der die Theologie betrieben werden soll. Neben der positiven Arbeit der Ausbildung der Theologen wäre es wohl in dieser Hinsicht nützlich, sich zu bemühen, daß auch der fertige Theologe, der in der Praxis der Seelsorge bleibt, den Kontakt mit der theologischen Wissenschaft nicht ganz verliert (durch Zeitschriften, wissenschaftliche Vorträge für den Klerus, ordentlich durchgeführte Pastoralkonferenzen, Kurse usw.) und daß der Geistliche im Amt die Fähigkeit nicht verliert, auch aus einem wissenschaftlichen Werk die Anregung für seine Predigt und seinen Unterricht zu schöpfen. Wäre dies in Deutschland mehr der Fall, ließe sich auch die Frage der wirtschaftlichen Ermöglichung größerer wissenschaftlicher Werke leichter lösen. Der französische Klerus scheint, nach der Zahl und dem Umfang seiner wissenschaftlichen Werke zu schließen – man denke z. B. an seine fast übergroße Zahl theologischer Nachschlagewerke[132] oder die großen Bibelkommentare von Lagrange[133], Allo[134] usw. –, im Schreiben mutiger und fleißiger und im Kaufen der Bücher opferwilliger zu sein.

γ) Einfluß der protestantischen Dogmatik auf die katholische?

Daß sich in irgendeinem größeren Maße ein bedenklicher Einfluß der protestantischen Theologie und insbesondere der protestantischen Dogmatik auf die

132 Als Beispiele seien genannt: Dictionnaire d'archéologie chrétienne et de liturgie, Paris 1924ff; Dictionnaire de la Bible, Supplément, Paris 1928ff; Dictionnaire d'histoire et de géographie ecclésiastiques, Paris 1912ff; Dictionnaire de Spiritualité ascétique et mystique, Paris 1932ff; Dictionnaire de théologie catholique, Paris 1930ff.

133 Marie-Joseph Lagrange OP (1855–1938), 1884–88 Professor in Salamanca und Toulouse, 1890 Gründer der Ecole Biblique in Jerusalem, dort tätig bis 1914 sowie 1918–35; F.-M. Braun, L'oeuvre du Père Lagrange. Etude et bibliographie, Freiburg/Ue. 1943; Pierre Benoit, Marie-Joseph Lagrange, in: LThK² 6, 731; Jean Guitton, Portrait du Père Lagrange: celui qui a réconcilié la science et la foi, Paris 1992.

134 Ernest-Bernard Allo OP (1873–1945), 1905–30 Professor für Neues Testament in Freiburg/Ue., 1930–38 für Religionsgeschichte und Missionswissenschaften daselbst; Ceslas Spicq, Ernest-Bernard Allo, in: LThK² 1, 355 (Werke).

katholische Dogmatik bemerkbar mache, kann ruhig in Abrede gestellt werden. Natürlich gibt es und muß es Berührungspunkte zwischen der katholischen und protestantischen Theologie geben. Sie kommen zunächst einfach einmal aus der allgemeinen, beiden gemeinsamen Zeitsituation, die unvermeidlich gleiche oder ähnliche Fragen in den Vordergrund rückt. Selbstverständlich wird sich auch immer wieder die Arbeit der protestantischen Exegese in der katholischen geltend machen. Es ist auch nicht so, daß wir von der gerade in den letzten Jahrzehnten wieder ernster und tiefer gewordenen theologischen Arbeit der Protestanten nichts zu lernen hätten. Ein solches Bemühen darf nicht gleich als Mangel an »katholischer Selbständigkeit« verdächtigt werden. Daß dies aber in irgendeinem größeren Maße zur Übernahme abzulehnender protestantischer Ansichten geführt habe, wird man nicht sagen können. (Über die Frage der Inexistenz Christi im Gläubigen wird weiter unten zu sprechen sein.) Mehr als das Gesagte beweisen auch die gewisse Parallelen und Abhängigkeiten von protestantischen Werken aufzuzeigen versuchenden Aufsätze nicht, die E. Przywara (ZAM 15/1940/197–215)[135] und O. Holzer (Wissenschaft und Weisheit 8/1941/24–35; 64–70; 93–105; 130–136)[136] veröffentlicht haben. Was die wörtliche, stillschweigende Zitierung von A. Schweitzer durch D. Haugg angeht[137] (auf die das Freiburger Memorandum numero 7[138] anspielt), so handelt es sich nicht um ein »protestantisches *dogmatisches* Werk«, sondern um eine exegetische Arbeit Schweitzers. So wenig diese (an sich auch wieder einer harmlosen Erklärung fähige) Arbeitsmethode zu loben ist und so wenig man die in diesen Zitaten ausgesprochene Deutung Pauli annehmen kann, so sollte ein solcher Fall doch nicht tragisch genommen werden; selbst so, wie ihn das Freiburger Memorandum auffaßt, wäre er immer noch ein Einzelfall. – Überdies wird man sagen können, daß die deutschen katholischen Theologen, vor allem, wenn sie für ein weiteres Publikum schreiben, in sprachlicher Hin-

135 Erich Przywara, Corpus Christi Mysticum. Eine Bilanz, in: Zeitschrift für Aszese und Mystik 15 (1940), 197–215. – Erich Przywara SJ (1889–1972), bis 1941 Redakteur bei den »Stimmen der Zeit«, dann Akademikerseelsorger in München; Bernhard Gertz, Erich Przywara (1889–1972), in: Coreth, Bd. 2, 572–589.

136 Oswald Holzer, »Christus in uns«. Ein kritisches Wort zur neueren Corpus-Christi-mysticum-Literatur, in: Wissenschaft und Weisheit 8 (1941), 24–35, 64–70, 93–105, 130–136. – Oswald Holzer OFM (1906–1987), Assistent bei Karl Adam in Tübingen, später Lektor in Sigmaringen; freundlicher Hinweis von Fr. Joachim Schneider OFM, Fulda, vom 12.11.1993.

137 Holzer gibt ebd. 102 eine Synopse von Donatus Haugg, Wir sind dein Leib. Die urchristliche Botschaft vom Corpus Christi mysticum in ihrer Wesensfülle und Bedeutung, München 1937, 119 und Albert Schweitzer, Die Mystik des Apostels Paulus, Tübingen 1930, 125. – Albert Schweitzer (1875–1965), protestantischer Theologe, Missionsarzt; Erich Grässer, Albert Schweizer als Theologe (Beiträge zur historischen Theologie 60), Tübingen 1979.

138 »Es war ja schon möglich, wörtliche Zitate zur Begründung strittiger Lehrmeinungen innerhalb der katholischen Theologie aus protestantischen dogmatischen Werken – freilich ohne Angabe des Autors und Buchtitels – festzustellen.« Freiburger Memorandum Nr. 7; Maas-Ewerd 546.

sicht manches von den Protestanten lernen könnten und sollten; bei denen, die nur an der lateinischen Scholastik gebildet sind, findet man leider oft einen deutschen Stil, der derart mit lateinischen Fachausdrücken und sonstigen Latinismen durchsetzt ist, daß er für einen modernen deutschen Leser unverständlich und ungenießbar wird. – Schließlich wird es bei der Behandlung neuer Fragen (und es gibt solche schließlich auch in der Theologie) nicht zu vermeiden sein, daß am Anfang solcher theologischer Arbeit die Klarheit und Einfachheit der Begriffe und der Sprache noch zu wünschen übrig läßt.

c) Exegese und biblische Theologie

Es ist zunächst auch auf diesem Gebiet sicher, daß in Deutschland in den letzten Jahrzehnten von den katholischen Exegeten tüchtige Arbeit geleistet wurde. Die Bonner Bibel für das Alte Testament und Neue Testament[139], das Regensburger Neue Testament[140], Herders Bibelkommentar[141] (Die Heilige Schrift für das Leben erklärt, deren Bände allerdings von sehr unterschiedlichem Werte sind), die vielen Bände der alttestamentlichen[142] und neutestamentlichen[143] Abhandlungen, der biblischen Zeitfragen[144], Namen wie die von N. Peters[145], Kortleitner[146], Wutz[147], Riessler[148], Fruhstorfer[149],

139 Die Heilige Schrift des Alten Testaments übersetzt und erklärt, hg. von Franz Feldmann und Heinrich Herkenne, Bonn 1923ff; Die Heilige Schrift des Neuen Testaments übersetzt und erklärt, hg. von Fritz Tillmann, Berlin/Bonn 1912ff.

140 Regensburger Neues Testament, hg. von Alfred Wikenhauser und Otto Kuss, Regensburg 1938ff.

141 Herders Bibelkommentar. Die Heilige Schrift für das Leben erklärt, hg. von Edmund Kalt und Willibald Lauck, 16 Bde., Freiburg/Br. 1936–56.

142 Alttestamentliche Abhandlungen, hg. von Johannes Nikel, 14 Bde., Münster 1908–40.

143 Neutestamentliche Abhandlungen, hg. von Augustinus Bludau [seit 1909 fortgeführt von Max Meinertz], Münster 1908ff.

144 Biblische Zeitfragen, hg. von Paul Heinisch und Friedrich Wilhelm Maier, Münster 1908ff.

145 Norbert Peters (1863–1938), 1892 Professor für alttestamentliche Exegese in Paderborn, 1921 Domkapitular; Autobiographie in: Erich STANGE (Hg.), Die Religionswissenschaft der Gegenwart in Selbstdarstellungen, Bd. 3, Leipzig 1927, 91–126 (Bibliographie); Otto SCHILLING, Norbert Peters, in: LThK² 8, 360.

146 Franz Xaver Kortleitner (1863–1939), Prämonstratenser in Wilten, seit 1888 Lektor des Bibelstudiums daselbst (Autodidakt), 1935 Konsultor der päpstlichen Bibelkommission; Hans LENTZE, Franz Xaver Kortleitner, in: Österreichisches biographisches Lexikon 1850–1950, Bd. 4, Wien 1969, 137f (Werke).

147 Franz Xaver Wutz (1882–1938), 1911 Professor für Altes Testament in Eichstätt; Martin REHM, Franz Xaver Wutz, in: LThK² 10, 1277f (Werke).

148 Paul Riessler (1865–1935), 1907 Professor für alttestamentliche Exegese in Tübingen; Fridolin STIER, Paul Riessler 1865–1935, in: ThQ 150 (1970), 116–121; Helmut ERHARTER, Paul Riessler, in: LThK² 8, 1308 (Werke).

149 Karl FRUHSTORFER, Weltschöpfung und Paradies nach der Bibel, Linz 1927; DERS., Die Paradiessünde, Linz 1927. – Karl Fruhstorfer (1875–1956), 1908 Professor für Altes Testament an der Theologischen Lehranstalt Linz, 1938 Domherr; Johann OBERNHUMER, Msgr. Dr. Karl Fruhstorfer zum Gedenken, in: ThPQ 104 (1956), 229f.

Kalt[150], Goettsberger[151], Schulz[152], Allgeier[153], Stummer[154], J. H. Junker[155], Dürr[156], Heinisch[157], Nötscher[158] für das Alte Testament, Meinertz[159], Pölzl-Innitzer[160], Dausch[161], Sickenberger[162], Vogels[163], Staab[164],

150 Edmund Kalt (1879–1943), 1914 Professor für Altes Testament im Priesterseminar Mainz; Rudolf FISCHER-WOLLPERT/Klaus REINHARDT, Professoren und Dozenten, in: Augustinerstrasse 34. 175 Jahre Bischöfliches Priesterseminar Mainz, Eltville 1980, 318–349, hier 327; Nikolaus ADLER, Edmund Kalt, in: LThK² 5, 1265 (Werke).

151 Johann Baptist Göttsberger (1868–1958), 1903 Professor für alttestamentliche Einleitung und Exegese in München; DBA NF 460, 177; Vinzenz HAMP, Johann Baptist Göttsberger, in: LThK² 4, 1143 (Werke).

152 Alfons Schulz (1871–1947), 1904 Professor für alttestamentliche Exegese in Braunsberg, 1925 in Breslau; Hubert JUNKER, Alfons Schulz, in: LThK² 9, 517 (Werke).

153 Arthur Allgeier (1882–1952), 1919 Professor für alttestamentliche Literatur in Freiburg/Br., 1929–41 Generalsekretär der Görres-Gesellschaft; Alfons DEISSLER, Arthur Allgeier, in: LThK² 1, 352 (Werke).

154 Friedrich Stummer (1886–1955), 1929 Professor für Altes Testament in Freising, 1932 in Würzburg, 1935 in München, 1939 in Breslau; Vinzenz HAMP, Friedrich Stummer, in: LThK² 9, 1124 (Werke).

155 Hubert JUNKER, Die biblische Urgeschichte in ihrer Bedeutung als Grundlage der alttestamentlichen Offenbarung, Bonn 1932; DERS., Das Buch Deuteronomium (Die Heilige Schrift des Alten Testamentes 2/2), Bonn 1933. – Hubert Junker (1891–1971), 1931 ao. Professor für alttestamentliche Exegese in Passau, 1938 am Priesterseminar in Trier; DBA NF 667, 236.

156 Lorenz Dürr (1886–1938), 1925 Professor für alttestamentliche Exegese in Braunsberg, 1933 in Freising, 1937 in Regensburg; Rudolf MAYER, Lorenz Dürr, in: LThK² 3, 615f. (Werke).

157 Paul Heinisch (1878–1956), 1911–18 Professor für Altes Testament in Straßburg, 1923 in Nimwegen; Hubert JUNKER, Paul Heinisch, in: LThK² 5, 174 (Werke).

158 Friedrich Nötscher (1890–1966), 1927 ao. Professor für Altes Testament in Würzburg, 1929 o. Professor in Wien, 1935 in Bonn; Gerhard Johannes BOTTERWECK, Bibliographie Friedrich Nötscher, in: Hubert JUNKER/Gerhard Johannnes BOTTERWECK (Hg.), Alttestamentliche Studien. Friedrich Nötscher zum 60. Geburtstag dargeboten (Bonner Biblische Beiträge 1), Bonn 1950, 289–292; Vinzenz HAMP, Nachruf Prof. Friedrich Nötscher, in: Biblische Zeitschrift NF 10 (1966), 317f.; WENIG 212f.

159 Max MEINERTZ, Einleitung in das Neue Testament, Paderborn ⁴1933. – Max Meinertz (1880–1965), 1907 ao. Professor für neutestamentliche Exegese in Braunsberg, 1909 o. Professor in Münster; Max MEINERTZ, Begegnungen in meinem Leben, Münster 1956; HEGEL, Bd. 2, 51f.

160 Franz Xaver POELZL, Kurzgefaßter Kommentar zu den vier heiligen Evangelien. Fortgesetzt von Theodor Innitzer, 5 Bde., Graz-Wien ⁴1928–48. – Franz Xaver Pölzl (1840–1914), 1872 Professor für Neues Testament in Graz, 1882 in Wien; Johann KOSNETTER, Franz Xaver Pölzl, in: LThK² 8, 600. – Theodor Innitzer (1875–1955), 1913 Professor für Neues Testament in Wien, 1929–30 österreicher Bundesminister für soziale Verwaltung, 1932 Erzbischof von Wien, 1933 Kardinal; Maximilian LIEBMANN, Theodor Innitzer (1875–1955), in: GATZ 339–343.

161 Peter DAUSCH, Jesus und Paulus (Biblische Zeitfragen 3/1), Münster 1910. – Peter Dausch (1864–1944), 1908 Professor für neutestamentliche Theologie in Dillingen/Donau; DBA NF 254, 229; Wilhelm IMKAMP, Die katholische Theologie in Bayern von der Jahrhundertwende bis zum Ende des Zweiten Weltkrieges, in: BRANDMÜLLER, Bd. 3, 539–651, hier 602 (weitere Werke).

162 Joseph Sickenberger (1872–1945), 1903 ao. Professor für Patrologie in München, 1905 o. Professor in Würzburg, 1906 für Exegese in Breslau, 1924 in München; Josef BLINZLER, Joseph Sickenberger, in: LThK² 9, 732 (Werke).

J. Schmid[165], Freundorfer[166], Soiron[167], Pieper[168], Wikenhauser[169] usw. für das Neue Testament sind dafür ein genügender Beweis. Sicher hat auch das Bemühen, die Heilige Schrift weiten Kreisen nahezubringen und sie ihnen zu einem Lebensbuch zu machen, Erfolge zu verzeichnen: die Verbreitung der Übersetzungen [von] Riessler-Storr[170], Henne[171], Rösch[172], Ket-

163 Heinrich Joseph VOGELS, Handbuch der neutestamentlichen Textkritik, Münster 1923; DERS. (Hg.), Novum Testamentum Graece et Latine, Düsseldorf 1922. – Heinrich Joseph Vogels (1880–1972), 1917–19 Professor für Exegese in Straßburg, 1921 für Neues Testament und Patristik in Bonn; WENIG 321.

164 Karl STAAB, Die Pauluskatenen nach den handschriftlichen Quellen untersucht, Rom 1926; DERS., Pauluskommentare aus der Griechischen Kirche. Aus Katenenhandschriften gesammelt (Neutestamentliche Abhandlungen 15), Münster 1933. – Karl Staab (1892–1974), 1929–57 Professor für Neues Testament in Würzburg; DBA NF 1245, 400.

165 Josef SCHMID, Matthäus und Lukas. Eine Untersuchung des Verhältnisses ihrer Evangelien (Biblische Studien 23/2–4), Freiburg/Br. 1930; DERS., Das Evangelium nach Markus (Das Neue Testament 2), Regensburg 1938. – Josef Schmid (1893–1975), 1930–52 Professor für Neues Testament in Dillingen; Manfred LOCHBRUNNER, Theologen und ihre Werke, in: BRANDMÜLLER, Bd. 3, 656–670, hier 656f (Lit., Werke).

166 Joseph FREUNDORFER, Erbsünde und Erbtod beim Apostel Paulus. Eine religionsgeschichtliche und exegetische Untersuchung über Röm. 5,12–21; DERS., Die Apokalypse des Apostels Johannes und die hellenistische Kosmologie und Astrologie (Biblische Studien 23/1), Freiburg/Br. 1929. – Joseph Freundorfer (1894–1963), 1930 Professor für neutestamentliche Exegese in Passau, 1941 Konsultor der Päpstlichen Bibelkommission, 1949 Bischof von Augsburg; Elisabeth EMMERICH, Joseph Freundorfer †, Bischof von Augsburg, in: Konrad W. KRAEMER (Hg.), Für die Menschen bestellt. Portraits Katholischer Bischöfe Deutschlands, Osnabrück 1963, 103–106.

167 Thaddäus Soiron OFM (1881–1957), 1914 Dozent am Ordensstudium in Paderborn, 1929–40 für neutestamentliche Exegese und Homiletik an der Ordenshochschule in Mönchengladbach, 1941–44 Definitor der Kölnischen Franziskanerprovinz; Robert JAUCH, P. Thaddäus Soiron OFM, Ordenspriester – Dozent, in: Karl SCHEIN (Hg.), Christen zwischen Niederrhein und Eifel. Lebensbilder aus zwei Jahrhunderten, Bd. 3, Aachen 1993, 83–94 (Werke).

168 Karl PIEPER, Paulus. Seine missionarische Persönlichkeit und Wirksamkeit (Neutestamentliche Abhandlungen 12/1–2), Münster $^{2-3}$1929. – Karl Pieper (1877–1948), 1928 Professor für neutestamentliche Exegese und Missionswissenschaft in Paderborn; Theoderich KAMPMANN, In memoriam Karl Pieper, in: ThGl 37/38 (1947/48), 89–94; freundliche Auskunft von Herrn Sander, Erzbischöfliches Archiv Paderborn, vom 7. 1. 1994.

169 Alfred Wikenhauser (1883–1960), 1926 Professor für Neues Testament in Würzburg, 1929–51 in Freiburg/Br.; Anton VOEGTLE, Alfred Wikenhauser, in: LThK^2 10, 1121 (Werke).

170 Die Heilige Schrift des Alten und Neuen Bundes, übersetzt von Paul Riessler und Rupert Storr, Mainz 1924. – Rupert Storr (1883–1957), 1937 Domkapitular in Rottenburg; Personalkatalog des Bistums Rottenburg, Rottenburg 1952, 5. – Das Päpstliche Bibelinstitut unter seinem Leiter Augustin Bea SJ nahm Anstoß an der sogenannten »Riessler-Bibel«; Fridolin STIER, Der Schöpfer der Riessler-Bibel, in: Magazin für Pädagogik 98 (1935), 551f.

171 Das Alte Testament, aus dem Grundtext übersetzt und erläutert von Eugen Henne, 2 Bde., Paderborn 1936. – Eugen Henne OFMCap (1892–1970), 1928 Dozent für alttestamentliche Exegese am Theologischen Seminar seines Ordens in Münster; Konradin ROTH, Die Rheinisch-Westfälische Kapuzinerprovinz 1851–1976, Koblenz-Ehrenbreitstein 1976, 56, Nr. 322; freundlicher Hinweis von Prof. Dr. Eckehard Krahl OFMCap, Münster, vom 24.1.1994.

172 Das Neue Testament, übersetzt von Konstantin Rösch, Paderborn 1921. – Konstantin Rösch OFMCap (1869–1944), 1897 Lektor für Neues Testament an der Or-

ter[173], Schäfer[174], Herders Laienbibel[175], die Arbeit des Stuttgarter Bibelwerkes[176], Bücher wie z.B. die guter Volkstümlichkeit von Willam[177], Holzner[178], Karrer[179] oder solche, die auch schon eine eigene wissenschaftliche Leistung beinhalten, wie die von Closen[180], Dillersberger[181], Kuss[182], Guardini[183], Nielen[184],

denshochschule in Münster; Johannes Kapistran BOTT, Konstantin Rösch, in: LThK² 9, 44.

173 Familienbibel. Das Buch Ruth, das Buch Tobias, das Buch der Psalmen, das Neue Testament, aus dem Urtext übersetzt, bearbeitet und mit Erläuterungen versehen von Peter Ketter, Stuttgart 1937. – Peter Ketter (1885–1950), 1924 Professor am Priesterseminar in Trier; DBA NF 699, 282f.

174 Jakob SCHÄFER, Das heilige Evangelium Jesu Christi und die Apostelgeschichte übersetzt und erklärt, Steyl/Kaldenkirchen 1925; DERS., Das Neue Testament unseres Herrn Jesus Christus, Steyl/Kaldenkirchen 1929, Klosterneuburg 1934. – Jakob Schäfer (1864–1933), 1898 Professor für neutestamentliche Exegese, Homiletik und Liturgik am Priesterseminar in Mainz; Nikolaus ADLER, Jakob Schäfer, in: LThK² 9, 362.

175 Herders Laienbibel zur Einführung ins Bibellesen, übertragen und erklärt von Karl Thieme, Freiburg/Br. 1938.

176 Das Katholische Bibelwerk in Stuttgart ging hervor aus der 1933 von Johannes Straubinger begründeten katholischen Bibelbewegung. Der Verlag wurde 1938 gegründet; Wilhelm AUER, Bibelwerk, in: LThK² 2, 413.

177 Franz Michel WILLAM, Das Leben Jesu im Lande und Volke Israels, Freiburg/Br. 1932; DERS., Das Leben Marias, der Mutter Jesu, Freiburg/Br. 1936. – Franz Michel Willam (1894–1981), Dr. theol., Weltgeistlicher, Erzähler; Hans GIEBISCH/Gustav GUGITZ, Bio-Bibliographisches Literaturlexikon Österreichs von den Anfängen bis zur Gegenwart, Wien ²1985, 460f; DBA NF 1409, 130.

178 Joseph HOLZNER, Paulus. Ein Heldenleben im Dienste Christi in religionsgeschichtlichem Zusammenhang dargestellt, Freiburg/Br. 1937, ³⁻¹⁰1939 [mit neuem Untertitel: Sein Leben und seine Briefe in religionsgeschichtlichem Zusammenhang dargestellt]. – Joseph Holzner (1875–1947), Studienprofessor in München, 1934 in den Ruhestand versetzt; freundlicher Hinweis von Herrn Dr. Herman H. Schwedt, Limburg, vom 3.1.1994.

179 Otto KARRER, Erklärung des Matthäusevangeliums, 7 Bde., München 1935–36. – Otto Karrer (1888–1976), 1910 SJ, 1925 Priester der Diözese Chur und freier Schriftsteller; Liselotte HÖFER/Victor CONZEMIUS, Otto Karrer 1888–1976. Kämpfen und Leiden für eine weltoffene Kirche, Freiburg/Br. 1985.

180 Gustav Engelbert CLOSEN, Wege in die Heilige Schrift. Theologische Betrachtungen über religiöse Grundideen des Alten Bundes, Regensburg 1939. – Gustav Engelbert Closen SJ (1901–1943); MENDIZABAL 410, Nr. 22744.

181 Josef DILLERSBERGER, Markus. Das Evangelium des Heiligen Markus in theologisch und heilsgeschichtlich vertiefter Schau, 5 Bde., Salzburg 1937–39; DERS., Lukas. Das Evangelium des Heiligen Lukas in theologischer und heilsgeschichtlicher Schau, 6 Bde., Salzburg 1940–42. – Josef Dillersberger (1897–1972), 1933–38 Professor für neutestamentliche Exegese in Salzburg, 1938–45 emigriert; DBA NF 275, 97.

182 Otto KUSS, Die Theologie des Neuen Testamentes. Eine Einführung, Regensburg ²1937. – Otto Kuss (1905–1991), 1931 Dr. theol., die Habilitation wurde ihm vom NS-Regime verweigert, 1946 Professor für Patrologie in Regensburg, 1948 für Neues Testament in Paderborn, 1960 in München; Otto KUSS, Dankbarer Abschied, München 1982; Joachim GNILKA, Nachruf auf Prof. Dr. Otto Kuss, in: MThZ 42 (1991), 271–273.

183 Romano GUARDINI, Das Bild von Jesus dem Christus im Neuen Testament, Würzburg 1936.

184 Josef Maria NIELEN, Gebet und Gottesdienst im Neuen Testament. Eine Studie zur biblischen Liturgie und Ethik, Freiburg/Br. 1937. – Josef Maria Nielen (1899–1967), 1925 Studentenseelsorger in Frankfurt/M.; Josef Maria NIELEN, Begegnungen. Carl Sonnenschein, Peter Lippert, Theodor Steinbüchel, Johannes Pinsk, Ernst Beutler,

Walter[185], Peterson[186] usw. sind dafür genügender Beweis. Und aufs Ganze gesehen, wird man auch an der kirchlichen Einstellung dieser Arbeit nichts aussetzen müssen. Wenn vielleicht in wenigen Einzelfällen Anlaß zu Beanstandung wirklich objektiv vorgelegen haben sollte (wie etwa im Artikel »Altes Testament« des Handbuches für religiöse Gegenwartsfragen[187] oder in dem schon erwähnten Büchlein von D. Haugg), so sind solche Einzelfälle (die meist auch nur Einzelpunkte in sonst tüchtigen Arbeiten betreffen) nicht derart, daß sie ein verbietendes amtliches Eingreifen allgemeiner Natur notwendig erforderten; der Schaden einer solchen Maßnahme wäre voraussichtlich wesentlich größer als der Nutzen; denn trotz des einigermaßen umfangreichen exegetischen Arbeitens im katholischen Deutschland kann man sich vielleicht dem Eindruck nicht ganz verschließen, als ob der Mut und das Vertrauen, sich auf dem Gebiete der Exegese auch an dogmatisch heiklere, aber wichtige und drängende Fragen heranzuwagen, da und dort noch nicht groß genug ist. Schärfere kirchliche Maßnahmen auf wissenschaftlichem Gebiet könnten da nur zu leicht zwar Fehlgriffe verhindern, aber auch die (wenn auch ganz unbeabsichtigte) schlimmere Folge haben, daß man aus (wenn auch objektiv unberechtigter) Furcht vor einem Konflikt mit der kirchlichen Behörde solche Fragen zu bearbeiten unterläßt und sich stattdessen die exegetische wissenschaftliche Arbeit mehr oder weniger ausschließlich Themen zuwendet, die zwar ungefährlich [sind], aber auch an den drängenderen Fragen auf diesem Gebiete vorbeigehen. Mit diesem Wunsch ist nichts gesagt gegen eine gewissenhafte Zensur der Ordinariate für das Imprimatur[188], vor allem bei jenen Schriften, die die Ergebnisse der Exegese und Bibeltheologie weiteren Kreisen vermitteln wollen.

Wie dem auch sein mag, die Tatsache, daß wir auf exegetischem und besonders bibeltheologischem Gebiet in Deutschland noch viele Desiderata haben, wird

Ernst Michel, Martin Buber, Frankfurt/M. 1966; Nekrolog der in der Zeit vom 12. November 1966 bis 13. September 1967 verstorbenen Priester, in: Jahrbuch des Bistums Limburg 1968, Limburg 1967, 34.

185 Eugen WALTER, Glaube, Hoffnung und Liebe im Neuen Testament, Freiburg/Br. 1940.

186 Erik PETERSON, Das Buch von den Engeln, Leipzig 1935; DERS., Der Monotheismus als politisches Problem, Leipzig 1935. – Erik Peterson (1890–1960), 1924 Professor für Neues Testament und Alte Kirchengeschichte in Bonn (Evangelisch-Theologische Fakultät), 1930 Konversion zur katholischen Kirche, seit 1934 Professor für altchristliche Literatur und allgemeine Religionsgeschichte an päpstlichen Instituten in Rom; Alois DEMPF, Erik Peterson, in: $LThK^2$ 8, 321; WENIG 223; Barbara NICHTWEISS, Erik Peterson. Neue Sicht auf Leben und Werk, Freiburg/Br. 1993.

187 Conrad GRÖBER (Hg.), Handbuch der religiösen Gegenwartsfragen. Mit Empfehlung des deutschen Gesamtepiskopates, Freiburg/Br. 1937, 25–55. Hier bringt Rahner eine deutliche Spitze gegen Gröber an. Im betreffenden Artikel hatte sich neben mutigen Worten (S. 43: »Wer also das Alte Testament als ein ›Judenbuch‹ verwirft, muß die Ehrlichkeit und den Mut aufbringen, ebenso konsequent ›den Juden‹ Christus zu verwerfen.«) auch eine Relativierung der Bedeutung des Alten Testaments gefunden, dessen (angeblich) prekärer textkritischer Status stark herausgestellt wird.

188 Vgl. dazu als Beispiele die umfangreichen Bestände (Imprimaturakten) im Archiv des Erzbistums Köln, Generalia XVIII, 1 und im Erzbischöflichen Archiv Freiburg/Br. B2 43, Fasz. 54–82.

wohl nicht zu bestreiten sein. Wir haben in Deutschland weder für das Alte, noch für das Neue Testament irgendwelche großen wissenschaftlichen Kommentare, die uns erst wissenschaftlich von der protestantischen Exegese unabhängig machen könnten und den Vergleich aushalten würden mit entsprechenden katholischen Leistungen in Frankreich (Lagrange, Allo, Festugière[189] usw.). Wir besitzen keine neutestamentliche Theologie[190]. Von Werken wie Strack-Billerbeck[191] und Kittel (Theologisches Wörterbuch zum Neuen Testament)[192] werden wir noch auf unabsehbare Zeit abhängig bleiben. Solche Werke wird der katholische Theologe (auch der Praktiker, der irgendwie vertieft und selbständig arbeiten will) benützen *müssen.* Es wäre nur ein Zeichen ungenügender fundamentaltheologischer und dogmatischer Ausbildung unserer Theologen, wenn sie es nicht ohne Gefahr für ihre eigene theologische Zuverlässigkeit tun könnten. Wir sind vorläufig (so nützlich das theologisch klare und exakte Wörterbuch von Zorell[193] daneben ist), notwendig angewiesen auf das protestantische Wörterbuch von Walter Bauer[194] und die Handkonkordanz von A. Schmoller[195]. Wenn die »Biblische Zeitschrift«[196] in den letzten 25 Jahren immer

189 André Jean FESTUGIERE, L'idéal religieux des Grecs et l'Evangile (Etudes bibliques 26), Paris 1932. – André Jean Festugière OP (1898–1982), 1922 Dozent an der Ecole française in Athen, 1942–68 Directeur d'études an der Ecole des hautes études; Grand Dictionnaire Encyclopédique Larousse, Bd. 4, Paris 1983, 4228.

190 Die erste deutschsprachige neutestamentliche Theologie katholischerseits verfaßte: Karl Hermann SCHELKLE, Theologie des Neuen Testamentes, 4 Bde., Düsseldorf 1968–76.

191 Hermann Lebrecht STRACK/Paul BILLERBECK, Kommentar zum Neuen Testament aus Talmud und Midrasch, 4 Bde., München 1922–28. – Hermann Lebrecht Strack (1848–1922), evangelischer Alttestamentler und Rabbinist, 1910 Honorarprofessor in Berlin; Hans BARDTKE, Hermann Strack, in: LThK^2 9, 1096. – Paul Billerbeck (1853–1932), evangelischer Pfarrer in Zielensig und Heinersdorf, seit 1914 im Ruhestand in Frankfurt/Oder; Josef SCHMID, Paul Billerbeck, in: LThK^2 2, 476.

192 Theologisches Wörterbuch zum Neuen Testament, begründet von Gerhard Kittel, hg. von Gerhard Friedrich, 10 Bde., Stuttgart 1933–79. – Gerhard Kittel (1888–1948), 1921 Professor in Greifswald, 1926 in Tübingen, 1936 Referent für Theologie und Palästinakunde im Sachverständigenbeirat des Reichsinstituts für die Geschichte des Neuen Deutschlands, 1939–43 Professor in Wien unter Beibehaltung des Tübinger Lehrstuhls; Gerhard FRIEDRICH/Johannes FRIEDRICH, Gerhard Kittel, in: TRE 19, 221–225.

193 Franciscus ZORELL, Lexicon Hebraicum et Aramaicum Veteris Testamenti, Rom 1940/41. – Franz Zorell SJ (1863–1947), 1899 Scriptor in Valkenburg/Holland, 1928 Professor für Armenisch und Georgisch am Päpstlichen Bibelinstitut; Peter NOBER, Franz Zorell, in: LThK^2 10, 1403.

194 Walter BAUER, Griechisch-Deutsches Wörterbuch zu den Schriften des Neuen Testamentes und der übrigen urchristlichen Literatur. Zweite, völlig neugearbeitete Auflage zu Erwin Preuschens vollständigem Griechisch-deutschem Handwörterbuch, Gießen 1928, Berlin ^{3}1937. – Walter Bauer (1877–1960), 1918 Professor für Neues Testament in Göttingen; BAUTZ, Bd. 1, 419.

195 Alfred SCHMOLLER, Handkonkordanz zum Griechischen Neuen Testament, Stuttgart ^{7}1938. – Alfred Schmoller (1863–1938), evangelischer Stadtpfarrer in Kirchheim/Teck; Heinrich IHME (Bearbeiter), Südwestdeutsche Persönlichkeiten. Ein Wegweiser zu Bibliographien und biographischen Sammelwerken, Bd. 2, Stuttgart 1988, 788.

196 Biblische Zeitschrift, Freiburg/Br. 1903–29, Paderborn 1931–39, 1957ff.

nur sehr mühsam ihre Existenz behauptete, so kann wohl auch dies als ein Anzeichen dafür gewertet werden, daß das Interesse an der Exegese und Bibeltheologie unter den deutschen katholischen Theologen noch größer sein dürfte, als es tatsächlich ist.

d) Religiöse Literatur für weitere Kreise

Es ist natürlich gänzlich unmöglich, hier auch nur von ferne einen Überblick zu versuchen über das große und fast unübersehbare Gebiet der religiösen Literatur außerhalb der eigentlichen Fachtheologie. Es kann sich daher nur darum handeln, die eine oder andere Bemerkung diesbezüglich zu versuchen, wobei wir fast ganz darauf verzichten müssen, einzelne Namen zu nennen. Manche Einzelfragen aus dieser Literatur (Laientheologie, Gnadenlehre, Allgemeines Priestertum usw.) werden unter den Einzelfragen noch zu berühren sein. Ein eigentümlicher Zug im Gesamtbild dieser Literatur wurde schon oben berührt: Die Erscheinung, daß die Literatur für weitere Kreise weniger als früher bloß die an das Verständnis des größeren Publikums sich anpassende Darlegung des allgemein Angenommenen und wissenschaftlich schon Abgeklärten ist, sondern, ohne diese wissenschaftliche Verarbeitung abzuwarten, schon von sich aus neue Fragen aufgreift und unmittelbar vor ihrem Publikum zu lösen sucht. Es wurde schon auf das Verständliche, das auch für die theologische Wissenschaft Ertragreiche und das bis zu einem gewissen Grade Gefährliche dieser Erscheinung hingewiesen.

Daß es bei dieser Sachlage auch unerfreuliche Erscheinungen gegeben hat, die bei allem guten Willen in einer unklaren, theologisch zu unexakten und in einer unreifen, nach »Niegehörtem« und »Niegesagtem« haschenden Art geschrieben wurden, wird man nicht bestreiten können. Man denke z. B. an G. S. Huber, Vom Christentum zum Reiche Gottes[197], oder an die Bücher von Köppgen [sic!][198] und Pelz[199]. Hier hat die kirchlich vorgeschriebene »Praevia censura librorum« (CIC 1385)[200] sicher eine wichtige Funktion, zumal das [sc. in] CIC

197 Georg Sebastian HUBER, Vom Christentum zum Reiche Gottes, Bonn 1935, Neudruck Brugg 1991; 1936 indiziert durch Dekret des Heiligen Offiziums; INDEX 224. – Georg Sebastian Huber (1893–1963), Schweizer katholischer Priester, unterhielt Kontakte zum Rheinischen Kreis der Reformfreunde; Oskar SCHROEDER, Aufbruch und Mißverständnis. Zur Geschichte der reformkatholischen Bewegung, Graz 1969, 473.

198 Georg KOEPGEN, Die Gnosis des Christentums, Salzburg 1939; 1941 indiziert durch Dekret des Heiligen Offiziums; INDEX 246.

199 Karl PELZ, Der Christ als Christus. Der Weg meines Forschens, Berlin o. J. [1940]; 1940 indiziert durch Dekret des Heiligen Offiziums; INDEX 360. – Karl Pelz (1881–1962), 1921 Pfarrer von St. Augustinus in Berlin, 1928 Titel »Erzpriester«, 1935 Konsistorialrat, 1938 Geistlicher Rat, 1949 Ehrenkanonikus; freundliche Auskunft von Herrn Klein, Leiter des Diözesanarchives Berlin, vom 24.11.1993.

200 Canon 1385 des Codex Iuris Canonici (1917) verbot Klerikern und Laien, ohne vorhergehende kirchliche Zensur Ausgaben der Heiligen Schrift und theologische oder theologische Fragen berührende Bücher zu veröffentlichen.

1393 §3 als Norm dieser Vorzensur nicht bloß die eigentlich definierten Glaubenswahrheiten, sondern auch der »probatorum doctorum consensus« und ein »medium tutumque iter«[201] vorgeschrieben ist. Wenn die kirchliche Vorzensur von Zensoren durchgeführt wird, die in gleicher Weise Aufgeschlossenheit für die neuen Fragen und Anliegen der Zeit, die es wirklich gibt, und den richtigen Mut zum Neuen verbinden mit einer theologischen Gründlichkeit und Exaktheit, und wenn die Zensoren nicht schon deshalb allem zustimmen, weil es mit gutem Willen und begeistertem Herzen oder »anregend« geschrieben ist, dann kann dies dieser Art von Literatur nur nützlich sein. Denn schließlich ist diese Literatur auch wesentlich eine Art der christlichen Verkündigung, die darum unter der autoritativen Lehrgewalt der Kirche steht und grundsätzlich bis zu einem gewissen Grad immer in ihrem Namen spricht und sprechen muß. Wenn im CIC 1393 § 4 an sich (gegen die in Deutschland übliche Praxis) sogar vorgeschrieben ist, daß beim Imprimatur auch der Name des billigenden Zensors genannt wird, so ist auch das offenbar als Mittel zur Schärfung der Gewissenhaftigkeit der Zensoren gemeint. Diese muß also bei uns mit anderen Mitteln gehoben werden, wenn wir in Deutschland aus verständlichen Gründen auf die Nennung des Zensors im Buch selbst verzichten. Andererseits ist es auch, konkret gesehen, ebenso wichtig, daß die kirchliche Vorzensur nicht zum Kampfinstrument gemacht wird zwischen Richtungen und Meinungen, die innerhalb der Kirche durch das kirchliche Lehramt unbeanstandet sind. Diesbezüglich ist die Mahnung Pius XI. (Denzinger 2192)[202] immer sehr am Platz; sie ist wohl nicht umsonst auch von Pius XII. in seiner Ansprache vom 24. VI. 1939[203] wiederholt worden. In diesem Zusammenhang sei eine Frage gestellt: Könnte nicht da und dort in dafür geeigneten Fällen die kirchliche Zensurstelle (trotz CIC 1393 §5)[204] mit der streng amtlichen Zensur in freundschaftlich-brüderlicher Weise eine beratende, der Klarheit und Exaktheit des betreffenden Werkes dienende Förderung durch Zusammenarbeit und Aussprache zwischen Zensor und Verfasser verbinden? – Ein anderer (wohl mit dem eben genannten zu-

201 Die Zensoren sollen der übereinstimmenden Meinung der anerkannten Lehrer folgen und bei der Prüfung der vorgelegten Lehren den sicheren Mittelweg gehen; vgl. Codex Iuris Canonici (1917), Canon 1393, §§ 2 und 3.

202 Pius XI., Enzyklika »Studiorum ducem« vom 29. Juni 1923; AAS 15 (1923), 309–326; D(H) 3667: »Die einen sollen von den anderen aber nicht mehr fordern, als was die Kirche, die Lehrerin und Mutter aller, von allen fordert; keiner soll nämlich daran gehindert werden, bei den Dingen, über die in katholischen Schulen unter Autoren von höherem Ansehen in entgegengesetzter Richtung disputiert zu werden pflegt, jener Auffassung zu folgen, die ihm wahrscheinlicher erscheint.« – Pius XI. (Achille Ratti) (1857–1939), 1922 Papst; Erwin ISERLOH, Pius XI., in: GRESCHAT, Bd. 12, 257–277.

203 Pius XII., Ansprache »Solemnis conventus« an die Theologiestudierenden der römischen Seminarien am 24. Juni 1939; AAS 31 (1939), 245–251.

204 Den Autoren der zu zensierenden Bücher darf der Name des Zensors niemals offengelegt werden, außer dieser hat ein günstiges Urteil abgegeben; Codex Iuris Canonici (1917), Canon 1393, § 5.

sammenhängender) Zug dieser Literaturgattung ist (nicht ausschließlich, aber doch sehr deutlich wahrnehmbar) ihr sublimer und teilweise fast esoterischer Charakter: Sie stellt im großen und ganzen doch sehr hohe Anforderungen an ihr Publikum; sie ist mit starker Problematik belastet, sie setzt auf seiten der Leser eine sehr differenzierte seelische Haltung voraus und meistens schon, soll sie wirklich verstanden werden, ein großes theologisches Wissen. (Man denke, um nur ein Beispiel zu nennen, unter anderem an die Bücher von G. Feuerer[205]) Nun gibt es zweifellos eine solche Schicht unter den Lesern, und da diese von sich aus die religiös-lebendigste ist, ergibt sich, daß der theologische Autor, der gewöhnlich selbst aus einer solchen Schicht stammt, sich fast unwillkürlich an diese wendet. Aber man kann sich doch fragen, ob darüber nicht zu sehr die Arbeit an einer religiösen Literatur zurücktritt, die sich an ein Publikum wendet, das nicht von vorneherein so religiös aufgeschlossen und gebildet ist, die Arbeit an einer Literatur, die einfacher, »realistischer« ist, die »primitiven«, aber schließlich doch entscheidenden Wahrheiten des Glaubens auch an jene heranzubringen sucht, die einem intensiveren religiösen und geistigen Leben fernstehen, die Arbeit an einer volkstümlichen Literatur, die wirklich dem »Volk« und dessen seelischer Haltung und Bedürfnis entspricht, wie es heute wirklich ist. Das gilt wohl umsomehr, als es den Anschein hat, daß die sich jetzt bildende Generation einfacher, nüchterner, primitiver und eher rationaler wird als bisher. – Mit dieser genannten Eigentümlichkeit der religiösen Literatur hängt eine dritte zusammen: Die aszetische Literatur der letzten Jahrzehnte[206] ist mehr oder weniger zu einer theoretischen und frommen Darlegung des Dogmas in sich gekommen, als der letzten Motive des christlichen und aszetischen Lebens, während darüber eine Darlegung der konkreten »Technik« des religiösen Lebens und seiner praktischen Durchführung im einzelnen sehr zurücktrat. Heute nun scheint sich ein lebhafteres Bedürfnis anzumelden nach einer klaren, handlichen und auch ins einzelne gehenden Darlegung, wie denn nun konkret das christliche Leben in seiner Alltäglichkeit durchzuführen ist. Wenn so auf einige, wie es scheint, doch wichtige Punkte hingewiesen wurde, bezüglich derer die religiöse Literatur für weite Kreise allmählich einer Ergänzung bedarf, so ist damit nicht bestritten, daß sie auch schon jetzt in mancher Hinsicht bedeutende Vorzüge aufweist (theologische Fülle gegen einen blassen Moralismus, sprachliche Gestaltung, Fruchtbarmachung der Bibel und Liturgie usw.), noch soll bestritten werden, daß der Wandel in der ganzen Haltung, der sich zwischen der religiösen Literatur der Vor- und Nachweltkriegszeit deutlich bemerken läßt, aufs Ganze gesehen, notwendig und segensreich war.

205 Georg FEUERER, Ordnung zum Ewigen. Der Mensch in der religiösen Wirklichkeit, Regensburg 1934; DERS., Glückselige Schuld. Menschennot und Gnadenreife, Regensburg 1936; DERS., Begnadetes Leben, Regensburg 1939; DERS., Unsere Kirche im Kommen. Begegnung von Jetztzeit und Endzeit, Freiburg/Br. 1941.

206 Vgl. dazu die Literaturübersicht in: Marcel VILLER/Karl RAHNER, Aszese und Mystik in der Väterzeit. Ein Abriß der frühchristlichen Spiritualität, Freiburg/Br. 1939, unveränderte Neuausgabe mit einem Vorwort von Karl Heinz Neufeld, Freiburg/Br. 1989.

II. Einzelfragen

1. Verkündigungstheologie[207] und Verwandtes

Den Anstoß für diese ganze Frage gab J. A. Jungmann in seinem bedeutenden Buch »Die Frohbotschaft und unsere Glaubensverkündigung«[208]. Es geht hier um die Frage einer möglichst würdigen und wirksamen Verkündigung der christlichen Glaubensbotschaft in der heutigen Zeit. Und dies ist nicht gemeint als Frage bloß formaler methodischer Art (im Sinne einer homiletischen Rhetorik, einer Psychologie und Pädagogik), sondern im materialen Sinn: *Was* soll verkündigt, *was* soll im religiösen Leben, in Liturgie, Gebet, Andacht und in der religiösen Andachtspraxis im Vordergrund stehen, um welche Zentralidee geordnet soll alles gesehen werden, *was* soll mehr im Hintergrund bleiben, wie weit soll das Glaubensgut rational zergliedert vorgetragen werden, wieweit sollen unter Verzicht auf eine zuweitgehende theoretische Zerfaserung die großen, zentralen Wahrheiten (vor allem Christus als der gottmenschliche *Mittler* zwischen dem Vater und den Menschen) in klaren, einfachen Linien das religiöse Leben beherrschen? Innerhalb der Behandlung dieses Fragenkreises (der hier nur eben noch angedeutet ist), wird nun die (an sich ja selbstverständliche und praktisch doch oft vergessene) Einsicht gleichsam neu entdeckt: Theologie und Verkündigung ist [sic!] nicht dasselbe, das heißt die Architektonik (in der Anordnung und Verbindung der Glaubenswahrheiten) und der Stil (in der Weise des Redens) beim Bau des Glaubensgebäudes durch die Verkündigung können nicht derselbe sein wie beim Bau des Gebäudes durch die wissenschaftliche Theologie, so wie diese heute tatsächlich betrieben wird. Theologische wissenschaftliche Fassung und lebenspraktische Darstellung des Dogmas ist nicht dasselbe, Verkündigung ist nicht etwa bloß verkürzte und primitivisierte »theologia dogmatica ad usum delphini«, der Katechismus ist (oder müßte sein) etwas anderes als ein Abriß der Dogmatik. Jungmann sagt zunächst nur: Verkündigung und Theologie sind nicht dasselbe. In dieser Hinsicht dürfte Jungmann unstrei-

207 Vgl. zum Ganzen Karl RAHNER, Über die Verkündigungstheologie. Eine kritisch-systematische Literaturübersicht, in: Pazmanita Tudósító (Dunaszerdahely, Ungarn) 16 (1941–42), 3–10; DERS., Kerygmatische Theologie, in: LThK² 6, 126; Franz DANDER, Josef Andreas Jungmann SJ und die »Verkündigungstheologie«, in: Balthasar FISCHER/Hans Bernhard MEYER (Hg.), J. A. Jungmann. Ein Leben für Liturgie und Kerygma, Innsbruck 1975, 31–33; Karl Heinz NEUFELD, Theologiegeschichtliches zur Innsbrucker »Verkündigungstheologie«, in: ZKTh 115 (1993), 13–26.

208 Josef Andreas JUNGMANN, Die Frohbotschaft und unsere Glaubensverkündigung, Regensburg 1936. – Josef Andreas Jungmann SJ (1889–1975), 1930 ao. Professor, 1934 o. Professor für Pädagogik, Katechetik und Liturgik in Innsbruck, 1939 Dozent und Mitarbeiter am Seelsorgeamt in Wien, 1942–45 in Hainstetten; Balthasar FISCHER/Hans Bernhard MEYER (Hg.), Josef Andreas Jungmann. Ein Leben für Liturgie und Kerygma, Innsbruck 1975; Hans Bernhard MEYER, Josef Andreas Jungmann, in: TRE 17, 465–467.

tig recht haben und seine eigenen Schriften (neben dem eben genannten Buch: Christus als Mittelpunkt der religiösen Erziehung, 1939; Die liturgische Feier, 1939; Kerygmatische Fragen, ZKTH 65/1941/153–160[209]) und J. Hofinger (Geschichte des Katechismus in Österreich, 1937[210]) dürften wohl auch gezeigt haben, daß in der konkreten Praxis der Verkündigung dieser an sich selbstverständliche Grundsatz nicht immer und überall genügend berücksichtigt wurde. In dieser Hinsicht ist daher eine ernste und gründliche Weiterarbeit nur zu wünschen. Eine ganz andere und von Jungmanns Anliegen klar zu unterscheidende Frage ist die, ob neben der wissenschaftlichen Theologie in der theologischen Ausbildung des Klerus eine Verkündigungs*theologie* stehen müsse, wie dies vor allem Lakner[211] und Lotz[212] theoretisch zu begründen suchen, das heißt, ob der Abstand zwischen der wissenschaftlichen Schultheologie und der Verkündigung (der grundsätzlich wohl immer bestehen muß, praktisch aber wohl oft größer war, als notwendig gewesen wäre) dadurch zu überbrücken sei, daß zwischen beide eine Theologie geschoben werde, die zwar irgendwie auch Wissenschaft ist, systematisch gelehrt wird, die aber schon durch ihr Formalobjekt, ihren Aufbau, ihre Auswahl und Methode, ihre Grundhaltung der Verkündigung selbst näher ist als eine wissenschaftliche Schultheologie, indem sie zwar nicht unmittelbar wie eine Homiletik Anweisungen für die Predigt gibt, aber doch schon von vor-

209 Josef Andreas JUNGMANN, Christus als Mittelpunkt der religiösen Erziehung, Freiburg/Br. 1939; DERS., Die liturgische Feier. Grundsätzliches und Geschichtliches über Formgesetze der Liturgie, Regensburg 1939; DERS., Kerygmatische Fragen, in: ZKTh 65 (1941), 153–160.

210 Johannes HOFINGER, Die Geschichte des Katechismus in Österreich von Canisius bis zur Gegenwart. Mit besonderer Berücksichtigung der gleichzeitigen gesamtdeutschen Katechismusgeschichte (Forschungen zur Geschichte des innerkirchlichen Lebens 5–6), Innsbruck 1937. – Johannes Hofinger SJ (1905–1984), theologische Promotion bei Josef Andreas Jungmann in Innsbruck mit der genannten Arbeit, 1937 in China, 1939 Dozent am Priesterseminar in Kinghsin, 1949 in Manila; Francis X. CLARK, Johannes Hofinger SJ (1905–1984). Life and Bibliography, in: East Asian Pastoral Review 21 (1984), 103–120; Alfonso Ma. NEBREDA, Johannes Hofinger: Catalyst and Pioneer. Personal Reminiscences, ebd. 120–127; freundlicher Hinweis von Missio, Aachen, vom 19.12.1993.

211 Franz LAKNER, Das Zentralobjekt der Theologie. Zur Frage um Existenz und Gestalt einer Seelsorgs-Theologie, in: ZKTh 62 (1938), 1–36; DERS., Theorie einer Verkündigungstheologie, in: Theologie der Zeit [hg. von Karl Rudolf], Bd. 3/1, Wien 1939, 1–61. – Franz Lakner SJ (1900–1974), seit 1936 Lehrtätigkeit in Dogmatik an der Universität Innsbruck, 1937 Rektor des Canisianums; Franz SCHUPP, In memoriam P. Franz Lakner SJ, in: ZKTh 96 (1974), 345f.

212 Johannes LOTZ, Wissenschaft und Verkündigung. Ein philosophischer Beitrag zur Eigenständigkeit einer Verkündigungstheologie, in: ZKTh 62 (1938), 465–501. – Johannes Baptist Lotz SJ (1903–1992), promovierte 1934–36 gleichzeitig mit Karl Rahner bei Martin Honecker in Freiburg/Br., 1936 ao. Professor, 1939 o. Professor für Philosophie in Pullach; Otto MUCK, Die deutschsprachige Maréchal-Schule – Transzendentalphilosophie als Metaphysik: J.B. Lotz, K. Rahner, W. Brugger, E. Coreth u. a., in: CORETH, Bd. 2, 590–622, hier 594–600.

neherein und im ersten Ansatz die Glaubenswahrheiten unter dem Gesichtspunkt ihrer Verkündbarkeit und ihres Heilswertes betrachtet. Dieser Vorschlag Lakners, der übrigens in sehr gewissenhafter und abgeklärter Weise gemacht wurde, ist nun fast allgemein von den Fachtheologen abgelehnt worden (Weisweiler[213], Schröteler[214], Soiron[215], Stolz[216], Schmaus[217], Fabro[218] usw.). Soweit es sich um die wissenschaftstheoretische Frage der Möglichkeit zweier Theologien nebeneinander handelt, hat diese Ablehnung wohl recht; die Einheit der dogmatischen *Theologie* ist sicher aufrechtzuerhalten; sie selbst (nicht eine andere Theologie neben ihr) muß, grundsätzlich wenigstens, bei aller wissenschaftlichen Exaktheit und der unvermeidlichen Reflexheit ihrer Überlegungen so nahe bei der Verkündigung (aus der sie ja selbst letztlich schöpft) und beim Leben (für das sie schließlich da ist) bleiben, daß diese eine Theologie die Aufgabe erfüllen kann, die Lakner von einer Verkündigungstheologie erwartet. Aber dennoch ist hier ein ernstes Anliegen gesehen worden: So wie die dogmatische Theologie auf den Hochschulen oft vorgetragen zu werden scheint, scheint durchschnittlich der Theologe von ihr aus den Weg in die lebendige Verkündigung oft nicht zu finden. Daß hier ein echtes Anliegen praktisch nicht immer in der wünschenswerten Idealität gelöst ist, dafür lassen sich manche Indizien aufweisen; selbst unter den Bekämpfern des Laknerischen Vorschlages sind solche, die den von der theoretischen Wissenschaft her orientierten Begriff der Theologie auszuweiten suchen in Richtung auf eine mehr als bloße Wissenschaft seiende, von den Gaben des Heiligen Geistes getragene, charismatische Theologie (A. Stolz[219], Soiron[220]). Schmaus sucht in seiner Dogmatik auf andere Weise den Abstand zwischen Wissenschaft und Leben zu verkürzen.

213 Heinrich WEISWEILER, »Theologie der Verkündigung«, in: Scholastik 13 (1938), 481–489; DERS., Die Grundfrage der Verkündigungstheologie, in: Scholastik 15 (1940), 228–232.

214 Joseph SCHRÖTELER, Lebendige Theologie, in: ThPQ 92 (1939), 310–314. – Joseph Schröteler SJ (1886–1955), 1921 Professor für Pädagogik in Valkenburg/Holland, 1928 Professor in St.Georgen/Frankfurt; DBA NF 1187, 68.

215 Thaddäus SOIRON, Die Theologie des göttlichen Wortes (IV). Zur Frage der sogenannten Verkündigungstheologie, in: Wissenschaft und Weisheit 6 (1939), 223–244; DERS., Verkündigungstheologie? Die Theologie als Heilstheologie, in: Erhard SCHLUND (Hg.), Theologische Gegenwartsfragen, Regensburg 1940, 9–34.

216 Anselm STOLZ, De »theologia kerygmatica«, in: Angelicum 17 (1940), 337–351.

217 Michael SCHMAUS, Brauchen wir eine Theologie der Verkündigung?, in: Die Seelsorge 16 (1935), 1–12; DERS., Katholische Dogmatik, Bd. 2, München 1938, S. V-X; DERS., Ein Wort zur Verkündigungstheologie, in: ThGl 33 (1941), 312–322.

218 Cornelio FABRO, Una nuova Teologia: La »Teologia della predicazione«, in: Divus Thomas (Piacenza) 45 (1942), 202–215. – Cornelio Fabro (*1911), Mitglied der Gesellschaft von den heiligen Wunden unseres Herrn Jesus Christus (»Stimmatini«), ab 1936 Lehrtätigkeit in Metaphysik an der Lateran-Universität; Antonio PIERETTI, Cornelio Fabro, in: CORETH, Bd. 2, 730–738.

219 Anselm STOLZ, Charismatische Theologie, in: Der katholische Gedanke 11 (1938), 187–196.

220 Thaddäus SOIRON, Heilige Theologie. Grundsätzliche Darlegungen, Regensburg 1936.

Die vielen Laiendogmatiken (Jungglas [sic!][221], Glogger[222], Feuling[223], Kreuser[224], Antweiler[225], Peter [sic!][226], Lienhardt [sic!][227], Stakemeier[228] usw.) werden wohl sehr oft benutzt als Dogmatiken für die Praxis des in der Dogmatik Laie gebliebenen Theologen; die Theologen sind es wohl hauptsächlich, die zu der deutschen Denzinger-Bearbeitung von Neuner-Roos gegriffen haben. All das scheint doch jedenfalls zu zeigen, daß der durchschnittliche Theologe nach Hilfen umschaut, die ihm die Umsetzung der wissenschaftlichen Theologie in die Praxis der Verkündigung erleichtern können. Ein solches Mittel ist sicher nicht eine Herabsetzung des wissenschaftlichen Niveaus im dogmatischen Lehrbetrieb der Hochschule. Im Gegenteil: daß der Durchschnittstheologe sich in dieser Aufgabe schwer tut, zeigt wohl eher, daß seine wissenschaftliche theologische Ausbildung in der Dogmatik nicht so gründlich war, daß er nachher das Gelernte wirklich als seinen selbstverständlichen Besitz frei und sicher verwenden kann. Aber daneben wird es immer ein echtes Anliegen und Bedürfnis bleiben, dem Theo-

221 Johannes Peter JUNGLAS, Die Lehre der Kirche. Eine Laiendogmatik (Religiöse Schriftenreihe der Buchgemeinde 12), Bonn 1936.

222 Placidus GLOGGER, Die große Antwort. Behandlung wichtiger Fragen unserer heiligen Religion, Nürnberg 1935, ^{3}1937. – Placidus Glogger OSB (1874–1941), 1900 Professor für neuere Sprachen am Gymnasium von St. Stephan in Augsburg, 1915 Abt von St. Stephan; Theodor ROLLE, Benediktinerabt im Dritten Reich. Zum 50. Todestag von Abt Dr. Plazidus Glogger von St. Stephan in Augsburg am 29. Juli 1991, in: Stephania 62 (1990), 42–75 und 63 (1991), 25–62; freundlicher Hinweis von Abt Dr. Emmeram Kränkl, Augsburg, vom 12. 11. 1993.

223 Daniel FEULING, Katholische Glaubenslehre. Einführung in das theologische Leben für weitere Kreise, Salzburg 1937. – Daniel Feuling OSB (1882–1947), 1924–33 Professor für Fundamentaltheologie und Philosophie an der Benediktiner-Hochschule in Salzburg; Ursmar ENGELMANN, Daniel Feuling, in: LThK^{2} 4, 113.

224 Martin KREUSER, Laiendogmatik, Einsiedeln 1934. – Martin Kreuser (1879–1940), 1922 Religionslehrer am Marienlyzeum in Mönchengladbach, 1932 Rektor des Klosters vom Guten Hirten in Junkersdorf; freundliche Auskunft von Rektor Meyer, Historisches Archiv des Erzbistums Köln, vom 6. 12. 1993.

225 Anton ANTWEILER, Unser Glaube. Christliche Wirklichkeit in der heutigen Welt, München 1938; DERS., Weg zum Glauben. Zur religiösen Unterweisung für Seelsorger und Erzieher, Köln 1940. – Anton Antweiler (1900–1981), 1935 Dr. theol. habil. in Bonn, 1953 Professor für Allgemeine Religionswissenschaft in Münster; HEGEL, Bd. 2, 3f; Werkausgabe: Adel Theodor KHOURY (Hg.), Anton Antweiler. Zeuge einer Epoche, 16 Bde., Altenberge 1982–85.

226 Franz PETERS, Im Reiche Christi. Katholische Religionslehre für gebildete Katholiken, Bonn 1930. – Franz Peters (1875–1957), 1913 Professor am Priesterseminar in Köln, 1924 für Katechetik und Liturgik in Bonn; KOSCH 3497.

227 Robert LINHARDT, Unser Glaube. Einführung in die Geisteswelt des Katholischen Dogmas für gebildete Laien, Freiburg/Br. 1931, ^{2}1936. – Robert Linhardt (1895–1981), 1931 ao. Professor für Moraltheologie und Homiletik in Freising, 1945 zwangsentpflichtet; KOSCH 2625f; Wilhelm IMKAMP, Die katholische Theologie in Bayern von der Jahrhundertwende bis zum Ende des Zweiten Weltkrieges, in: BRANDMÜLLER, Bd. 3, 539–651, hier 663.

228 Eduard STAKEMEIER, Lehre des Heils. Aus den Werken des Thomas von Aquin, Salzburg 1938.

logen bei dieser Aufgabe zu helfen; selbst ein Wissenschaftler wie Poschmann, der selbst gegen die Dogmatik von Schmaus seine Vorbehalte macht[229], erkennt in dieser Richtung das echte Anliegen der Verkündigungstheologie an (vgl. Theologische Revue 39/1940/122)[230]. Ob dieser Aufgabe im Zusammenhang mit der dogmatischen Vorlesung oder in einer materialen Homiletik oder in einer in dieser Richtung gestalteten Wiederholung des dogmatischen Stoffes im Priesterseminar nach erfolgter Abschlußprüfung (wie Poschmann am angeführten Orte meint) Genüge getan werden soll, ist eine Frage, auf die hier nicht eingegangen werden kann. Jedenfalls haben in dieser Richtung die Bücher von H. Rahner[231] und Frz. Dander[232] über Verkündigungstheologie sehr nützliche Anregungen gegeben. Wo, wie das Freiburger Memorandum sagt, die Kerygmatiker »jene als rückständig und verständnislos der religiösen Zeitlage gegenüber kennzeichnen, die noch das Gotteswort altgewohnt verkünden und nicht auf ihren eigenen Höhenpfaden wandeln«[233], ist durchaus unerfindlich. Poschmann kennzeichnet mit Recht das Buch von H. Rahner als gehaltvoll, ausgeglichen und durchaus aktuell und wünscht ihm die weiteste Verbreitung im Klerus. Wenn jemand wirklich nicht auf den »Höhenpfaden« dieses Buches wandeln könnte, der würde nur beweisen, daß er seine normale und gewöhnliche Schuldogmatik nicht mehr beherrscht; denn inhaltlich geht das Buch nirgends über eine solche hinaus, weil es auch gar nicht die Absicht dazu hat. Dabei ist noch zu beachten, daß die Bücher der Verkündigungstheologie ja gar nicht unmittelbar für das Volk, sondern für die Theologen bestimmt sind; aus ihrer eigenen Sprache kann also unmittelbar gar nicht entnommen werden, in welcher Sprache gepredigt werden soll. Auf jeden Fall handelt es sich bei der Verkündigungstheologie gerade um das Gegenteil von dem, was das Freiburger Memorandum als ihr Anliegen vorauszusetzen scheint: es soll gerade *nicht* »hohe Theologie« gepredigt werden. In seinem [sic!] Kampf

229 Bernhard POSCHMANN, Rez. Michael Schmaus, Katholische Dogmatik Bd. 1. Einleitung: Gott der Eine und der Dreieinige, München 1938, in: Theologische Revue 37 (1938), 192–194.

230 Bernhard POSCHMANN, Rez. Hugo Rahner, Eine Theologie der Verkündigung, hg. vom Wiener Seelsorge-Institut, Freiburg ²1939, in: Theologische Revue 39 (1940), 121f.

231 Hugo RAHNER, Theologie der Verkündigung. Zwölf Vorträge, Wien 1938; DERS., Eine Theologie der Verkündigung, hg. vom Wiener Seelsorge-Institut, Freiburg/Br. ²1939. – Hugo Rahner SJ (1900–1968), 1937 Professor für Kirchen- und Dogmengeschichte und Patrologie in Innsbruck, 1938–45 nach Auflösung der Innsbrucker Fakultät am »Rumpf-Canisianum« in Sitten, Bruder Karl Rahners; Josef Andreas JUNGMANN, In memoriam P. Hugo Rahner SJ, in: ZKTh 91 (1969), 76–78.

232 Franz DANDER, Christus alles und in allen. Gedanken zum Aufbau einer Seelsorgsdogmatik, Innsbruck 1939. – Franz Dander SJ (1901–1991), 1935 ao. Professor für Dogmatik in Innsbruck; Josef FELDERER, In memoriam P. Franz Dander SJ, in: ZKTh 113 (1991), 433f.

233 Freiburger Memorandum Nr. 1; MAAS-EWERD 541.

gegen die Theologie des von Mensching herausgegebenen indizierten Buches[234] hat die »Verkündigungstheologie« von H. Rahner sich zweifellos um die richtige theologische Haltung des jungen Klerus sehr verdient gemacht. An einer geistigen Spaltung im Klerus, falls sie vorhanden sein sollte, ist die Verkündigungstheologie gewiß sehr unschuldig. Wenn ein junger Theologe wirklich erst an solchen Büchern lernen würde, daß die Dogmatik eine sehr lebendige und für die Praxis der Verkündigung wichtige Angelegenheit ist, dann würde das höchstens ein bedenkliches Licht auf den dogmatischen Vorlesungsbetrieb werfen, nur erst recht beweisen, daß der »Verkündigungstheologie« ein wirkliches Anliegen zugrunde liegt. Übrigens gibt es parallele Bestrebungen auch im außerdeutschen Raum; vgl. z. B. G. Thils, Tendances actuelles en théologie morale, Gembloux 1940[235]. – In den schon erwähnten Laiendogmatiken, der Laienmoral von F. Tillmann (Der Meister ruft, 1937)[236] (zu denen nun sogar ein Laienkirchenrecht hinzugekommen: B. Mathis, Das katholische Kirchenrecht für Laien, 1940[237]), der Laienliturgik [von] A. Winterswyl[238] kommt das Bemühen um eine Laientheologie zum Ausdruck. Man könnte hier höchstens vermissen, daß die Fundamentaltheologie und Apologetik nicht eine ebenso eifrige Pflege findet. Nicht als ob in dieser Hinsicht schlechterdings in den letzten Jahren nichts geschehen

234 Gustav MENSCHING (Hg.), Der Katholizismus. Sein Stirb und Werde. Von Katholischen Theologen und Laien, Leipzig 1937; 1938 indiziert durch Dekret des Heiligen Offiziums; INDEX 317. – Gustav Mensching (1901–1978), evangelischer Theologe, 1927 ao. Professor in Riga, 1936 Lehrauftrag für Vergleichende Religionswissenschaft in Bonn, 1942 ao. Professor daselbst; WENIG 194. – Vgl. zum Ganzen den Abschnitt »Antiintellektualismus« des Rahner-Gutachtens S. 177–179 und Einleitung S. 54–60.

235 Gustave THILS, Tendances actuelles en Théologie morale, Gembloux/Belgien 1940. – Gustave Thils (*1909), 1937 Professor am Großen Seminar in Mecheln/Belgien; freundliche Auskunft von Prof. Dr. Gustave Thils, Löwen, vom 31.1.1994.

236 Fritz TILLMANN, Der Meister ruft. Die Katholische Sittenlehre gemeinverständlich dargestellt, Düsseldorf 1937. – Fritz Tillmann (1874–1953), Habilitation in Bonn für neutestamentliche Exegese, vor dem Hintergrund des Antimodernismus Wechsel zur Moraltheologie, 1913–39 Professor für Moraltheologie in Bonn; Werner SCHÖLLGEN, Fritz Tillmann, in: Bonner Gelehrte. Beiträge zur Geschichte der Wissenschaften in Bonn. Katholische Theologie, Bonn 1968, 78–93; Paul HADROSSEK, Fritz Tillmann, in: LThK^2 10, 196; WENIG 313.

237 Burkhard MATHIS, Das katholische Kirchenrecht für den Laien, Paderborn 1940. – Burkhard Mathis OFMCap (1895–1980), 1927 Lektor am Ordensstudium in Schwyz, 1931 in Solothurn, 1939 Vize-Generalsekretär des Kapuzinerordens in Rom; Oktavian SCHMUCKI, † P. Burkhard Mathis, in: Fidelis. Provinzzeitschrift der Schweizer Kapuziner 67 (1980), 175–184; freundlicher Hinweis von Dr. Christian Schweizer, Provinzarchiv der Schweizer Kapuziner Luzern, vom 20. 12. 1993.

238 Ludwig Athanasius WINTERSWYL, Laienliturgik, 2 Bde., Kevelaer 1938. – Ludwig Athanasius Wintersig (1900–1942), 1921–32 Benediktiner der Abtei Maria Laach, dann freier theologischer Schriftsteller, publizierte unter dem Namen »Winterswyl«. Wintersig vermittelte den Kontakt zwischen den beiden Autorengruppen des von Karl Borgmann herausgegebenen Buches »Volksliturgie und Seelsorge«; MAAS-EWERD 702; Josef GÜLDEN, In der »Krise der Liturgischen Bewegung« 1942–1944, in: Balthasar FISCHER/Hans Bernhard MEYER (Hg.), J. A. Jungmann. Ein Leben für Liturgie und Kerygma, Innsbruck 1975, 64–68, hier 64.

wäre (vgl. z. B. mehrere Hefte von »Die religiöse Entscheidung. Hefte katholischer Selbstbesinnung«[239]; das Handbuch der religiösen Gegenwartsfragen[240]; Klaus Mund, Christenfragen, 1937[241]; J. Michel [sic!], Die Evangelien, Geschichte oder Legende?, 1940[242]; E. Christoph, Der Gott des Lebens, 1940[243]; A. Schütz, Der Mensch und die Ewigkeit, 1938[244]; Kleineidam-Kuss, Die Kirche in der Zeitenwende[245]; Die Kirche und die Welt[246]; L. Kösters, Die Kirche unseres Glaubens; Unser Christusglaube[247]), aber aufs Ganze gesehen, ist hier vielleicht doch weniger Arbeit geleistet worden, als man angesichts der Dringlichkeit der Aufgaben erwarten könnte[248].

239 Cornelius SCHRÖDER (Hg.), Die religiöse Entscheidung. Hefte katholischer Selbstbesinnung, Warendorf 1934ff. Heft 1 (1934): Wilhelm VOSPOHL, Lebendiger Glaube; weitere Hefte von Julius Tyciak, Thaddäus Soiron, Philotheus Böhner, Friedrich Brill.

240 Conrad GRÖBER (Hg.), Handbuch der religiösen Gegenwartsfragen. Mit Empfehlung des deutschen Gesamtepiskopates, Freiburg/Br. 1937.

241 Klaus MUND, Christenfragen. Katholisches Kurzlexikon, Köln 1937. – Klaus Mund (1902–1979), 1931 Diözesanpräses der Katholischen Jugend im Bistum Aachen, 1938 in Schutzhaft, danach Pfarrer in Immendorf bei Köln; Ursula FAYMONVILLE, Klaus Mund. Diözesanjugendpräses – Pfarrer – Präsident des Päpstlichen Werkes der Glaubensverbreitung, in: Karl SCHEIN (Hg.), Christen zwischen Niederrhein und Eifel. Lebensbilder aus zwei Jahrhunderten, Bd. 2, Aachen 1993, 79–96.

242 Johann MICHL, Die Evangelien, Geschichte oder Legende? Der Geschichtswert der Evangelien, Regensburg 1940. – Johann Michl (1904–1977), 1936 Lehrbeauftragter an der Philosophisch-Theologischen Hochschule Freising; DBA NF 896, 348.

243 Erik CHRISTOPH, Der Gott des Lebens. Briefe einer Umkehr, Paderborn 1940.

244 Anton SCHÜTZ, Der Mensch und die Ewigkeit, München 1938. – Anton (Antal) Schütz (1880–1953), Piarist, 1916 Professor für Dogmatik in Budapest; Bruno TARNAY, Ungarn, in: CORETH, Bd. 2, 824–836, hier 831–833.

245 Erich KLEINEIDAM/Otto KUSS (Hg.), Die Kirche in der Zeitenwende, Paderborn 1934, Salzburg ²1936. – Erich Kleineidam (*1905), Dr. theol., 1939 Professor für Theologie am Priesterseminar Weidenau; Johannes GRÖGER, Schlesische Priester auf deutschen Universitätslehrstühlen seit 1945 (Arbeiten zur schlesischen Kirchengeschichte 3), Sigmaringen 1989, 72f.

246 Erich KLEINEIDAM/Otto KUSS (Hg.), Die Kirche und die Welt. Beiträge zur christlichen Besinnung in der Gegenwart, Salzburg 1937.

247 Ludwig KÖSTERS, Die Kirche unseres Glaubens. Eine theologische Grundlegung katholischer Weltanschauung, Freiburg/Br. 1935; DERS., Unser Christusglaube. Das Heilandsbild der katholischen Theologie, Freiburg/Br. 1937. – Ludwig Kösters SJ (1872–1939), 1908 Professor in Valkenburg/Holland, 1915–21 Provinzial der deutschen Ordensprovinz, 1921–26 Leiter der Zentrale für religiös-wissenschaftliche Vorträge, 1926 Professor für Fundamentaltheologie und Apologetik in St. Georgen/Frankfurt; P. Ludwig Kösters SJ †, in: Scholastik 14 (1939), 565; Klaus SCHATZ, Geschichte des Bistums Limburg, Mainz 1983, 237.

248 Auffälligerweise berücksichtigt Rahner die einschlägigen Werke des Trierer Diözesanpriesters Matthias Laros (1882–1965) nicht: Matthias LAROS, Der Christ in der Entscheidung der Zeit, 2 Bde., Paderborn 1937; DERS., Das christliche Gewissen in der Entscheidung. Ein Werkbuch für religiöse Gemeinschaftsarbeit, Köln 1940; Franz GROSSE, Dr. theol. Matthias Laros (1882–1965). Der große geistige Brückenbauer. Werkgeleit und Bibliographie (Veröffentlichungen der Stadtbibliothek Koblenz 9), Koblenz 1970.

2. Östliche Theologie

Unverkennbar ist seit dem Weltkrieg das Interesse an der Ostkirche und der östlichen Theologie auch im deutschen Raum sehr gewachsen. Freilich muß betont werden, daß diese Erscheinung durchaus keine spezifisch deutsche Angelegenheit ist. Die mehr als 70 Erlässe, Ansprachen usw. Pius XI. zu ostkirchlichen Angelegenheiten, die Gründung des orientalischen Institutes, des russischen Kollegs, die Gründung ostkirchlicher Zweige in manchen Orden, die Gründung einer Unionsabtei in Amay sur Meuse in Belgien[249], Zeitschriften wie die »Orientalia christiana«[250], das »Irenikon«[251], »Russie et chrétienté«[252], Ostkirchliche Tagungen in Prag, Velehrad, Laibach[253], die Vorschrift eigener Vorlesungen über »Quaestiones theologicae ad orientales maxime spectantes« als Voraussetzung des kirchlichen Doktorgrades, der päpstliche Wunsch nach einem Dozenten östlicher Theologie in jedem Seminar[254] usw. zeigen, daß es sich hier um einen Vorgang handelt, der die ganze Kirche betrifft. Es wäre daher nur verwunderlich und bedauerlich, wenn die deutschen Katholiken für diese Fragen sich nicht interessieren würden. So haben wir tatsächlich in Deutschland eine wenigstens relativ große Literatur zur östlichen Theologie. Man denke z. B. an die Solowjow-Ausgabe des Matthias-Grünewald-Verlags[255], an die von G. Wunderle herausgegebene Schriftenreihe »Das östliche Christentum«[256], die in München erschienene Zeitschrift »Der christliche Orient«[257], die von der Abtei Gerleve

249 Vgl. zum Ganzen Josef SCHMIDLIN, Papstgeschichte der neuesten Zeit, Bd. 4, München 1939, 193f.

250 Orientalia christiana, Rom 1923–34; Orientalia christiana analecta, Rom 1935ff.

251 Irénikon. Revue trimestrielle, Chevetogne 1926–40, 1943, 1945ff.

252 Russie et chrétienté, Boulogne-sur-Seine 1934–36, NF 1937–1938/39, NF 1939–40.

253 Gemeint sind wohl die Unionskongresse von Velehrad (1924, 1927, 1930), Laibach (1925) und Wien (1926); Josef SCHMIDLIN, Papstgeschichte der neuesten Zeit, Bd. 4, München 1939, 193.

254 Vgl. z. B. Pius XI., Enzyklika »Rerum Orientalium studiis« vom 8. September 1928; AAS 20 (1928), 277–296; Brief der Studienkongregation vom 28. August 1928; AAS 20 (1928), 146–148.

255 Wladimir SOLOWJOW, Gedichte, Mainz 1925; DERS., Das Lebensdrama Platons (Religiöse Geister 23), Mainz 1926; DERS., Monarchia Sancti Petri. Die kirchliche Monarchie des hl. Petrus als freie und universelle Theokratie im Lichte der Weisheit. Aus den Hauptwerken von Wladimir Solowjow systematisch gesammelt, übersetzt und erklärt durch Leo Kobilinski-Ellis, Mainz 1929. – Wladimir Sergejewitsch Solowjow (1853–1900), russischer Philosoph, Theologe und Dichter; Ludolf MÜLLER, Wladimir Solowjow, in: LThK² 9, 869f.

256 Georg WUNDERLE (Hg.), Das östliche Christentum, Würzburg 1936–41. – Georg Wunderle (1881–1950), 1913 ao. Professor der Philosophie in Eichstätt, 1916 o. Professor für Apologetik und Vergleichende Religionswissenschaft in Würzburg, 1947 ao. Professor der Kunde des Christlichen Ostens; Josef HASENFUSS, Georg Wunderle, in: LThK² 10, 1266.

257 Der christliche Orient in Vergangenheit und Gegenwart, hg. von Chrysostomus Baur, München 1936–41.

begonnene Reihe »Theologie des christlichen Ostens«, die von derselben Abtei herausgegebenen Sammelbändchen »Ein Leib – ein Geist«, »Ut omnes unum sint«[258], der von Tyciak-Wunderle-Werhun herausgegebene Sammelband »Der christliche Osten: Geist und Gestalt«[259], die Übersetzungen byzantinisch-liturgischer Hymnen von K. Kirchhoff[260], an manche Aufsätze in der »Theologie der Zeit«[261]. Dazu kommen noch wertvolle Arbeiten über die griechische Patristik, insofern sie gerade für die Frömmigkeit des Ostens bedeutsam wurden (Lieske[262], Dörr[263], Hans Urs von Balthasar[264]). Neben

258 Theologie des christlichen Ostens, Münster 1931ff; Ein Leib – ein Geist. Einblicke in die Welt des christlichen Ostens, hg. von der Abtei St. Joseph zu Gerleve, Münster o. J. [1940]; Ut omnes unum sint. Ein Werkbuch ostkirchlicher Arbeit, hg. von der Abtei St. Joseph zu Gerleve, Münster 1939. – Die Benediktinerabtei Gerleve (Kreis Coesfeld/Westfalen; Beuroner Kongregation) wurde 1899 gegründet und nach ihrer Auflösung im Dritten Reich (1941) 1945/46 wieder besiedelt; Basilius SENGER, Gerleve, in: $LThK^2$ 4, 749.

259 Julius TYCIAK/Georg WUNDERLE/Peter WERHUN (Hg.), Der christliche Osten. Geist und Gestalt, Regensburg 1939. – Petro Werhun (1890–1957), 1927 Seelsorger der Ukrainer in Berlin, gleichzeitig Lehrtätigkeit in Kirchengeschichte an der Universität Berlin, 1937 Ernennung zum Prälaten, 1940 Apostolischer Visitator der Ukrainer in Deutschland und Österreich, 1945 Deportation nach Sibirien; Petro ROMANISIN, Ukrains'ka Katholic'ka Cerkva v Nimeccini do 1945 roku (Die Ukrainische Katholische Kirche in Deutschland bis zum Jahr 1945), München 1978; freundlicher Hinweis von P. Dr. Coelestin Patock OSA, Ostkirchliches Institut der Augustiner Würzburg, vom 16. 12. 1993.

260 Kilian KIRCHHOFF, Die Ostkirche betet. Hymnen aus den Tagzeiten der byzantinischen Kirche, 4 Bde., Leipzig 1934–37. – Kilian Kirchhoff OFM (1892–1944), Übersetzer ostkirchlicher Hymnen aus Mystik und Liturgie, 1944 in Brandenburg-Görden hingerichtet; Chrysologus SCHOLLMEYER, Kilian Kirchhoff, in: $LThK^2$ 6, 301; Johannes MADEY, Pater Kilian Kirchhoff OFM – Brückenbauer zwischen Ost und West. Zum 90. Geburtstag eines Blutzeugen aus dem Erzbistum Paderborn, in: ThGl 73 (1983), 64–70.

261 Franz JANTSCH, Die römische Kirche im Urteil Dostojewskis, in: Theologie der Zeit, Bd. 1, Wien 1936, 142–153; Johann Peter STEFFES, Der Geist der russischen Frömmigkeit und der Bolschewismus, in: Theologie der Zeit, Bd. 2, Wien 1938, 183–201; Leo KOBILINSKI-ELLIS, Die geistige Welt der heiligen Ikonen. Eine mystisch-symbolische Betrachtung, ebd. 202–236.

262 Aloisius LIESKE, Die Theologie der Logosmystik bei Origenes (Münsterische Beiträge zur Theologie 22), Münster 1938; vgl. dazu die Rez. von Karl RAHNER, in: ZKTh 63 (1939), 244f. – Aloisius Lieske SJ (1902–1946), 1933–34 zusammen mit Karl Rahner Terziat in St. Andrä, während des Krieges Tätigkeit für das Wiener Seelsorgeamt; MENDIZABAL 434, Nr. 24032; RUDOLF 58; Maria KELLER, Im Terziat 1933/34, in: IMHOF/BIALLOWONS 24f.

263 Friedrich DÖRR, Diadochus von Photike und die Messalianer. Ein Kampf zwischen wahrer und falscher Mystik im fünften Jahrhundert (Freiburger Theologische Studien 47), Freiburg/Br. 1937; vgl. dazu die Rez. von Karl RAHNER, in: ZKTh 62 (1938), 291f. – Friedrich Dörr (1908–1993), Dr. theol. et phil., 1951 Professor für Philosophie und Pädagogik in Eichstätt; DBA NF 282, 219.

264 Hans Urs von BALTHASAR, Kosmische Liturgie. Höhe und Krise des griechischen Weltbilds bei Maximus Confessor, Freiburg/Br. 1941; vgl. dazu die Rez. von Karl RAHNER, in: ZKTh 66 (1942), 154f. – Hans Urs von Balthasar (1905–1988), 1929–50 Jesuit, 1937 Mitarbeit bei den »Stimmen der Zeit« in München, 1940–50 Studentenpfarrer in Basel; Karl LEHMANN/Walter KASPER (Hg.), Hans Urs von Balthasar. Gestalt und Werk, Köln 1989.

diese mehr historisch eingestellten Bestrebungen und Arbeiten treten Versuche, die östliche Theologie und Frömmigkeit für unsere westliche Theologie und das westliche religiöse Leben nutzbar zu machen. Hierher gehören (wenigstens unter gewissen Rücksichten) Koeppgen [sic!] (Die Gnosis des Christentums)[265], J. Tyciak (Erlöste Schöpfung, Die Liturgie als Quelle östlicher Frömmigkeit, 1937)[266], J. Casper (Weltverklärung im liturgischen Geist der Ostkirche, 1939)[267], I. v. Kologriwof (Das Wort des Lebens)[268].

Was nun die Beurteilung dieser Bestrebungen und dieser Literatur angeht, so ist wohl folgendes zu sagen: Daß man sich für den Osten und östliche Theologie, von der Patristik angefangen, interessiert und sich mit diesen Fragen beschäftigt, ist an sich nur zu loben und pflichtgemäß, wenn wir die notwendige Arbeit an den Unionsbestrebungen nicht versäumen wollen. Daß in dieser Literatur aufs Ganze gesehen sich eine »*einseitige* Bevorzugung der östlichen Patristik mit ihrer eigenartigen Gedankenwelt und Ausdrucksweise« (Memorandum numero 6)[269] gezeigt habe, wird man wohl kaum sagen können. Wenn Pelz sich für seine abzulehnende Lehre einer somatischen Christusinexistenz im Gerechtfertigten auf Cyrill von Alexandrien[270] oder Koeppgen [sic!] für seinen Gnosisbegriff auf die östliche Theologie und vor allem auf Simeon den neuen Theologen beruft[271], so sind diese vereinzelten, gewiß abzulehnenden Berufungen doch noch kein Beweis dafür, daß dieses ostkirchliche Schrifttum als Ganzes einer einseitigen Bevorzugung der östlichen Patristik Vorschub leiste. Die östliche Theologie wird der westlichen immer wieder etwas zu sagen haben (natürlich auch umgekehrt), wie sie einem Thomas (vgl. das einschlägige Werk von Backes[272]), Peta-

265 Georg Koepgen, Die Gnosis des Christentums, Salzburg 1939.

266 Julius Tyciak, Erlöste Schöpfung, Regensburg o. J. [1938]; Ders., Die Liturgie als Quelle östlicher Frömmigkeit (Ecclesia orans 20), Freiburg/Br. 1937.

267 Josef Casper, Weltverklärung im liturgischen Geist der Ostkirche (Ecclesia orans 22), Freiburg/Br. 1939. – Josef Casper (*1906), 1947 Gastdozent für orientalische Kirchengeschichte in Salzburg; DBA NF 218, 260.

268 Iwan von Kologriwof, Das Wort des Lebens, Regensburg 1938.

269 Maas-Ewerd 545.

270 Karl Pelz, Der Christ als Christus. Der Weg meines Forschens, Berlin o. J. [1940]. – Pelz selbst spricht nicht von einer »somatischen Inexistenz«, er sagt einfach: »Der verklärte Gottmensch Christus ist im Gerechten gegenwärtig« (13). Pelz stützt sich auf Cyrill von Alexandrien († 444), In Johannem 4,3 (Patrologia Graeca 73, 601–604), wo dieser in Anlehnung an Kol 2,9.10 sagt: »Man wird also zwar sonst immer sagen können: ›Das Fleisch nützt nichts‹, vom Fleische Christi allein wird es nicht gelten, weil in ihm das Leben, d.h. der eingeborene Sohn Gottes, wohnt.« (Pelz 26f)

271 Georg Koepgen, Die Gnosis des Christentums, Salzburg 1939, passim; Koepgen stützt sich v.a. auf: Symeon der neue Theologe, Licht vom Lichte. Hymnen. Deutsch von Kilian Kirchhoff, Hellerau 1930. – Symeon der neue Theologe (949–1022), byzantinischer Mystiker; Timothy Ware, Symeon der Neue Theologe, in: LThK[2] 9, 1215f.

272 Ignaz Backes, Die Christologie des heiligen Thomas von Aquin und die griechischen Kirchenväter (Forschungen zur christlichen Literatur- und Dogmengeschichte 17/3–4), Mainz 1931. – Ignaz Backes (1899–1979), 1935 Professor für Scholastische Theologie in Trier; DBA NF 55, 321.

vius[273], Scheeben[274] neue Anregungen gegeben hat. Die Theologie des Ostens der Auferstehung und Verklärung, des Kultes, der Einheit von Aszese und Mystik[275], des Symbols, der gnadenhaften Verklärung auch des ganzen Kosmos usw. besitzt eine Eigenart, die auch heute noch unserer westlichen Theologie neue Antriebe geben kann. (Lehrreich ist in dieser Hinsicht z. B. aus jüngster Zeit: H. U. von Balthasar, Kosmische Liturgie[276]). Damit soll nun wieder nicht gesagt sein, daß diese Literatur aus und über östliche Theologie nicht auch ihre Gefahr hätte. Das neuorthodoxe Denken (die neurussische Gnosis) bei Berdjajew[277] und Bulgakow[278] usw. ist in sehr wesentlichen Punkten für die katholische Dogmatik unannehmbar (vgl. dazu z. B. die Arbeit von B. Schultze, Die Schau der Kirche bei Nikolai Berdjajew, Rom 1938[279]). Diesbezüglich vermißt man bei Pfleger[280] und Tyciak (Liturgie als Quelle östlicher Frömmigkeit)[281] die genügende Klarheit und Entschiedenheit. Es wäre wohl auch zu bedauern, wenn man die Sophia-Lehre, wie sie besonders von Bulgakow[282] propagiert wird, als eine wirkliche Bereicherung katholischer Theologie und Philosophie betrach-

273 Dionys PETAVIUS, Dogmata Theologica, 4 Bde., Paris 1644–50. – Dionysius Petavius SJ (1583–1652), 1610 Professor für Dialektik in Reims, 1618 am Collège de Clermont in Paris, 1621–44 Professor für die Theologia positiva daselbst. Petavius ging für seine Dogmatik erstmals wieder auf die Väter, v. a. auch die griechischen, vor Augustinus zurück. Seine Sammlung dogmatisch verwertbarer Väterzitate wurde über Generationen hinweg ausgeschrieben; Charles BAUMGARTNER, Dionysius Petavius, in: LThK² 8, 314; Rudolf REINHARDT, Dionysius Petavius (1583–1652) in der Tübinger Schule. Ein Bericht aus dem Nachlaß von Stefan Lösch, in: ThQ 151 (1971), 160–162.

274 Vgl. dazu: Eugen PAUL, Denkweg und Denkform der Theologie von Matthias Joseph Scheeben (Münchener Theologische Studien II, 40), München 1970, 85–91 (»Die fortschreitende Vermittlung von griechischer und lateinischer Denkweise«).

275 Vgl. Marcel VILLER/Karl RAHNER, Aszese und Mystik in der Väterzeit. Ein Abriß der frühchristlichen Spiritualität, Freiburg/Br. 1939.

276 Hans Urs von BALTHASAR, Kosmische Liturgie. Höhe und Krise des griechischen Weltbilds bei Maximus Confessor, Freiburg/Br. 1941.

277 Nikolai Alexandrowitsch Berdjajew (1874–1948), russischer Philosoph, Laientheologe, 1925 nach Paris, Begründer der Zeitschrift »Put« (1925–40); Bernhard SCHULTZE, Nikolai Berdjajew, in: LThK² 2, 213 (Werke).

278 Sergij Nikolajewitsch Bulgakow (1871–1944), russischer Religionsphilosoph und Theologe, 1925 Dekan des Russisch-Orthodoxen Theologischen Instituts in Paris; Bernhard SCHULTZE, Sergij Bulgakow, in: LThK² 2, 764 (Werke).

279 Bernhard SCHULTZE, Die Schau der Kirche bei Nikolai Berdjajew (Orientalia christiana analecta 116), Rom 1938. – Bernhard Schultze SJ (1902–1990), 1937 Professor am Päpstlichen Orientalischen Institut in Rom, wo er 1937 über »Die Sophialehre des russischen Erzpriesters Sergij Bulgakov« las; Edward G. FARRUGIA, P. Bernhard Schultze SJ. Life and Work (1902–1990), in: Orientalia christiana periodica 56 (1990), 269–282.

280 Karl PFLEGER, Geister, die um Christus ringen (Bücher der Geisteserneuerung 6), Salzburg 1934, Bonn 1935. – Karl Pfleger (1883–1975), 1927 Pfarrer in Belenheim/Elsaß, Aszetiker, Philosoph und Kulturkritiker, Mitarbeiter am »Hochland« und an der »Seele«; KOSCH 3542; Herder-Korrespondenz 29 (1975), 260.

281 Julius TYCIAK, Die Liturgie als Quelle östlicher Frömmigkeit (Ecclesia orans 20), Freiburg/Br. 1937.

282 Serge BOULGAKOF, La sagesse divine et la théantropie, traduit du Russe par Constantin Andronikof, Bd. 1, Paris 1943.

ten würde, wie es z. B. bei Pfleger den Anschein haben könnte. Überhaupt wird man darauf zu achten haben, daß die östliche Theologie, die doch noch weitgehend über die alexandrinisch-dionysische Theologie[283] nicht hinausgekommen ist, nicht zur Gefahr wird für die klare Unterscheidung (nicht Trennung!) des Natürlichen und Übernatürlichen (eine *positive* Leistung der mittelalterlichen und nachtridentinischen abendländischen Theologie) und für die damit gegebene Sicht auf eine echte Weltaufgabe des Christen in relativ eigenständigen Sach- und Kulturgebieten[284], die nicht zugunsten eines gnostischen, weltflüchtigen Supranaturalismus übersprungen werden dürfen (vgl. dazu H. U. von Balthasar, Wendung nach Osten: Stimmen der Zeit 136/1939/32–46 und »Patristik, Scholastik und wir«: Theologie der Zeit 1939, Folge 2[285]). Zusammenfassend läßt sich zu diesem Punkte also wohl sagen: Eine Warnungstafel, die auf Gefahren in diesem Gebiet aufmerksam macht, ist schon deutlich genug sichtbar aufgerichtet durch die Indizierung von Koeppgen [sic!] und Pelz[286]. Eine liebevolle Pflege des Studiums der griechischen Patristik und der östlichen Theologie überhaupt ist unbedingt zu wünschen, zumal wirklich größere wissenschaftliche Arbeiten bei uns noch sehr selten sind; Werke wie von Palmieri[287] M. Jugie[288], Th. Spacil[289], Salaville[290] usw. fehlen bei uns ja noch mehr oder weniger ganz.

283 Rahner faßt hier die »platonisch« geprägten theologischen Ansätze von Origenes, Clemens von Alexandrien und Dionysios Areopagita bzw. deren Wirkungsgeschichte unter dem Begriff »alexandrinisch-dionysische Theologie« zusammen. Dieser »östlichen« theologischen Tradition stellt er die Leistung der westlichen Theologie gegenüber, die v.a. durch die nicht nur von Thomas vollzogene Aristoteles-Rezeption gefördert wurde.

284 Vgl. hierzu die späteren Aussagen des Vatikanum II, Pastoralkonstitution »Gaudium et spes«, Kap. 36; D(H) 4336.

285 Hans Urs von BALTHASAR, Patristik, Scholastik und Wir, in: Theologie der Zeit, Bd. 3, Wien 1939, 65–104.

286 Karl PELZ, Der Christ als Christus. Der Weg meines Forschens, Berlin o. J. [1940]; indiziert 1940 durch Dekret des Heiligen Offiziums; INDEX 360.

287 Aurelio PALMIERI, Theologia dogmatica orthodoxa, 2 Bde., Florenz 1911–13. – Aurelio Palmieri (1870–1926), Augustiner-Eremit, Orientalist; Raymond JANIN, Aurelio Palmieri, in: LThK^2 8, 13f.

288 Martin JUGIE, Theologia dogmatica christianorum orientalium ab ecclesia catholica dissidentium, 5 Bde., Paris 1926–35. – Martin Jugie (1878–1954), Assumptionist, 1917 Dozent für Orthodoxe Theologie am Orientalischen Institut in Rom, 1932 an der Lateran-Universität und in Lyon, 1935 Konsultor der Kongregation für die Ostkirchen; Dictionnaire de Biographie Française, Bd. 18, Paris 1992, 963.

289 Theophil Spáčil SJ (1875–1950), 1912 Professor in Innsbruck, 1918–37 am Päpstlichen Orientalischen Institut in Rom, 1938–45 Provinzial der Böhmischen Jesuitenprovinz, 1950 gestorben in einem Konzentrationslager bei Teplitz; Wilhelm de VRIES, Theophil Spacil, in: LThK^2 9, 934; Bibliographie in: Orientalia Christiana Periodica 17 (1951), 221–223.

290 Sévérien SALAVILLE, Studia orientalia liturgico-theologica (Ephemerides liturgicae), Rom 1940; vgl. dazu die Rez. von Josef Andreas JUNGMANN, in: ZKTh 65 (1941), 232f. – Sévérien Salaville (1881–1965), Assumptionist, Professor in Kadiköi (Chalcedon)/Türkei, 1929 Dozent für Orientalische Theologie in Rom, 1942 in Lyon; J. PATINOT, Sévérien Salaville, in: Catholicisme. Hier – Aujourd'hui – Demain, Fasz. 61, Paris 1992, 730f.

3. Gnadenlehre (Christusmystik, Christusinexistenz im Gläubigen, Kindschaftsgnade, »Supranaturalismus« usw.)

Zweifellos ist in den letzten Jahrzehnten das Bewußtsein von dem übernatürlichen Charakter unserer Gotteskindschaft und unserer Verbundenheit mit Christus gewachsen und intensiver gepflegt worden, und aufs Ganze gesehen, ist das nur zu begrüßen und sogar eine Notwendigkeit. Denn in einer Zeit, in der die äußeren sozialen und kulturellen Bindungen des Menschen an das Christentum und die Kirche praktisch mehr oder minder ganz wegfallen und andererseits doch auch von ungläubiger Seite ein ethischer Idealismus propagiert wird, kann der Christ seinen Glauben auf die Dauer nur bewahren, wenn er ganz bewußt aus dem Zentralsten seines Christseins heraus lebt, aus seiner übernatürlichen, ihn gnadenhaft vergöttlichenden Verbindung mit dem dreifaltigen Gott durch den Mittler Jesus Christus. Daß dabei die Entwicklung auch erleichtert wurde durch ein Zurücktreten einer rationalen oder rationalistischen Einstellung mit den Schwierigkeiten, die aus ihr entspringen können, ist wohl nicht zu bestreiten; aber damit ist schließlich nur bewiesen, daß diese weniger rationale Zeit neben den mit einem gewissen Irrationalismus verbundenen Gefahren auch ihre positive Seite hat und eine psychologische Erleichterung für gewisse Seiten des Christentums bietet. Diese Bereitwilligkeit zum Geheimnisvollen und Unbegreiflichen ist an sich allein natürlich noch keine Garantie für den christlichen Glauben; indes mögen die Fälle, auf die das Freiburger Memorandum anspielt, wo von einem sublimen Supranaturalismus der Umschlag zum krassen Unglauben erfolgte[291], doch wohl nicht symptomatisch sein für die Gefahren eines »sublimen Supranaturalismus«, sondern wenn sie überhaupt symptomatisch gewertet werden dürfen (schließlich hat es doch auch Abfälle zum Unglauben von einer mehr rationalen Einstellung her gegeben), so sind sie wohl symptomatisch für die Schwierigkeit der Glaubensbewahrung in einer durchaus unchristlichen geistigen Atmosphäre zumal bei jungen Menschen, die teils mit Recht, teils mit Unrecht nicht leicht auf die natürlichen geistigen Werte verzichten, die sie im außerchristlichen geistigen Bereich faktisch oft mit Recht mehr und besser zu finden glauben als innerhalb des christlich bestimmten geistigen Raumes. Daß bei dieser supranaturalen Einstellung protestantische Einflüsse maßgebend beteiligt waren, dürfte wohl nicht richtig sein. Daß Holzer für gewisse verstiegene Ideen bei Pelz protestantische Parallelen nachweisen kann[292], beweist noch keinen kausalen Zusammenhang zwischen beiden. Richtig ist also höchstens, daß sich Abhängigkeiten von protestantischen Exegeten aufweisen lassen, wobei freilich noch immer nicht

291 Vgl. Freiburger Memorandum Nr. 10. Gröber nennt keine Namen.

292 Oswald Holzer, »Christus in uns«. Ein kritisches Wort zur neueren Corpus-Christi-mysticum-Literatur, in: Wissenschaft und Weisheit 8 (1941), 24–35, 64–70, 93–105, 130–136, hier 130–132.

ausgemacht ist, daß die beiderseitige Exegese etwas spezifisch Protestantisches sei, selbst wenn sie falsch ist. Was die Auffassung vom Übernatürlichen angeht, dürfte da und dort in der heutigen Literatur ein Doppeltes schärfer herauszuarbeiten sein: einmal die Erkenntnis, daß das Schöpfer-Geschöpf-Verhältnis, wie es in der Analogia-Entis-Lehre[293] ausgesprochen ist, als formal-ontologisches Grundprinzip auch noch unser übernatürliches Verhältnis zu Gott in der Gnade bestimmt und darum auch in der innigsten Gottverbundenheit der geschöpfliche Abstand zu Gott gewahrt werden muß (und darum z. B. auch Recht, Gehorsamspflicht, Satzung usw. in der im Namen Gottes sprechenden Kirche nicht bloß einlinig abgeleitet werden kann und darf aus der Verbundenheit des Menschen mit Gott aus Gnade und Liebe). Zweitens muß beachtet werden, daß das Wesen des Übernatürlichen nicht eindeutig abgeleitet werden kann aus der Kategorie des Personalen oder eines personalen Verhältnisses des Menschen zum personalen Gott, da der Mensch nicht erst durch seine übernatürliche Begnadigung »Person« wird, noch erst durch die Offenbarung Gottes Gott als Person erkennen kann (in dieser weiteren Hinsicht haben Bücher wie von Ebner[294], Steinbüchel[295], Guardini[296] nicht immer alle wünschenswerte Klarheit). Was nun Einzelfragen aus diesem Komplex angeht, so seien zwei Dinge noch besprochen, da sie auch im Freiburger Memorandum gestreift werden[297]: die Frage nach der Kindschaftsgnade und das Problem der Inexistenz Christi im gerechtfertigten Menschen.

Zur Frage der Kindschaftsgnade: Es ist zweifellos, was die Lehre von der heiligmachenden Gnade angeht, seit Scheeben zu beobachten, daß in der katholischen Theologie neben der akzidentellen, geschaffenen Gnade die »gratia increata« wieder mehr betont wird. Dies ist nicht etwa eine deutsche Modeerscheinung, sondern eine Frage, die in einer ernsthaften kirchlich nicht beanstandeten wissenschaftlichen Theologie verhandelt wird (vgl. die diesbezüglichen Gratia-Traktate oder Abhandlungen von Schee-

293 Vgl. Erich PRZYWARA, Analogia Entis, in: LThK^2 1, 468–473.

294 Ferdinand EBNER, Das Wort und die geistigen Realitäten. Pneumatologische Fragmente, Innsbruck 1921, Regensburg ^{2}1935. – Ferdinand Ebner (1882–1931), Philosoph, 1902 Volksschullehrer in Waldegg, 1912–23 in Gablitz bei Wien, vertrat ein »personal-dialogisches Sprachdenken«; Peter KAMPITS, Ferdinand Ebner, in: CORETH, Bd. 3, 129–146.

295 Theodor STEINBÜCHEL, Der Umbruch des Denkens. Die Frage nach der christlichen Existenz erläutert an Ferdinand Ebners Menschdeutung, Regensburg 1936. – Theodor Steinbüchel (1888–1949), 1926 ao. Professor für Philosophie in Gießen, 1935–39 Professor für Moraltheologie in München, 1941 Vertretung in Tübingen; Roman SCHEUCHENEGGER, Theodor Steinbüchel, in: CORETH, Bd. 2, 643–649; Gerfried W. HUNOLD, Theodor Steinbüchel – Leidenschaft für den Menschen. Zum 100. Geburtstag, in: ThQ 168 (1988), 230–234.

296 Romano GUARDINI, Welt und Person. Versuche zur christlichen Lehre vom Menschen, Würzburg 1939; vgl. die Rez. von Karl RAHNER, in: ZKTh 65 (1941), 50.

297 Vgl. Freiburger Memorandum Nr. 11.

ben[298], Gardeil[299], Lange[300], Rahner[301], Beumer[302], Schauf[303], Kuhaupt[304] usw.). Wenn so, zum Teil in stärkerer Befruchtung durch die griechische Patristik, die Einwohnung und Mitteilung der drei göttlichen Personen in der Rechtfertigung betont wird, welche Einwohnung nicht *bloß* eine Folge der geschaffenen Gnade ist (ob sie bloß appropriierte oder besondere nicht-appropriierte Beziehungen zu jeder der drei göttlichen Personen impliziert, kann dahin gestellt bleiben), so ergibt sich daraus jedenfalls eine Auffassung von der heiligmachenden, rechtfertigenden Gnade als Ganzes, die einerseits theologisch durchaus vertretbar ist, wenn sie auch andererseits über die »divina qualitas in anima inhaerens« des Katechismus Romanus[305], ohne ihm zu widersprechen, hinausgeht. Denn »irgendeine Einwohnung« Gottes in der begnadeten Seele, die von der Allgegenwart Gottes zu unterscheiden ist,

298 Matthias Joseph SCHEEBEN, Natur und Gnade. Versuche einer systematischen, wissenschaftlichen Darstellung der natürlichen und übernatürlichen Lebensordnung im Menschen, Mainz 1861; DERS., Handbuch der katholischen Dogmatik, Bd. 3, Freiburg/Br. 1882, 631–1005: Die Verwirklichung des von Christus verdienten Heiles in den einzelnen Menschen durch die rechtfertigende Gnade Christi; dazu Hans GASPER, Ein Leib und ein Geist in Christus. Zur Gnadenlehre bei Matthias Joseph Scheeben, in: Norbert TRIPPEN (Hg.), Das Kölner Priesterseminar im 19. und 20. Jahrhundert (Studien zur Kölner Kirchengeschichte 23), Siegburg 1988, 264–308.

299 Ambroise GARDEIL, Le Saint Esprit dans la vie chrétienne, Paris 1935, ²1942. – Ambroise Gardeil OP (1859–1931), 1892 Rektor des Ordensstudiums in Corbara auf Korsika; Paul GILBERT, Die dritte Scholastik in Frankreich, in: CORETH, Bd. 2, 412–436, hier 423–425.

300 Hermann LANGE, De gratia. Tractatus dogmaticus, Valkenburg ²1926, ³1929.

301 Karl RAHNER, Zur scholastischen Begrifflichkeit der ungeschaffenen Gnade, in: ZKTh 63 (1939), 137–157.

302 Johannes BEUMER, Die Einwohnung der drei göttlichen Personen in der Seele, in: ThGl 30 (1938), 504–516. – Johannes Beumer SJ (1901–1989), 1933 Professor in Valkenburg/Holland; Rainer BERNDT, Bibliographie P. Johannes Beumer SJ (1901–1989), in: ThPh 64 (1989), 567–577.

303 Heribert SCHAUF, Die Einwohnung des Heiligen Geistes. Die Lehre von der nichtappropriierten Einwohnung des Heiligen Geistes als Beitrag zur Theologiegeschichte des neunzehnten Jahrhunderts unter besonderer Berücksichtigung der beiden Theologen Carl Passaglia und Clemens Schrader (Freiburger Theologische Studien 59), Freiburg/Br. 1941. – Heribert Schauf (1910–1988), Dr. theol. et phil., 1945 Professor für Kirchenrecht am Priesterseminar in Aachen; Herbert HAMMANS u. a. (Hg.), Geist und Kirche. Studien zur Theologie im Umfeld der beiden Vatikanischen Konzilien. Gedenkschrift für Heribert Schauf, Paderborn 1991.

304 Hermann KUHAUPT, Die Formalursache der Gotteskindschaft, Münster 1940; vgl. dazu die Rez. von Karl RAHNER, in: ZKTh 65 (1941), 53. – Hermann Kuhaupt (*1907), Dr. phil., theologische Promotion in Münster 1940; HEGEL, Bd. 2, 190.

305 Catechismus Romanus, Pars II, caput II, art. 50: »Est autem gratia, ..., non solum per quam peccatorum fit remissio, sed divina qualitas in anima inhaerens ...« (»Es ist aber die Gnade, ..., nicht nur das, wodurch die Vergebung der Sünden geschieht, sondern auch eine der Seele einhaftende göttliche Beschaffenheit ...«; Katechismus nach dem Beschlusse des Concils von Trient für die Pfarrer auf Befehl des Papstes Pius V. und Clemens XIII. herausgegeben. Übersetzt nach der zu Rom im Jahre des Heiles 1855 veröffentlichten Ausgabe, Regensburg 1896).

ist nicht eine fromme Meinung (wie man aus dem Freiburger Memorandum den Eindruck gewinnen könnte[306]), sondern eine Glaubenswahrheit. Von einer Glaubenswahrheit kann man nie sagen, daß man sie nicht predigen solle. Daß diese Einwohnung Gottes von den geschaffenen Gnadengaben wenigstens »aliquomodo« unterschieden werden muß, ist mindestens »theologice certum« (vgl. Lange, De gratia, numero 444[307]). Wenn wir die Rechtfertigungsgnade als Ganzes von dieser Mitteilung der göttlichen Natur an den geschaffenen Geist aus sehen und so bedenken, daß sie wesentlich mehr ist als bloß die Erschaffung eines übernatürlichen Akzidenz in der Seele des Menschen, so kann sehr wohl von einer »Zeugung aus Gott« und einer »Sohnschaft« gesprochen werden, zumal doch die Schrift ebenso spricht. Daß diese ganze Mitteilung der göttlichen Natur an den begnadeten Geist absolut ungeschuldete Gnade ist, der begnadete Mensch im Gegensatz zum trinitarischen Sohn bloßes Geschöpf bleibt und in diesem Sinne die Sohnschaft des Gerechtfertigten bloß »Adoptivkindschaft« ist, das alles ist selbstverständlich, ist aber auch auf Seite 33/34 der Verkündigungstheologie von H. Rahner[308], auf die das Freiburger Memorandum numero 10[309] offenbar tadelnd anspielt, ausdrücklich gesagt worden. Daß hier also »sehr angreifbare Dinge« gesagt werden, darf ruhig in Abrede gestellt werden. Wenn die Sohnschaft des Begnadeten zu Gott als bloße »Adoptivkindschaft« aufgefaßt würde in dem Sinne, daß sie bloß ein moral-juridisches Verhältnis zwischen Gott und dem Menschen besagte oder bloß basierte auf der geschaffenen Gnade, insofern diese von der ungeschaffenen Gnade unterschieden werden kann, so wäre dies eher eine verkürzende Mißdeutung der Kirchenlehre, gegen die ein Protest ruhig erlaubt ist, zumal der deutsche Begriff einer »Adoption« dieses Mißverständnis leicht heraufbeschwört. In diesem Sinne kann wohl auch z. B. der Protest bei Pinsk, Die sakramentale Welt, S. 44[310] oder bei Tyciak, Gottgeheimnis [sic!] der Gnade

306 Vgl. Freiburger Memorandum Nr. 11.

307 Hermann LANGE, De Gratia. Tractatus Dogmaticus, Valkenburg ³1929, 331: »[Thesis 16. Inhabitatio Spiritus Sancti] n. 444, 4. Qualificatio: *Aliqua* inhabitatio: de fide; – *in omnibus iustis* et donum aliquomodo *distinguendum a donis creatis*: theologice certum; – reliqua: probabilior explicatio.«

308 Hugo RAHNER, Eine Theologie der Verkündigung, Freiburg/Br. ²1939, 33: »... daß der Dreifaltige Gott am Uranfang der Schöpfung ... sich gewürdigt hat, das kommende Geschöpf ... in den Bereich seiner eigenen Natur hinaufzureißen ... Und dies nicht mehr durch eine bloße Schöpfung, sondern durch eine wahrhafte Zeugung.«

309 MAAS-EWERD 549; Gröber stellt dem angeblichen »Hineingerissenwerden in Gott« und der »wirklichen Zeugung« den Begriff »Adoptivkindschaft« entgegen.

310 Johannes PINSK, Die sakramentale Welt (Ecclesia orans 21), Freiburg/Br. o. J. [1938], 44 warnt vor einem bloß juridischen Verständnis der Gotteskindschaft (Adoption). – Johannes Pinsk (1891–1957), 1928 Studentenseelsorger in Berlin, 1942 Pfarrer daselbst; Robert GROSCHE, Johannes Pinsk, in: LThK² 8, 512; Eberhard AMON, Lebensaustausch zwischen Gott und Mensch. Zum Liturgieverständnis Johannes Pinsks (Studien zur Pastoralliturgie 6), Regensburg 1988.

S. 22f[311] (wie schon bei Scheeben, Mysterien § 57[312] vgl. auch Lange, De gratia, Nummer 433[313]) gegen eine »bloße« Adoptivkindschaft durchaus richtig verstanden werden.

Zur Frage der Inexistenz und Verbundenheit Christi mit dem begnadeten Menschen: Zweifellos sind in diesem Punkt in den letzten Jahren Ansichten vertreten worden, die teilweise sehr problematisch, teilweise schlechthin unannehmbar sind. Die Beziehung der Menschheit Christi zum begnadeten Menschen wurde da und dort in einer Weise verstanden, die weder das kreatürliche Abstandsverhältnis auch des begnadeten Menschen zu Christus als dem Herrn genügend wahrt, noch bei der Fragestellung mit genügend geklärten Begriffen darüber arbeitet, was hinsichtlich der Beziehung zweier Personen »Einheit«, »Moralisch«, »Physisch« usw. sinnvoll bedeuten könne, noch in der biblischen und patristischen Exegese mit genügender Umsicht und Methode zu Werke ging. In dieser Hinsicht ist das Buch von Pelz – dessen Inhalt hier nicht dargelegt zu werden braucht – sicherlich verfehlt, und seine Indizierung ist nicht nur objektiv verständlich, sondern auch als Mahnung zu Vorsicht und sachlicher Nüchternheit in dieser Frage zu begrüßen. Daß Kastner[314], Haugg[315], Massmann-Reimeringer[316] in dieser Frage die notwendigen Grenzen nicht überall genügend gewahrt haben, das dürfte Hol-

311 Julius TYCIAK, Gottesgeheimnisse der Gnade, Regensburg o. J. [1935], 23: »Unsere Kindschaft Gottes ist darum keine bloße Adoptivkindschaft. Alle Adoption ist ja nur äußerlich, moralisch. Hier aber wächst das Leben auf in uns. Ja, tiefer, lebendiger als alle irdische Zeugung, wahrer und wirklicher ist unsere Geburt aus Gott; denn die Zeugung aus Gott ist Vereinigung mit dem Vater durch Christus.«

312 Matthias Joseph SCHEEBEN, Die Mysterien des Christentums. Wesen, Bedeutung und Zusammenhang derselben nach der in ihrem übernatürlichen Charakter gegebenen Perspektive dargestellt, Freiburg/Br. 1865, 359–373, hier 367: »Die Kindschaft selbst ist daher auch durch Christus keine bloße Adoptivkindschaft mehr, da wir nicht als Fremde, sondern als Verwandte, als Glieder des eingeborenen Sohnes dieselbe erhalten und sie als ein Recht beanspruchen können.«

313 Hermann LANGE, De Gratia. Tractatus dogmaticus, Valkenburg ^{3}1929, 333: »[Thesis 15: Filiatio adoptiva] n.433: Haec adoptio *prae humana* multas habet *praerogativas* ...«.

314 Ferdinand KASTNER, Marianische Christusgestaltung der Welt, Paderborn 1936 (Bearbeitung von: DERS., Die Gotteskindschaft. Mit besonderer Berücksichtigung der Lehre von Matthias Joseph Scheeben, Diss. Bonn 1928). – Ferdinand Kastner SAC (1896–1962), Dr. theol., 1929–59 im Exerzitienhaus Schönstatt; Pallottis Werk daheim und draußen 14 (1963), Heft 1, 14; Heinrich M. KÖSTER, P. Ferdinand Kastner SAC †, in: Familienbriefe für die Limburger Pallottiner-Provinz, Reihe 5, Nr. 6, Limburg 1963, 312–316; freundlicher Hinweis von P. Eisenkopf SAC, Vallendar, vom 1. 12. 1993.

315 Donatus HAUGG, Wir sind dein Leib. Die urchristliche Botschaft vom Corpus Christi mysticum in ihrer Wesensfülle und Bedeutung, München 1937.

316 Franz REIMERINGER (Hg.), Christus und Du. Praktisches Christentum in seiner einfachsten Gestaltung. Aus Aufsätzen der Zeitschrift »Das Innere Leben«, besonders solchen des P. Josef Massmann PSM, Berlin 1932. – Josef Massmann SAC (1879–1955), 1929 krankheitshalber Hausgeistlicher in verschiedenen Frauenklöstern; Pallottis Werk daheim und draußen 6 (1955), Heft 2, 61; freundlicher Hinweis von P. Eisenkopf SAC, Vallendar, vom 1. 12. 1993. – Franz Reimeringer, Schriftleiter der Zeitschrift »Das Innere Leben«, Berlin.

zer nachgewiesen haben[317]. Doch hätte Holzer, um ganz objektiv zu sein, deutlicher, als er es getan hat, betonen müssen, daß Kastner von der dritten Auflage an den umstrittenen Fragekomplex fast ganz beiseite gelassen hat[318]. (Nebenbei bemerkt: Ähnliche »Entgleisungen« passieren nicht nur in Deutschland, sondern auch in Rom; vgl. Itinerarium animae Franciscanum. Commentarium theol. ascet. myst. Rom 1938[319]) – Eine Gefahr, die noch weitere kirchliche Abwehrmaßnahmen erfordere, braucht man in dieser Angelegenheit nicht mehr zu erblicken. Denn einerseits ist durch die Indizierung des Buches von Pelz eine Warnung schon ergangen, andererseits berechtigt wirklich nichts zu der Vermutung oder Besorgnis, es könnte irgendeiner der Autoren, die zu dieser Frage schon geschrieben haben (wie etwa Wikenhauser[320], Schmaus[321], Guardini[322] usw.), es an Gelehrigkeit gegenüber diesen schon ergangenen Maßnahmen irgendwie fehlen lassen. Überdies ist die theologische Arbeit in dieser Frage von sich selbst her schon zu größerer Klarheit und Exaktheit fortgeschritten (Deimel[323], Beumer[324], Prümm[325], Hanssler[326], Lutz[327]). Schließlich braucht nicht bestritten zu wer-

317 Oswald HOLZER, »Christus in uns«. Ein kritisches Wort zur neueren Corpus-Christi-mysticum-Literatur, in: Wissenschaft und Weisheit 8 (1941), 24–35, 64–70, 93–105, 130–136.

318 Im Abschnitt »Christus in uns« (Marianische Christusgestaltung der Welt, Paderborn [2]1936, 194–198) spricht Kastner von der »somatischen Gegenwart Christi« (195 Anm. 1). In der 3., »vollständig überarbeiteten Auflage« (Paderborn 1937) werden Modifikationen angebracht: »Die somatische Gegenwart dürfte selbstverständlich nicht als raum- und zeitgebundene Gegenwart gedacht werden, sondern nach Art der Gegenwart geistiger oder vergeistigter Substanzen, d.h. auf Grund ihrer wirkenden Kraft, die den Gesetzen von Raum und Zeit nicht unterworfen ist, aber in diese hineinragt« (132 Anm. 1). Im Vorwort zur 5. Auflage (Paderborn 1941, 10–14) setzt sich Kastner gegen Holzers Vorwürfe zur Wehr.

319 Itinerarium animae franciscanum. Commentarium theologico-ascetico-mysticum, Rom 1938.

320 Alfred WIKENHAUSER, Die Christusmystik des heiligen Paulus (Biblische Zeitfragen 12/8–10), Münster 1928.

321 Michael SCHMAUS, Katholische Dogmatik, Bd. 3/1: Kirche und göttliches Leben im Menschen, München 1940, 191–202: Das göttliche Leben als Christusgemeinschaft; DERS., Christi Gegenwart in der Kirche, in: Klerusblatt 23 (1942), 257–260.

322 Vgl. z. B. Romano GUARDINI, Das Bild von Jesus dem Christus im Neuen Testament, Würzburg 1936, 47–53: »Der Christus in uns«.

323 Ludwig DEIMEL, Leib Christi. Sinn und Grenzen einer Deutung des innerkirchlichen Lebens, Freiburg/Br. 1940.

324 Johannes BEUMER, Die Einwohnung der drei göttlichen Personen in der Seele, in: ThGl 30 (1938), 504–516.

325 Karl PRÜMM, Christentum als Neuheitserlebnis, Freiburg/Br. 1939.

326 Bernhard HANSSLER, Zur biblischen Lehre von der Kirche, in: Katholisches Bibelwerk 1940, Heft 1–2, 2–8. – Bernhard Hanssler (*1907), 1937 Studentenseelsorger in Tübingen; Verzeichnis der Priester und Diakone der Diözese Rottenburg-Stuttgart von 1922–1992, Rottenburg 1993, 54.

327 Otto LUTZ, Unsere Lebenseinheit mit Christus, in: Klerusblatt 22 (1941), 329–331; DERS., Vom auferstandenen und erhöhten Christus, in: Klerusblatt 23 (1942), 108–112. – Otto Lutz (1882–1952), 1942–45 Regens des Priesterseminars in Speyer; Friedrich HÄUSSLER, Ein edler Priestererzieher: Dr. Otto Lutz. Zum Gedächtnis für seine Freunde und Schüler, Speyer 1955.

den, daß hier noch Fragen vorliegen, die einer weiteren Klärung wirklich bedürfen und insofern auch die verfehlten oder problematischen genannten Versuche nicht bloß der Lust an seltsamen oder verstiegenen Theorien oder gar einer Beeinflussung durch die protestantische Dogmatik entspringen müssen. Der übliche theologische Schultraktat über die Gnade wird gewöhnlich De gratia Christi überschrieben, aber es ist in ihm sehr wenig zu lesen über die Beziehung des gerechtfertigten Menschen zu dem menschgewordenen Sohn des Vaters. Die eigentümliche Angleichung an Christus, die die Gnade Christi dem Menschen verleiht, wird in der üblichen Schultheologie relativ wenig beachtet. Auch braucht es der erhabenen Würde und der Bedeutung des Altarsakramentes mit seiner realen und substantiellen Gegenwart Christi durchaus nicht abträglich zu sein, wenn der Christ darauf hingewiesen wird, daß der Empfang dieses Sakramentes dazu da ist, die gnadenhafte Verbindung des Menschen mit Christus durch den Heiligen Geist zu mehren und daß die substantielle Gegenwart Christi im Sakrament letztlich für ihn bedeutungslos bliebe, würde sie diese Verbindung des Menschen mit Christus durch die Gnade nicht erreichen. Wenn unter »rein moralisch« etwas »bloß Gedachtes«, »Intentionales«, »Juridisches« verstanden wird, so ist es durchaus berechtigt, die dauernde gnadenhafte Verbundenheit des gerechtfertigten Menschen mit Christus als »physisch«, »ontisch«, »mystisch« zu bezeichnen. Noch weniger ist verständlich, warum schon in Freiburg gesagt wurde, durch die Lehre vom gnadenhaften Einwohnen Christi im Herzen des Gerechtfertigten durch den Heiligen Geist werde die Lehre vom Verdienst bedroht[328]. Im Gegenteil, die Einwohnung des Geistes Christi ist ja gerade nach dem Tridentinum (z. B. Denzinger 898; 809)[329]die notwendige Voraussetzung jedes übernatürlichen Verdienstes. Gerade das Tridentinum weist in diesem Zusammenhang auf die lebensvolle Verbindung des Christen mit Christus hin, die miteinander verbunden sind wie der Rebzweig mit dem Rebstock. Eine solche selbstverständliche Lehre kann man auch nicht (wie es geschehen ist) des Quietismus verdächtigen. Warum gerade die Schönstätter eines solchen Quietismus verdächtig betrachtet werden[330], ist auch nicht verständlich. Sie sind doch eher in Gefahr einer zu großen Betriebsamkeit. Ebenso ist es auch nicht von vornherein bedenklich, wenn man betont, daß der Christ nicht bloß eine auf geschichtlicher Erinnerung beruhende Beziehung zum »historischen« Christus hat, auf den als ein bloß nach-

328 Vgl. Freiburger Memorandum Nr. 11. Der Vorwurf wird nur implizit erhoben.

329 Konzil von Trient, 14. Sitzung, Lehre über das Sakrament der Buße, Kap. 4 [Die Reue ist ein Geschenk Gottes und ein Antrieb des Heiligen Geistes]; D(H) 1677f; 6. Sitzung, Dekret über die Rechtfertigung, Kap. 16: » ... Denn Christus selbst läßt wie das Haupt in die Glieder und der Weinstock in die Rebzweige in die Gerechtfertigten selbst immerdar Kraft einströmen, eine Kraft, die ihren guten Werken immer vorangeht, sie begleitet und ihnen nachfolgt, und ohne die sie auf keine Weise Gott gefällig und verdienstvoll sein könnten; ...«; D(H) 1545–1547.

330 Vgl. Freiburger Memorandum Nr. 10; Schönstatt wird nicht ausdrücklich genannt.

zuahmendes sittliches Vorbild er sich intentional beziehen müßte, sondern auch eine gnadenhafte Verbindung mit dem »pneumatischen« Christus hat. Wenn die Tatsachen des irdischen Lebens Christi wieder mehr (wie es z. B. Guardini[331], Dillersberger[332] usw. schon tun) als »mysteria« (etwa im Sinne Berulles[333]) gesehen werden, ist es auch nicht schwer, auch der Betrachtung und Nachahmung des geschichtlichen Christus (etwa im Sinne der ignatianischen Exerzitien[334]) wieder zu ihrem vollen Rechte zu verhelfen.

4. Kirchenbegriff und Corpus Christi Mysticum

Was den Kirchenbegriff angeht, so gibt es zunächst eine kleine modernistische Gruppe[335], deren Vorstellung vom Wesen und der Entstehung der Kirche durchaus abzulehnen ist. Über sie wird in anderem Zusammenhang genauer gesprochen werden. Sie hat im übrigen mit den im Freiburger Memorandum gemeinten Erscheinungen weder personal noch ideell etwas zu tun.

Ist es auch richtig, daß die fundamentaltheologische Arbeit in Deutschland in den letzten Jahrzehnten nicht übermäßig eifrig betrieben wurde, so fehlen doch gerade auch in der im Freiburger Memorandum mit einem gewissen Mißtrauen betrachteten Literatur nicht Darstellungen relativ eingehender und liebevoller Art über die Stiftung einer hierarchischen autoritativen Kirche durch Christus. Man denke nur an das weit verbreitete und viel gelesene Buch »Vom Wesen des Katholizismus« von K. Adam[336] oder die Darlegungen über die Sichtbarkeit der Kirche in der »Theologie der Verkündigung« von H. Rahner[337]. Auch Guardinis Schriften vom »Sinn der Kirche«, 1922, über »Leben des Glaubens«, 1935, bis zu »Der Herr«, 3. Auflage 1940[338], und P. Lippert »Die Kirche Christi«[339] haben auf die

331 Romano GUARDINI, Der Herr. Betrachtungen über das Leben und die Person Jesu Christi, Würzburg 1937.

332 Josef DILLERSBERGER, Markus. Das Evangelium des Heiligen Markus in theologisch und heilsgeschichtlich vertiefter Schau, 5 Bde., Salzburg 1937–39; DERS., Lukas. Das Evangelium des Heiligen Lukas in theologischer und heilsgeschichtlicher Schau, 6 Bde., Salzburg 1940–42.

333 Pierre de Berulle (1575–1629), 1627 Kardinal; in seinem »Discours de l'état et des grandeurs de Jésus« (1623) hebt er die Bedeutung des Geheimnisses der Menschwerdung Christi für die christliche Frömmigkeit hervor; J.A.G. TANS, Pierre de Berulle, in: LThK[2] 2, 285f.

334 Vgl. v.a. die Betrachtungen der Zweiten und Dritten Woche: Leben Jesu in Nazareth, Taufe Jesu am Jordan, Letztes Abendmahl; Ignatius von Loyola, Geistliche Übungen, Übertragung und Erklärung von Adolf Haas, mit einem Vorwort von Karl Rahner, Freiburg/Br. 1975; Karl RAHNER, Mysterien des Lebens Jesu, in: LThK[2] 7, 721f; Michael SCHNEIDER, »Unterscheidung der Geister«: die ignatianischen Exerzitien in der Deutung von E. Przywara, K. Rahner und G. Fessard (Innsbrucker theologische Studien 11), Innsbruck 1983.

335 Vgl. die »erste Gruppe« (Johannes Hessen, Josef Thomé u. a.) im Abschnitt »Antiintellektualismus«; unten S. 177–179.

336 Karl ADAM, Das Wesen des Katholizismus, Augsburg 1924, Düsseldorf [2]1925, [8]1936.

337 Hugo RAHNER, Theologie der Verkündigung. Zwölf Vorträge, Wien 1938; zweite Auflage: Eine Theologie der Verkündigung, Freiburg/Br. 1939, 110–130.

junge Generation gewiß nur als Förderung des Gehorsams und der Liebe zur sichtbaren autoritativen Kirche gewirkt. Nimmt man dazu noch L. Kösters »Die Kirche unseres Glaubens«[340], die weit verbreitet ist, K. Pieper »Jesus und die Kirche«[341], J. B. Welz [sic!] »Die Sichtbarkeit der Kirche«, 1924[342], die oben erwähnten deutschen Fundamentaltheologien, so wird man nicht sagen können, daß das Wissen um eine durch Stiftung von oben gegründete hierarchische Kirche in der jungen Generation in Deutschland nicht lebendig erhalten werde. Schließlich ist ja auch das bedeutendste fundamentaltheologische Werk der letzten Jahrzehnte, wenn auch lateinisch, so doch von einem Deutschen, H. Dieckmann[343], geschrieben.

Es ist freilich richtig, daß das größere Interesse in den letzten zwei Jahrzehnten nicht so sehr der rechtlichen Struktur der Kirche galt, der Kirche als gestifteter Organisation, sondern der Kirche als Ausweitung der Menschwerdung Gottes, der Kirche als dem Corpus Christi Mysticum[344]. Die große Literatur über diese Sicht der Kirche im einzelnen zu sichten, ist hier wohl nicht notwendig. (Gedacht ist an Arbeiten mehr systematischer Art – natürlich von sehr unterschiedlicher Gewichtigkeit –: Feckes[345], Jürgensmeier[346], Grosche[347], Tyciak[348],

338 Romano GUARDINI, Sinn der Kirche, Mainz 1922; DERS., Leben des Glaubens, Mainz 1935; DERS., Der Herr. Betrachtungen über die Person und das Leben Jesu Christi, Würzburg 1937, ³1940.

339 Peter LIPPERT, Die Kirche Christi, Freiburg/Br. 1931.

340 Ludwig KÖSTERS, Die Kirche unseres Glaubens. Eine theologische Grundlegung katholischer Weltanschauung, Freiburg/Br. 1935, ²1937.

341 Karl PIEPER, Jesus und die Kirche. Biblisch-theologische Studie, Paderborn 1932.

342 Johann Baptist WALZ, Die Sichtbarkeit der Kirche. Ein Beitrag zur Grundfrage des Katholizismus, Würzburg 1924.

343 Hermann Joseph DIECKMANN, De Ecclesia. Tractatus historico-dogmatici (Theologia Fundamentalis), 2 Bde., Freiburg/Br. 1925.

344 Vgl. zum Ganzen: Ulrich VALESKE, Votum ecclesiae, 1. Teil: Das Ringen um die Kirche in der neueren römisch-katholischen Theologie. Dargestellt auf dem Hintergrund der evangelischen und ökumenischen Parallel-Entwicklung, München 1962, 196–216; DERS., Votum ecclesiae, 2. Teil: Interkonfessionelle ekklesiologische Bibliographie, München 1962, 41–46; demnächst: Josef SCHIERL, Deutschsprachige Stimmen zur Verbindung der Gläubigen mit Christus im Vorfeld von »Mystici Corporis« (Eichstätter Studien NF 35), Regensburg 1994.

345 Carl FECKES, Das Mysterium der heiligen Kirche, Paderborn ²1935; DERS., Dogmatische Untersuchungen zum Wesen der Kirche, Paderborn 1934.

346 Friedrich JÜRGENSMEIER, Die Lehre vom mystischen Leib Chrisi als Grundprinzip der Askese. Aufbau des religiösen Lebens und Strebens aus dem Corpus Christi mysticum, Paderborn 1931, ⁷1938. – Friedrich Jürgensmeier (1888–1946), 1938 Regens am Priesterseminar in Paderborn, 1945 Ehrendomherr; Die verstorbenen Priester der Erzdiözese Paderborn 1900–1964, o.O. o. J. [Paderborn 1964], 169; freundlicher Hinweis von Herrn Sander, Erzbischöfliches Archiv Paderborn, vom 7. 1. 1994.

347 Robert GROSCHE, Pilgernde Kirche, Freiburg/Br. 1938 (v.a. 23–76). – Robert Grosche (1888–1967), 1920 Studentenseelsorger in Köln, 1943 Stadtdechant von Köln; Walter REST, Robert Grosche, in: Hans Jürgen SCHULTZ, Tendenzen der Theologie im 20. Jahrhundert. Eine Geschichte in Portraits, Berlin 1966, 321–327.

348 Julius TYCIAK, Gottesgeheimnisse der Gnade, Bd. 2: Christus und die Kirche, Regensburg o. J. [1936].

Kastner[349], Schmaus[350], Haugg[351], H. Lang[352], Feuerer[353], A. Rademacher[354]; historischer Art: F. Hofmann[355], Wikenhauser[356], Berresheim[357], Rinna[358], Käppeli[359], Silic[360]; an die deutschen Übersetzungen der Bücher von Raoul Plus[361] usw. Es mag sein, daß da und dort in dieser Literatur das Rechtliche, Organisatorische, die Autorität der hierarchischen Kirche (Dinge, die nirgends bestritten

349 Ferdinand KASTNER, Marianische Christusgestaltung der Welt, Paderborn 1936.

350 Michael SCHMAUS, Katholische Dogmatik, Bd. 3/1: Kirche und Göttliches Leben im Menschen, München 1940, 43–70: »Christus der Existenzgrund der Kirche«.

351 Donatus HAUGG, Wir sind dein Leib. Die urchristliche Botschaft vom Corpus Christi mysticum in ihrer Wesensfülle und Bedeutung, München 1937.

352 Hugo LANG, Der mystische Leib Christi, München 1929. – Hugo Lang OSB (1892–1967), 1916–50 Kooperator bei St. Bonifaz in München, 1951 Abt; Willibald MATTHÄSER (Hg.), Aus dem literarischen Schaffen von Abt Hugo Lang OSB (1892–1967), St. Ottilien 1973.

353 Georg FEUERER, Adam und Christus als Gestaltkräfte und ihr Vermächtnis an die Menschheit. Zur christlichen Erbsündenlehre, Freiburg/Br. 1939; DERS., Unsere Kirche im Kommen. Begegnung von Jetztzeit und Endzeit, Freiburg/Br. ^{2}1941.

354 Arnold RADEMACHER, Das neue Leben in Christus, Kaldenkirchen 1927; DERS., Die Kirche als Gemeinschaft und Gesellschaft, Augsburg 1931. – Arnold Rademacher (1873–1939), 1912 ao. Professor für Apologetik und philosophische Einleitung in die Theologie in Bonn, 1917 o. Professor daselbst; Johannes RIES, Arnold Rademacher 1873–1939, in: Bonner Gelehrte. Beiträge zur Geschichte der Wissenschaften in Bonn. Katholische Theologie, Bonn 1968, 78–93; Herbert HAMMANS, Arnold Rademacher. Religionslehrer – Professor; in: Karl SCHEIN (Hg.), Christen zwischen Niederrhein und Eifel. Lebensbilder aus zwei Jahrhunderten, Bd. 2, Aachen 1993, 115–140.

355 Fritz HOFMANN, Der Kirchenbegriff des hl. Augustinus in seinen Grundlagen und in seiner Entwicklung, München 1933.

356 Alfred WIKENHAUSER, Die Kirche als der mystische Leib Christi nach dem Apostel Paulus, Münster 1937.

357 Heinrich BERRESHEIM, Christus als Haupt der Kirche nach dem heiligen Bonaventura. Ein Beitrag zur Theologie der Kirche (Grenzfragen zwischen Theologie und Philosophie 9), Bonn 1939. – Heinrich Berresheim (1908–1993), 1935–46 Assistent am Erzbischöflichen Priesterseminar in Bensberg, theologische Promotion 1937 in Bonn bei Arnold Rademacher mit der genannten Arbeit, 1968 Päpstlicher Ehrenprälat; freundliche Auskunft von Rektor Meyer, Historisches Archiv des Erzbistums Köln, vom 6. 12. 1993.

358 Jacob RINNA, Die Kirche als Corpus Christi mysticum beim hl. Ambrosius. Studie zur Erlangung des theologischen Doktorgrades an der Päpstlichen Universität Gregoriana in Rom, Rom 1940.

359 Thomas M. KAEPPELI, Zur Lehre des hl. Thomas von Aquin zum Corpus Christi mysticum. Mit einem kurzen Überblick über die wichtigsten Vertreter dieser Lehre vor Thomas von Aquin, Freiburg/Br. 1931. – Thomas Kaeppeli OP (1900–1984), Präses des Historischen Instituts der Dominikaner in Rom, 1942–60 Archivar und Bibliothekar des Ordensgeneralates daselbst; Raymundus CREYTENS/Pius KÜNZLE (Hg.), Xenia Medii Aevi historiam illustrantia oblata Thomas Kaeppeli O.P., 2 Bde. (Storia e letteratura. Raccolta di studi e testi 141), Rom 1978; freundlicher Hinweis von P. Jean-Bernard Dousse OP, Centre St. Thomas Genf, vom 18.1.1994.

360 Rufin SILIC, Christus und die Kirche. Ihr Verhältnis nach der Lehre des hl. Bonaventura (Breslauer Studien zur historischen Theologie NF 3), Breslau 1938. – Rufin Damjan Silić OFM, Dr. theol. (Breslau 1938).

361 Vgl. z. B. Raoul PLUS, Gott in uns, Konstanz ^{2}1925; DERS., Maria in unserer Gottesgeschichte, Regensburg 1934; DERS., Zu Gott, dem Vater, München 1936. – Raoul Plus SJ (1882–1958); Hugues BEYLARD, Raoul Plus, in: Dictionnaire de Spiritualité, Bd. 12/2, Paris 1986, 1825f.

wurden!) etwas zu einseitig bloß von der inneren gnadenhaften Verbindung der erlösten Menschheit mit Christus her gesehen wurden, die Kirche als »Stiftung« zu einlinig als Moment der Kirche als eines übernatürlichen Gnadenorganismus betrachtet wurde. Es ist richtig, daß diese Seite der Kirche bei Protestanten und Orthodoxen eher auf Verständnis rechnen kann als die rechtliche, im Papsttum gipfelnde Seite der Kirche. Und insofern ist es auch nicht verwunderlich, daß sich für diese Seite einigermaßen wenigstens Parallelen in der protestantischen Exegese nachweisen lassen. Daß aber im »neuzeitlichen Kirchenbegriff« soweit er in dieser katholischen Literatur vertreten wird, »die Kirche nicht mehr die von Christus gestiftete societas perfecta[362]« ist, wie das Freiburger Memorandum (numero 9) sagt[363], darf schlechterdings bestritten werden. Wenn die Kirche »Leib Christi«, »Fortsetzung der Erlösung in Christus« usw. genannt wird (und dabei diese Aussagen doch gerade von der konkreten, sichtbaren römisch-katholischen Kirche gemacht werden), so kann das »nicht bloß richtig verstanden werden«, sondern es *ist* richtig. Warum solche Aussagen über die konkrete Kirche, solang sie nicht exklusiv verstanden werden, sondern selbstverständlich voraussetzen, daß bei einer adäquaten Beschreibung der Kirche auch das Moment des sichtbaren und rechtlich Organisierten einbezogen werden muß, zu einem protestantischen Kirchenbegriff führen sollen, ist nicht einzusehen. Wenn das Freiburger Memorandum fragt, warum man nicht bei dem Kirchenbegriff blieb, der von der Zeit des Trienter Konzils an bis zum vorigen Jahrhundert allgemein gebräuchlich war, so kann wohl geantwortet werden: weil dieser Begriff, so richtig er auch ist, eine so wesentliche Seite er auch hervorhebt, zu einseitig nur das Rechtliche und Äußere der Kirche herausstellt. Bei Leo XIII. (»Satis cognitum« vom 29. 6. 1896) heißt es darum sehr bezeichnend: »... Ex quo consequitur, in magno eodemque pernicioso errore versari, qui ad arbitrium suum fingunt Ecclesiam atque informant quasi latentem minimeque conspicuam; item qui perinde habent atque institutum quoddam humanum cum temperatione quadam disciplinae ritibusque externis, et sine perenni communicatione munerum gratiae divinae, sine rebus iis, quae haustam a Deo vitam quotidiana atque aperta significatione testentur«[364].

362 Zur traditionellen societas-perfecta-Lehre (Eigenrechtsmacht der Kirche, hierarchisches Prinzip) vgl. Karl RAHNER, Die Gliedschaft in der Kirche nach der Lehre der Enzyklika Pius' XII. »Mystici Corporis Christi«, in: DERS., Schriften zur Theologie, Bd. 2, Einsiedeln [5]1961, 7–94, hier 12–33 (»1. Die bisherige kirchliche Lehre über die Bedingungen der Kirchengliedschaft«).

363 MAAS-EWERD 547.

364 Leo XIII., Enzyklika »Satis cognitum« vom 29. Juni 1896; ASS 28 (1895/96), 709–757; D(H) 3301: »Daraus folgt, daß sich in einem großen und ebenso verderblichen Irrtum befinden, die sich die Kirche nach ihrem eigenen Gutdünken gleichsam als verborgen und keineswegs sichtbar vorstellen und entwerfen; desgleichen, die [sie] für nichts anderes halten als eine menschliche Einrichtung mit einem gewissen Maß an Disziplin und äußeren Riten, und ohne immerwährende Mitteilung der Gaben der göttlichen Gnade, ohne jene Dinge, die in täglicher und offener Kundgebung ihr aus Gott geschöpftes Leben bezeugen.« – Leo XIII. (Vincenzo Gioacchino Pecci) (1810–1903), 1878 Papst; Oskar KÖHLER, Leo XIII., in: GRESCHAT, Bd. 12, 203–223; Roger AUBERT, Leo XIII. (1878–1903), in: TRE 20, 748–753.

Wenn es also ein »verderblicher Irrtum« wäre, die innere Seite der Kirche, die gnadenhafte Gemeinschaft der Christen mit Christus und untereinander zugunsten einer bloß rechtlich gesellschaftlichen Betrachtungsweise zu übersehen, warum sollte man diese Seite der Kirche nicht auch in ihrem »Begriff« (soweit sich ein solcher überhaupt bilden läßt) zum Ausdruck bringen dürfen? Das Gegenteil wäre ein ekklesiologischer Nestorianismus (eine Parallele, auf die Leo XIII. selbst hinweist)[365].

Die vorwiegend gesellschaftliche Betrachtungsweise der Kirche als »societas perfecta« ist berechtigt und notwendig in der Fundamentaltheologie, in der es um die Erkennbarkeit der wahren Kirche Christi, also um ihre sichtbaren Merkmale geht. In der Auseinandersetzung mit dem Protestantismus mußte diese apologetische Einstellung im Vordergrund stehen. Sobald aber wieder die dogmatische Betrachtung des verborgenen, übernatürlichen Wesens der Kirche mehr gepflegt werden konnte, weil eine apologetische Bekämpfung des alten Protestantismus und des modernen protestantischen Liberalismus in dieser Frage angesichts der heutigen Lage des Protestantismus keine vordringliche Aufgabe mehr ist, konnte die allein vom Rechtlich-Sichtbaren der Kirche her genommene »Definition« der Kirche nicht mehr voll befriedigen. Selbst ein so konservativer Theologe wie H. Dieckmann, der die fundamentaltheologische Grundlegung der Lehre von der Kirche so meisterhaft durchgeführt hat, zitiert zustimmend das Wort Kardinal Franzelins, des großen päpstlichen Theologen am Vatikanischen Konzil: Unde hic modus considerandi Ecclesiam (velut Corpus Christi) non solum apud sanctos Patres et doctores communis est, sed etiam populo christiano familiaris, eoque manifestior eius praestantia, ut fere dici possit *christiana definitio Ecclesiae* (Dieckmann, De Ecclesia II. Nummer 928)[366].

365 Vgl. D(H) 3301: »So wie Christus, das Haupt und Urbild, nicht ganz ist, wenn in ihm entweder nur die sichtbare menschliche Natur ... oder nur die unsichtbare göttliche Natur betrachtet wird, ..., so ist sein mystischer Leib nur deswegen die wahre Kirche, weil ihre sichtbaren Bestandteile Kraft und Leben aus den übernatürlichen Geschenken ... hernehmen ...«; vgl. Karl RAHNER, Thesen über das Gebet »Im Namen der Kirche«, in: DERS., Schriften zur Theologie, Bd. 5, Einsiedeln 1962, 471–493, hier 478: »Wenn es nämlich ekklesiologischer Nestorianismus ist, innerhalb des Gesamtbegriffs ›Kirche‹ nur jene Merkmale aufzuzählen, die zur sozialen und äußeren Struktur der Kirche gehören, und in jenem Begriff die innere ›Beseelung‹ der Kirche durch den Heiligen Geist zu übergehen ...«

366 Hermann Joseph DIECKMANN, De Ecclesia. Tractatus historico-dogmatici (Theologia fundamentalis), Bd. 2, Freiburg/Br. 1925, 228f; das Zitat stammt aus Johann Baptist FRANZELIN, Theses de Ecclesia Christiana. Opus posthumum, Rom [2]1907, 300; Übersetzung: »Daher ist diese Weise, die Kirche zu betrachten [als Leib Christi] nicht nur bei den heiligen Vätern und Lehrern allgemein verbreitet, sondern auch dem christlichen Volk vertraut, und dadurch wird ihre Vortrefflichkeit noch augenscheinlicher, so daß sie beinahe die *christliche Definition der Kirche* genannt werden kann.« – Johann Baptist Franzelin SJ (1816–1886), lehrte 1850–76 an der Gregoriana/Collegium Romanum, 1876 Kardinal; Peter WALTER, Johann Baptist Franzelin (1816–1886). Jesuit, Theologe, Kardinal. Ein Lebensbild, Bozen 1987.

Zweifellos ist in der weiten und hauptsächlich doch popularisierenden Corpus-Christi-Mysticum-Literatur da und dort des Guten zuviel getan worden. Man hat vielleicht öfters zu sehr alle der konkreten Kirche durch Christus eingestifteten Eigenschaften von der Idee des Corpus Christi Mysticum abgeleitet, vielleicht auch zu sehr das gesamte geistliche Leben des Christen um diese Idee als Zentrum zu gruppieren versucht; man hat in Einzelfällen auch den Organismusgedanken[367] (der nicht ausgeschaltet werden darf, weil er biblisches Sprachgut ist, ohne das wesentliche Seiten der Kirche nicht deutlich ausgesagt werden können) übersteigert und so eine falsche oder wenigstens sehr problematische Auffassung des Verhältnisses des einzelnen zu Christus vorgetragen (vgl. das im vorigen Punkt Gesagte). Aber einmal darf deswegen nicht die wichtige und gerade in der heutigen Zeit überaus bedeutungsvolle Stellung verkannt werden, die die Lehre vom Corpus Christi Mysticum im religiösen Leben der Gläubigen einnehmen muß. Nur wenn der Christ heute in der Kirche mehr als eine konfessionelle Organisation sieht, nur wenn er die sichtbare Kirche auch sieht als das Medium, durch das allein er in innigster gnadenvoller Verbindung mit Christus und damit mit dem göttlichen Leben steht, nur also wenn ihm (unter diesem Wort oder ohne es, ist gleichgültig) die Lehre vom Corpus Christi Mysticum lebendiger und persönlicher Besitz ist, wird er der Kirche auch in dieser Zeit die Treue halten. Und man wird auch nicht sagen können, daß dieses Glaubensbewußtsein vom Corpus Christi Mysticum schon in allen Schichten des katholischen Volkes so lebendig sei, daß eine Fortsetzung des Bemühens um die weitere Verlebendigung dieser Glaubenswahrheit nicht mehr notwendig wäre. Freilich wird dabei auch [auf] dogmatische Klarheit und Sachlichkeit, und vor allem auf eine Darstellungsweise zu achten sein, die diese Wahrheit für diejenigen wirklich lebendig assimilierbar macht, an die sie jetzt vor allem herangetragen werden sollte, für die breiten Massen des schlichten und einfachen Volkes. Zweitens: Wenn in der Corpus-Christi-Mysticum-Literatur nicht immer in jeder Beziehung erfreuliche Erscheinungen auftraten, so macht sich da zweifellos schon von selbst eine Wandlung zum Besseren bemerkbar, ohne daß es amtlicher Eingriffe zu bedürfen scheint. In dieser Richtung seien genannt das klare und auch fachtheologisch erfreuliche Buch von L. Deimel, Leib Christi[368], das temperamentvolle, freilich nach der anderen Seite über das Ziel hinausschießende Buch von D. M. Koster, Ecclesiologie im Werden[369], die Artikel von J. Beumer, Apologetik oder Dogmatik der Kirche: Theologie und Glaube, 1939[370], B. Hanssler, Zur biblischen

367 Zum Organismusgedanken vgl. z. B. G. ROUZET, L'unité organique du Catholicisme d'après Möhler, in: Irénikon 12 (1935), 330–350, 457–485.

368 Ludwig DEIMEL, Leib Christi. Sinn und Grenzen einer Deutung des innerkirchlichen Lebens, Freiburg/Br. 1940.

369 Mannes Dominikus KOSTER, Ekklesiologie im Werden, Paderborn 1940; Wiederabdruck in: DERS., Volk Gottes im Werden. Gesammelte Studien, hg. von Hans-Dieter Langer und Otto Hermann Pesch (Walberberger Studien, Theologische Reihe 7), Mainz 1961, 195–272.

Lehre von der Kirche. Kath. Bibelwerk 1940[371], E. Przywara, Corpus Christi Mysticum, eine Bilanz: ZAM 1940[372], O. Lutz, Unsere Lebenseinheit mit Christus: Klerusblatt 1942[373], Fr. Arnold, Das Prinzip des Gottmenschlichen und seine Bedeutung für die Seelsorge: Tübinger Quartalschrift 1942[374].

5. Allgemeines Priestertum

Was die Frage des allgemeinen Priestertums angeht, so ist zunächst die Selbstverständlichkeit festzustellen, daß es ein Amtspriestertum *und* ein Allgemeines Priestertum aller Gläubigen gibt. Das Amtspriestertum hat selbstverständlich seine kultisch-sakramentalen und jurisdiktionellen Gewalten unmittelbar von Christus, und deren gültige Ausübung ist natürlich nicht von einer Beauftragung oder Zustimmung von seiten des Kirchenvolkes abhängig. Freilich (auf Einzelheiten wird noch eingegangen werden) sind diese glaubensmäßigen Grundsätze über das Amtspriestertum in der modernen Literatur über das Allgemeine Priestertum auch nirgends bestritten oder angezweifelt worden, auch nicht in der vom Freiburger Memorandum zensurierten Literatur[375]. Eine irgendwie nur ernsthafte Gefahr für das Amtspriestertum ist nirgends zu beobachten; denn einmal läßt sich wohl nirgends unter den kirchentreuen Gläubigen eine dem Amtspriestertum im Bezirk der jurisdiktionellen und kultischen Vollmacht feindselige Stimmung beobachten. Selbst in der hier einschlägigen Frauenliteratur zeigt z. B. das Buch von Oda Schneider, Vom Priestertum der Frau[376], daß in dieser Richtung eine Animosität, wie sie etwa in dem Buch von Ilse von Stach, Die Frauen von Korinth[377], sich manife-

370 Johannes Beumer, Apologetik oder Dogmatik der Kirche, in: ThGl 31 (1939), 379–391.

371 Bernhard Hanssler, Zur biblischen Lehre von der Kirche, in: Katholisches Bibelwerk 1940, Heft 1–2, 2–8.

372 Erich Przywara, Corpus Christi Mysticum. Eine Bilanz, in: Zeitschrift für Aszese und Mystik 15 (1940), 197–215.

373 Otto Lutz, Unsere Lebenseinheit mit Christus, in: Klerusblatt 22 (1941), 329–331.

374 Franz Xaver Arnold, Das Prinzip des Gottmenschlichen und seine Bedeutung für die Seelsorge, in: ThQ 123 (1942), 145–176. – Franz Xaver Arnold (1898–1969), 1937 ao. Professor für Pastoraltheologie in Tübingen; Günter Biemer, Franz Xaver Arnold, in: ThQ 150 (1970), 157f.

375 Vgl. Freiburger Memorandum Nr. 13: Karl Borgmann (Hg.), Volksliturgie und Seelsorge. Ein Werkbuch zur Gestaltung des Gottesdienstes in der Pfarrgemeinde, Colmar o. J. [1942], darin v.a. den Beitrag von Jungmann (siehe unten).

376 Oda Schneider, Vom Priestertum der Frau, Wien 1934, ^{3}1940. Oda Schneider, geborene Przyborski (1892–1987), katholische Schriftstellerin, 1917 Heirat mit Rudolf Schneider, seit 1928 Mitarbeit in der Katholischen Aktion in Wien (v. a. Vortragstätigkeit), später auch in der Schönstattbewegung, nach dem Tod ihres Gatten 1947 Eintritt in den Karmel Wien-Baumgarten (Ordensname: Schwester Maria Cordis); In Memoriam Oda Schneider – Schwester Maria Cordis OCD, in: Christliche Innerlichkeit 22 (1987), 99–107; freundlicher Hinweis von Sr. Anna Maria Strehle, Karmel Tübingen, vom 13.1.1994.

377 Ilse von Stach, Die Frauen von Korinth. Dialog, Breslau 1929. – Ilse Wackernagel, geborene Stach von Goltzheim (1879–1941), Pseudonym: Ilse von Stach, katholische Dichterin (Konvertitin); DBA NF 1246, 24.

stierte, der Vergangenheit angehört. Eine Gefahr von seiten des Protestantismus in dieser Richtung liegt eigentlich auch nicht vor. Denn gerade in dem noch kirchlichen und gläubigen Protestantismus hat die *protestantische* Idee des Allgemeinen Priestertums ihre Virulenz verloren und die Idee der apostolischen Sukzession, der Bedeutung der Ordination, der Notwendigkeit einer episkopalen Verfassung stark an Boden gewonnen[378].

Was das Allgemeine Priestertum angeht, so ist dieser Gedanke seit der Reformation aus begreiflichen Gründen stark in den Hintergrund getreten, aber eine katholische Wahrheit der Überlieferung ist er, richtig verstanden, dennoch; von einem Allgemeinen Priestertum zu sprechen und zu predigen, kann an sich noch keine Gefahr sein. Die Betonung dieser Wahrheit ist sogar heute, wo durch die äußeren Umstände und durch die von der Kirche gewollte Förderung der Katholischen Aktion[379] eine lebendige und aktive Teilnahme der Laien am Geschick und der Arbeit der Kirche dringend notwendig ist, nur zu empfehlen und ist noch längst nicht in wünschenswertem Maße geschehen. Der genauere Inhalt der Lehre vom Allgemeinen Priestertum der Gläubigen bedarf freilich auch theologisch noch weiterer Ausarbeitung, sowohl was den Inhalt in sich als auch was sein Verhältnis zum Amtspriestertum angeht. Man wird diesbezüglich nicht sagen können, daß dieser Inhalt *nur* in der Richtung gesucht werden könnte, die das Freiburger Memorandum andeutet, also in der Richtung einer inneren »geistigen« Opfergesinnung der Gläubigen Gott gegenüber. Vielmehr hat jeder Gläubige nach Thomas durch den sakramentalen Taufcharakter eine deputatio ad cultum Dei secundum ritum christianae religionis (S. th. III. q.63 a.2 corp.; vgl. dazu die Interpretation S. 502 der deutschen Thomasausgabe Band 29[380]; das Wort Pius XI. von der actuosa participatio der Gläubigen am Gottesdienst[381] und die Gesamtlehre der Tradition, wie sie Niebecker, Das allgemeine Priestertum der Gläubigen[382], darstellt, woraus sich ergibt, daß auch

378 Dazu Reinhard MUMM, Hochkirchliche Bewegung in Deutschland, in: TRE 15, 420f.

379 Vgl. Angelika STEINMAUS-POLLAK, Das als Katholische Aktion organisierte Laienapostolat. Geschichte seiner Theorie und seiner kirchenrechtlichen Praxis in Deutschland (Forschungen zur Kirchenrechtswissenschaft 4), Würzburg 1988.

380 Thomas von Aquin, Die Sakramente. Taufe und Firmung: Summa Theologica III q. 66–72 (Die deutsche Thomas-Ausgabe 29), Salzburg 1935, 75: »... sacramenta novae legis characterem imprimunt, inquantum per ea deputantur homines ad cultum Dei secundum ritum christianae religionis.« – »Die Sakramente des Neuen Gesetzes prägen ein Mal ein, sofern durch sie die Menschen mit Gottes Dienst im Sinne der christlichen Religion beauftragt werden.« 502: »Doch ist auch das Empfangen der Sakramente nicht als ein reines ›Mit-sich-geschehen-lassen‹ zu verstehen, sondern als ein wirkliches Tun. Sonst könnte man es nicht als Teilnahme am Gottesdienst bezeichnen.«

381 Pius XI., Apostolische Konstitution »Divini cultus« vom 20. Dezember 1928; AAS 21 (1929), 33–41, hier 35: »Etenim ob eam causam ad aedes sacros fideles conveniunt, ut pietatem inde, tamquam ex praecipuo fonte, hauriant, veneranda Ecclesiae mysteria ac publicas sollemnesque preces actuose participando.«

382 Engelbert NIEBECKER, Das allgemeine Priestertum der Gläubigen, Paderborn 1936.

die Bestellung der einfachen Gläubigen zur Teilnahme am Opferkult der Kirche grundsätzlich nicht bloß ein passives Anwesendsein und Mitsichgeschehenlassen ist). – Aus der neueren Literatur, die die Frage des Allgemeinen Priestertums ex professo behandelt oder streift, seien hier genannt: E. Krebs, Vom königlichen Priestertum des Volkes Gottes, 2. Auflage 1925[383], E. Niebecker, Das Allgemeine Priestertum der Gläubigen, 1936, P. Simon, Das Priestertum als Stand und der Laie, 1938[384], Ph. Dessauer, Der Begriff des Laien, in: Schildgenossen 14/1935/481–499, R. Grosche, Pilgernde Kirche, 1938[385], R. Graber, Die dogmatischen Grundlagen der Katholischen Aktion, 1932[386], J. Will, Die Katholische Aktion, biblische und dogmatische Grundlagen, 1932[387], Oda Schneider, Vom Priestertum der Frau, 1934, N. Rocholl, Vom Laienpriestertum, 2. Auflage 1940[388]. Alle diese Werke dürften wohl theologisch einwandfrei sein (womit natürlich nicht gesagt ist, daß sie in allem einer Meinung seien) und so zu den vom Freiburger Memorandum genannten Bedenken keinen Anlaß geben. Bücher wie die von E. Michel, Politik aus dem Glauben, Von der kirchlichen Sendung der Laien, 1934[389],

383 Engelbert KREBS, Vom königlichen Priestertum des Volkes Gottes, Freiburg/Br. 1925. – Engelbert Krebs (1881–1950), 1919 Professor für Dogmatik in Freiburg/Br., 1936 Entfernung aus dem Lehramt, 1941 Prälat, 1943 Predigtverbot durch die Nationalsozialisten; Remigius BÄUMER, Engelbert Krebs, in: Bernd OTTNAD (Hg.), Badische Biographien NF 2, Stuttgart 1987, 169–171.

384 Paul SIMON, Das Priestertum als Stand und der Laie, Salzburg 1938. – Paul Simon (1882–1946), 1918 Professor für Patrologie in Paderborn, 1925 für scholastische Philosophie und Apologetik in Tübingen, 1933 Dompropst in Paderborn; Dieter RIESENBERGER, Der Paderborner Dompropst Paul Simon (1882–1946). Ein Beitrag zur Geschichte des Nationalsozialismus, der Ökumene und der Nachkriegsjahre in Paderborn (Zeitgeschichte im Erzbistum Paderborn 1), Paderborn 1992.

385 Robert GROSCHE, Pilgernde Kirche, Freiburg/Br. 1938.

386 Rudolf GRABER, Die dogmatischen Grundlagen der Katholischen Aktion (Bücherei des katholischen Gedankens 12), Augsburg 1932.

387 Josef WILL, Die Katholische Aktion. Biblische und dogmatische Grundlagen, München 1932. – Josef Will (1901–1977), Dr. theol. et phil., 1920–39 Jesuit, 1942–45 Dechant in Oberleutensdorf (Diözese Leitmeritz), dann im Dienst des Bistums Regensburg; MENDIZABAL 617; freundliche Auskunft von P. Hans Grünewald SJ, München, vom 31.1.1994.

388 Norbert ROCHOLL, Vom Laienpriestertum, Paderborn 1939, ^{2}1940. – Norbert Rocholl (*1903), 1937 Hauptschriftleiter des »Katholik«, 1940 Lektor bei der Bonifatius-Druckerei, Paderborn, 1941–46 Wehrdienst und Gefangenschaft; freundliche Auskunft von Herrn Treitz, Paulinus-Verlag, Trier, vom 1.2.1994.

389 Ernst MICHEL, Politik aus dem Glauben, Jena 1926; indiziert 1929 durch Dekret des Hl. Offiziums; INDEX 319; DERS., Von der kirchlichen Sendung der Laien, Berlin 1934. – Ernst Michel (1889–1964), katholischer Schriftsteller, Psychotherapeut, 1921 Dozent an der »Akademie der Arbeit« in Frankfurt/M., 1931 zugleich Honorarprofessor für Soziale Betriebslehre und Sozialpolitik an der Universität daselbst, 1933 Entzug der Lehrbefugnis, bis zu ihrem Verbot 1943 freier Mitarbeiter der »Frankfurter Zeitung«, 1940 Eröffnung einer psychotherapeutischen Privatpraxis; Bruno LOWITSCH, Ernst Michel (1889–1964), in: MORSEY, Bd. 5, 223–238; Bruno LOWITSCH, Der Kreis um die Rhein-Mainische-Volkszeitung, Wiesbaden 1980; Heinz BLANKENBERG, Politischer Katholizismus in Frankfurt a. M. 1918–1933 (VKZG.B 34), Mainz 1981; Peter REIFENBERG, Situationsethik aus dem Glauben. Leben und Denken Ernst Michels (Moraltheologische Studien, Systematische Abteilung 17), St. Ottilien 1992.

A. Zechmeister, Der Christ in der Endzeit, 1937[390], G. S. Huber, Vom Christentum zum Reiche Gottes[391], mögen bezüglich der Stellung und Betätigung des Laien in der Kirche übertriebene und schiefe Vorstellungen vortragen, aber eine Gefahr für die Stellung des Amtspriestertums hinsichtlich seiner kultischen Gewalten bedeuten diese doch echolos gebliebenen (und teilweise indizierten) Bücher nicht, schon deswegen nicht, weil sie eigentlich nicht die Frage des Freiburger Memorandums bezüglich der Stellung des Allgemeinen zum Amtspriestertum hinsichtlich der kultischen Gewalten behandeln.

Es sei nun noch im besonderen eingegangen auf die beiden Aufsätze von J. A. Jungmann und E. Walter in dem von C. Borgmann herausgegebenen Buch, Volksliturgie und Seelsorge[392], weil in ihnen das Freiburger Memorandum die von ihm befürchtete Gefahr am deutlichsten ausgedrückt glaubt. Wir glauben, daß die beiden Aufsätze bei einem verständnisvollen Eingehen auf ihre Anliegen durchaus einwandfrei sind. Zunächst unterläuft, um mit einer äußerlichen Beobachtung zu beginnen, der Kritik des Freiburger Memorandums (numero 13) an dem Aufsatz von E. Walter insofern ein bedauerlicher Irrtum, als es Walter von einer »Ablösung und Verselbständigung des Priestertums« reden läßt[393] (numero 16 wird in anderem Zusammenhang das Zitat richtig gebracht) und daraus schließt, Walter sehe den Ursprung des Amtlichen Priestertums bezüglich seiner Gewalten nicht in Christus, sondern in dem Allgemeinen Priestertum. In Wirklichkeit spricht Walter (S. 35, Zeile 8f) von einer »Ablösung und Verselbständigung des priesterlichen *Tuns*«[394] und meint damit bloß die selbstverständliche und unbezweifelbare Tatsache, daß im Lauf der Geschichte der Liturgie die Beteiligung des Volkes an ihr immer mehr zurückgetreten sei, etwas, was einerseits historisch einfach eine Tatsache ist und was man andererseits angesichts der Forderung Pius XI. nach einer actuosa participatio der Gläubigen an der

390 August ZECHMEISTER, Der Christ in der Endzeit. Die Position des Laien in der Kirche, Zürich 1937. – August Zechmeister (1907–1963), Dr. theol., Staatsbibliothekar in Wien, unterhielt Kontakte zum Kreis der Rheinischen Reformfreunde; vgl. Oskar SCHROEDER, Aufbruch und Mißverständnis. Zur Geschichte der reformkatholischen Bewegung, Graz 1969, 5; DBA NF 1440, 349.

391 Georg Sebastian HUBER, Vom Christentum zum Reiche Gottes, Bonn 1935; 1936 indiziert durch Dekret des Heiligen Offiziums; INDEX 224.

392 Karl BORGMANN (Hg.), Volksliturgie und Seelsorge. Ein Werkbuch zur Gestaltung des Gottesdienstes in der Pfarrgemeinde, Colmar o. J. [1942]; darin: Josef Andreas JUNGMANN, Christus – Gemeinde – Priester (25–30); Eugen WALTER, Weihe- und Laienpriestertum. Das eine Priestertum der Kirche (31–47). – Karl Borgmann (1900–1993), Laientheologe, 1936 wissenschaftlicher Assistent im Deutschen Caritasverband, 1941 Mitgeschäftsführer des Calig-Verlages, 1942–45 Wehrdienst, 1946 Hauptschriftleiter im Caritasverband; freundlicher Hinweis von Herrn Wollasch, Deutscher Caritasverband Freiburg/Br., vom 10. 1. 1994.

393 MAAS-EWERD 557.

394 »Und gerade die Orden haben durch ihren Priesterreichtum allerdings schon von den Anfängen der Bettelorden zur Ablösung und Verselbständigung des priesterlichen Tuns viel beigetragen.«

Liturgie wohl bedauern darf, ohne mit dogmatischen Lehren der Kirche in Konflikt zu kommen, zumal ein solches Bedauern doch noch längst nicht bedeutet, daß man immer und überall die Privatmesse als nicht wünschenswert oder schlechterdings als Fehlentwicklung betrachte und so mit Denzinger 1528[395] in Widerspruch kommen müsse. Wenn ein so nüchterner und gründlicher Theologe wie L. Kösters (Lexikon für Theologie und Kirche VIII, 470[396]) sagt: »Das Allgemeine Priestertum (1 Petr 2,5) ist ein wahres Priestertum, das dem Christen mit dem Tauf- und Firmcharakter übertragen wird, um das ganze persönliche Leben und Wirken zu Gottes Ehre zu verrichten *und die vom Weihepriester konsekrierte eucharistische Opfergabe durch ihn und mit ihm aufzuopfern* (vgl. »Mein und euer Opfer« im Orate fratres[397])«, so sieht man nicht ein, warum man die Gemeinde nicht als »priesterliche Gemeinde« (J. A. Jungmann am angegebenen Ort S. 27) und ihr Tun als einen »priesterlichen Akt« bezeichnen könne, warum man die Gemeinde nicht »Mitliturgin« oder »Mitpriesterin« heißen dürfe, zumal in der Anamnese des Canons der heiligste Akt der Liturgie, das »offerimus«, nicht bloß von den »nos famuli tui«, sondern auch von der »plebs tua sancta« ausgesagt wird[398]. (Zur dogmatischen Bedeutung solcher Canonworte vgl. Denzinger 953[399]) – Im Aufsatz von Jungmann ist zu beachten, daß (wie man übrigens leicht merken kann) die »Gemeinde Christi« weder die Einzelgemeinde, noch die Gemeinde als Gesamtheit der Laien im *Gegensatz* zu den Amtspriestern ist (wie das Freiburger Memorandum voraussetzt), sondern die *Gesamt*kirche und diese, wie gesagt, nicht als bloße Gesamtheit der Laien, sondern als der mystische Leib Christi, dessen hervorragendste autoritativ leitende Glieder die Amtspriester sind. (Vgl. Borgmann S. 27: »Gemeinde der Gläubigen unter Führung der *Amtsträger*«) »Gemeinde Christi« und Amtspriester stehen sich darum bei Jungmann nicht gegenüber wie ein Teil der Kirche einem anderen, sondern wie der ganze sichtbare und autoritativ organisierte mystische Leib Christi und ein Glied (der Amtspriester),

395 Pius VI., Apostolische Konstitution »Auctorem fidei« vom 28. August 1794 (Verurteilung der Lehrsätze der Synode von Pistoia 1786); D(H) 2628. Verurteilt wird der Satz, daß Messen, »in denen allein der Priester kommuniziert und niemand anwesend ist, der entweder sakramental oder geistig kommuniziert«, unerlaubt seien.

396 Ludwig KÖSTERS, Priester, in: LThK[1] 8, 462–471, hier 470.

397 »Orate, fratres: ut meum ac vestrum sacrificium acceptabile fiat apud Deum Patrem omnipotentem«; Missale Romanum ex decreto Sacrosancti Concilii Tridentini restitutum S. Pii V Pontificis Maximi iussu editum aliorum pontificum cura recognitum a Pio X reformatum et SSmi D. N. Benedicti XV auctoritate vulgatum. Editio typica iterum impressa, Rom 1921, 197f.

398 »Unde et memores, Domine, *nos servi tui*, sed et *plebs tua sancta*, eiusdem Christi Filii tui, Domini nostri, tam beatae passionis, nec non et ab inferis ressurectionis, sed et in caelos gloriosae ascensionis: *offerimus* praeclarae majestati tuae de tuis donis ac datis, hostiam puram, hostiam sanctam, hostiam immaculatam ...«; ebd. 254f.

399 Konzil von Trient, 22. Sitzung vom 17. September 1562, Lehre und Canones über das Meßopfer, Kanon 6; D(H) 1756: »Wer sagt, der Kanon der Messe enthalte Irrtümer und sei deshalb abzuschaffen: der sei mit dem Anathema belegt.«

das im ganzen eine besondere Funktion zum Wohle des Ganzen ausübt, also nicht wie zwei Teile, sondern wie Ganzes und Teil des Ganzen. In diesem Sinne ist es völlig richtig (was Jungmann sagen will), daß der Priester seine Vollmacht nicht als diese Privatperson unmittelbar von Gott allein für sich selbst empfängt, sondern, daß er sie von Christus durch *die Kirche* empfängt, damit er als *Organ der Kirche* und für die Kirche sein heiliges Amt verwalte. Das Opfer ist nicht in erster Linie sein persönliches Opfer, sondern Opfer der Kirche (der »Gemeinde Christi«), so sehr, daß der einzelne Priester bei seiner Messe über die allgemeine und grundlegende Opferfrucht der Messe für die Kirche gar kein Verfügungsrecht hat. Ähnlich wie z. B. nicht sosehr das Auge sieht, als vielmehr der Mensch durch das Auge, so opfert letztlich die Kirche, die heilige Braut Christi, durch die Hände ihrer Priester und *darum* wünscht die »liturgische Bewegung« eine – natürlich den jeweiligen konkreten Umständen entsprechende – aktive Teilnahme der Gläubigen an der Liturgie, damit dieser immer, natürlich auch in der Privatmesse, objektiv vorhandene Wesenszug der Messe als des Opfers der *ganzen* Kirche, also auch der getauften Laien, auch sichtbar in Erscheinung trete und so im religiösen Leben der Laien auch subjektiv leichter realisiert werde. Damit ist in keiner Weise eine moderne demokratische Idee auf die Kirche übertragen (wie es der Protestantismus tut), als ob die Gewalt von den Nichtpriestern in der Kirche auf die Priester übertragen würde. Die Ordnung, die bei Jungmann und bei Walter hier zwischen Kirche und Priester aufgestellt wird, ist keine zeitliche, als ob die Gewalt, das Opfer darzubringen, zunächst einmal bei einer Gemeinde ohne Amtspriester gelegen wäre und erst später dem Amtspriestertum zukomme, sondern eine ideelle. Auch in den konservativsten Dogmatiklehrbüchern findet man ganz das gleiche Verhältnis (wie bei Jungmann) z. B. ausgesagt in bezug auf die Gewalt der Sündenvergebung. Zuerst wird etwa die These aufgestellt: Christus dedit *Ecclesiae* potestatem remittendi peccata, und erst danach die andere These: minister huius potestatis est solus sacerdos[400]. Damit ist natürlich durchaus nicht gesagt, daß diese Gewalt zeitlich vorher allen Gläubigen zukäme, und doch etwas sehr Wesentliches ausgesagt, nämlich, daß diese priesterliche Amtsgewalt, die dem Amtspriester allein gegeben ist, ihm von vorneherein von Gott nur zugedacht ist, insofern er von Gott gesehen ist als (natürlich autoritativ in der Vollmacht Christi handelndes) Glied der gesamten heiligen Kirche. So dürfte es auch nicht so abwegig sein, wenn Walter die Worte des Trienter Konzils (Dominus noster ... ut dilectae sponsae suae *Ecclesiae* visibile ... relinqueret sacrificium ... apostolis ... eorumque in sacerdotio successoribus ut offerent praecepit: Denzin-

400 »Christus gab der Kirche die Vollmacht, Sünden zu vergeben.« ... »Ausübender dieser Vollmacht ist allein der Priester.« Vgl. etwa Adolphe TANQUEREY, De Paenitentia et Matrimonio. Pars dogmatica (Synopsis Theologiae Dogmaticae), Rom 1921, 24, Nr. 664 und 48, Nr. 704.

ger 938[401]) dahin versteht, daß das erste in der Intention Christi war, der *Kirche* ein sichtbares Opfer zu geben, das heißt allen durch Glaube und Taufe mit ihm Verbundenen, und erst das dem Ersten untergeordnete Zweite in der Intention, das Amtspriestertum mit seiner ihm allein vorbehaltenen Vollmacht zu konstituieren, um diese seine erste Intention in der rechten Ordnung durchzuführen[402]. In diesem Sinn kann man unbedenklich mit Jungmann sagen: »Getragen wird dieser Gottesdienst in der Sichtbarkeit der Welt von der Gemeinde der Gläubigen unter Führung der bestellten Amtsträger« (Borgmann S. 27)[403], denn das bedeutet ja nichts anderes als die Selbstverständlichkeit, daß Christus sich von vorneherein für die Gesamtkirche am Kreuze dargebracht hat, daß also dieses selbe Opfer, wenn es erneuert wird, für die ganze Kirche dargebracht wird und, wie die Liturgie selbst sagt, in einem wahren Sinn die ganze Kirche als die eine Braut Christi dieses Opfer darbringt. Daß die »zur Führung bestellten Amtsträger« nicht vom Volk, sondern von Christus bestellt sind, ist in diesem Satz nicht geleugnet und an anderer Stelle im Aufsatz Jungmanns ausdrücklich betont. Wenn der Papst selbst sich »Diener der Diener Gottes« nennt, so kann es kein Unrecht sein, wenn den Priestern gesagt wird, daß sie »Diener« sind und zwar nicht nur Diener Christi, sondern auch Diener gegenüber dem »heiligen Volk«. Das entspricht nur den Worten des hl. Paulus, daß alle Gnadengaben verliehen werden »ad utilitatem« (1 Kor 12,7)[404], daß alle Ämter bis hinauf zum Apostelamt gegeben sind »in consummationem sanctorum in opus ministerii« (Eph 4,12)[405]. Wenn darum die Denkschrift den Satz von Walter (Borgmann S. 41): »Jede potestas ist in der Kirche eine ministeriale potestas« tadelt, so scheint uns hingegen dieser Satz durchaus unbedenklich und richtig zu sein. Denn nirgends ist in diesem Zusammenhang bei Walter die (natürlich falsche) Meinung ausgesprochen, daß diejenigen, denen »gedient« wird, eine rechtliche Obergewalt über den »dienenden« Amtspriester hätten. Wenn bei Walter (S. 40) gesagt wird, daß die Gemeinde bei der große Doxologie das ganze Opfergeschehen mit ihrem Amen »ratifiziere«[406], so kann ein verständnisvoller Leser gewiß nicht auf den Gedanken kommen, daß die Gül-

401 Konzil von Trient, 22. Sitzung vom 17. September 1562, Lehre und Kanones über das Meßopfer; D(H) 1740: »Unser Herr gebot, ... um seiner geliebten Braut, der Kirche, ein sichtbares Opfer zu hinterlassen, ... den Aposteln ... und ihren Nachfolgern im priesterlichen Amt, daß sie [das Opfer] darbringen sollten ...«

402 Eugen WALTER, Weihe- und Laienpriestertum. Das eine Priestertum der Kirche, in: BORGMANN 31–47.

403 Josef Andreas JUNGMANN, Christus – Gemeinde – Priester, in: BORGMANN 25–30, hier 27.

404 »zum Nutzen [anderer]«.

405 »um die Heiligen für die Erfüllung ihres Dienstes zu rüsten«.

406 Eugen WALTER, Weihe- und Laienpriestertum. Das eine Priestertum der Kirche, in: BORGMANN 31–47, hier 40: »[Die Gemeinde soll] ... schließlich bei der großen Doxologie das ganze Opfergeschehen mit ihrem Amen ratifizieren.«

tigkeit der Konsekration und damit der objektive Vollzug des Opfers von der Zustimmung der Gemeinde abhängig sei. Das durch das Tun des Amtspriesters vollzogene Opfer ist von vorneherein ein Opfer der gesamten heiligen Kirche und insofern auch der bei der einzelnen Messe anwesenden Glieder dieser ganzen heiligen Kirche; diese gehen mit ihrem subjektiv gläubigen Tun in das objektive Opfergeschehen ein (»vereinigen sich mit dem sich dem himmlischen Vater darbringenden ewigen Hohenpriester«, wie man schon immer das Volk gelehrt hat) und »ratifizieren« in diesem Sinne ihr ihnen als Getaufte objektiv zugehöriges Opfer auch subjektiv (vgl. auch De la Taille, Mysterium fidei, 3. Auflage S. 343, der ebenfalls den Ausdruck »ratam habere« unbedenklich gebraucht[407]. Ein Innozenz I. / PL 20; 553/ spricht unbedenklich von einem »consensum praebere« des Volkes zum Meßopfer[408]). Vgl. zum Ganzen J. A. Jungmann in: ZKTH 66/1942/231–234[409].

Da das, was mit dem Wort »Katholische Aktion« gemeint ist, auch heute noch immer, ja im höchsten Maße, seine Bedeutung hat und da die damit gemeinte Aufgabe der Laien nur erfüllt werden kann, wenn die Laien aus der Kraft des Opfers Christi heraus leben, ist eine möglichst innerliche und möglichst deutliche äußere Beteiligung der Laien am Opfer Christi in der Kirche von grundlegender Bedeutung. Das, was glaubensmäßig Voraussetzung dieser inneren und äußeren Teilnahme am Opfer Christi ist, ist zusammengefaßt in dem Wort vom »königlichen Priestertum aller Gläubigen«. Und darum gilt auch heute noch das Wort Pius XI. in seiner ersten Enzyklika vom 23. Dezember 1922: In Christi fidelium mentes *revocate* quod ... digni sunt, qui salutentur genus electum, regale sacerdotium[410].

407 Maurice de LA TAILLE, Mysterium fidei. De augustissimo Corporis et Sanguinis Christi Sacrificio atque Sacramento, Paris ^{3}1931, 343: »De Adstantibus, ut offerentibus ... Qua significatione testificantur se ratam habere, quantum in ipsis est, oblationem suo nomine factam ...« – »Über die Anwesenden als Darbringer [der Opfergaben] ... Durch dieses Zeichen bezeugen sie, daß sie die Darbringung, die in ihrem Namen vollzogen wird, soweit dies an ihnen ist, bekräftigen ...«

408 Innozenz I., Epistula 25, in: Patrologia Latina 20, 553; Innozenz I. († 417), 402 Papst; Georg SCHWAIGER, Innozenz I., in: Lexikon des Mittelalters, Bd. 5, 433.

409 Josef Andreas JUNGMANN, Rez. Karl Borgmann (Hg.), Volksliturgie und Seelsorge. Ein Werkbuch zur Gestaltung des Gottesdienstes in der Pfarrgemeinde, Colmar o. J. [1942], in: ZKTh 66 (1942), 231–234.

410 Pius XI., Enzyklika »Fin dal primo momento« vom 23. Dezember 1922; AAS 15 (1923), 5–26, hier 23: »Dite ai vostri fedeli del laicato, che quando essi ... partecipano alle opere di apostolato individuale e sociale,... sono il ›genus electum‹, il ›regale sacerdotium‹ ...« – »Sagt zu Euren Gläubigen im Laienstand, daß sie, wenn sie ... an den Aufgaben des individuellen und gesellschaftlichen Apostolats teilhaben, ... das ›erwählte Geschlecht‹, das ›königliche Priestertum‹ ... sind.«

III. Zusammenfassung

Wir glauben, in diesem Abschnitt in ernster und eingehender Untersuchung hinreichend klar dargetan zu haben, daß kein wirklich zwingender Anlaß zu grundsätzlichen Verboten und Warnungen seitens der obersten kirchlichen Behörden vorhanden ist.

Ebenso klar aber hoffen wir herausgestellt zu haben – was das eigentliche Anliegen der vorliegenden Arbeit war –, daß es vielfache Anlässe gibt viel mehr zu *positiver Förderung* der *theologischen Arbeit* im katholischen deutschen Raum seitens aller hiezu berufenen und befugten Stellen. In der Richtung sei hier das Wesentliche noch einmal genannt:

1. Wie immer sich auch die Lage der Kirche in Deutschland weiter gestalten wird, auf jeden Fall wird die Frage nach der rechten *Ausbildung der Theologen in wissenschaftlicher Hinsicht* neu gestellt werden. Ihre Lösung sollte gemeinsam und schon bald entsprechend den päpstlichen Studienordnungen im Sinne einer Konzentration der theologischen Fächer auf das Wesentliche hin und einer vertieften, die antiintellektuelle Müdigkeit der Zeit bekämpfenden Wissenschaftlichkeit erarbeitet werden.

2. Es müßten neue Weisen einer *theologischen Weiterbildung des Klerus* gesucht und gepflegt werden, zumal da manche frühere Methoden (wie viele Zeitschriften, wissenschaftliche Vereine) der Ungunst der Zeit zum Opfer gefallen sind.

3. Die wissenschaftliche Arbeit sollte grundsätzlicher als bisher auch *durch die Ordinariate gefördert* werden. Sie kann heute nicht mehr allein den theologischen Fakultäten überlassen bleiben, weil weder Inhalt und Richtung dieser Arbeit, noch die Zahl der Arbeiter sich ausschließlich bemessen lassen nach den Bedürfnissen der wissenschaftlichen Arbeit der Fakultäten und der Zahl der zufällig dort nötigen Kräfte. Es müßte möglich sein, da und dort einmal eine tüchtige Kraft freizustellen, auch wenn zufällig gerade kein Lehrstuhl oder Seminarrepetitorium usw. zu besetzen ist.

4. Es sei schließlich wenigstens noch als Frage hingestellt, ob es nicht notwendig oder nützlich sei, so etwas wie eine *grundsätzliche literarische Planung* durch eine unter der Leitung des Episkopats stehende Stelle oder Kommission zu unternehmen. Eine solche von oben kommende Planung und Anregung darf gewiß nicht die private und spontane Initiative der theologischen Schriftsteller und Verlage beseitigen oder hemmen. Aber es ist hier im Laufe der Überlegungen doch auf so viele wesentliche literarische Desiderate aufmerksam gemacht worden, deren Einlösung schon allzulange auf sich warten läßt. Hier wäre doch wohl auch für eine Initiative

von oben Platz: gewisse theologische Aufgaben (wie z. B. ein wissenschaftlicher exegetischer Kommentar zum NT, eine biblische Theologie, eine im katholischen Geist geschriebene Religionsgeschichte, eine Dogmengeschichte usw. usw.) könnten angeregt, offiziell gestellt, durch Freistellung von Kräften und finanzielle Beihilfe gefördert werden. Es könnte, wenn eine Leistung dem Gewünschten entspricht, diese mit einer Gesamtempfehlung des Episkopats erscheinen und durch die damit erzielbare Verbreitung finanziell ermöglicht werden. Es könnte auf diese Weise auch dafür gesorgt werden, daß gewisse wissenschaftliche und volkstümliche Sparten der kirchlichen Schriftstellerei, die aus irgendeinem nicht erfreulichen Grund zu sehr brach liegen, intensiver gepflegt werden. Man könnte sich auch einmal fragen, ob das kirchliche wissenschaftliche und besonders das an weitere Kreise sich wendende Zeitschriftenwesen nach Aufhören der Papierknappheit wieder ausschließlich der Initiative und Betriebsamkeit kleiner und kleinster Gruppen wildwachsend überlassen werden soll oder ob nicht hier eine maßvolle und die Privatinitiative positiv einsetzende und zusammenfassende Planung eine größere Leistung, theologische Exaktheit und Ausgerichtetheit auf die wesentlichen Ziele der theologischen Wissenschaft und der Seelsorge garantieren würde.

Dadurch, daß man Kräfte anregt, kann man sie am besten leiten. Wo alle Kräfte positiv und mit Vertrauen aufgerufen werden, wo man ihnen Aufgaben stellt und deren Erfüllung ermöglicht, lassen sie sich am leichtesten auf das richtige Ziel geordnet hinlenken. Nur wo man selbst auch eine *neue* Zukunft mutig will, wahrt man auf die Dauer das wirklich Unaufgebbare der Vergangenheit und erobert auch ihm eine Zukunft.

Zweiter Abschnitt: PHILOSOPHIE

Wir kommen zu den Fragen des Memorandums, die wir vielleicht am besten unter dem Stichwort des Standes der christlichen Philosophie im innerkirchlichen Raum Deutschlands und im deutschen geistigen Leben überhaupt zusammenfassen können.

Es sind zunächst einige Vorbemerkungen zu machen, damit der Sinn und die Tragweite der folgenden Ausführungen nicht mißverstanden wird. Was im folgenden gesagt wird, hat im großen und ganzen die katholische Philosophie in Deutschland in den letzten 25 Jahren im Auge, also ungefähr die Zeit seit dem Ausgang des ersten Weltkrieges. Auch für diese an sich relativ kurze Zeit kann und soll in Anbetracht der Enge des zur Verfügung stehenden Raumes und des Charakters einer solchen Überlegung keine Geschichte dieser Philosophie in diesem Zeitraum geboten werden, noch eine irgendwie eingehendere und tiefer begründende Beurteilung der Erscheinungen, die hier anzutreffen sind. Noch viel weniger kann versucht werden, dieses Stück katholischer Philosophie zu konfrontieren mit dem allgemeinen deutschen philosophischen und kulturellen Geistesleben; ebensowenig ist beabsichtigt, auf die Stellung einzugehen, die die deutsche christliche Philosophie innerhalb der *gesamten* katholischen Philosophie aller Länder einnimmt. Was geboten wird, soll nicht mehr sein als ein paar wenige Feststellungen und bescheidene, schlichte Überlegungen, von denen wir dennoch hoffen, daß sie die praktischen Schlußfolgerungen, die wir ziehen, einigermaßen genügend motivieren. Daraus ergibt sich auch, daß die Tatsachen und Einzelheiten, auf die wir hinweisen, als bloße *Beispiele* zu betrachten sind, daß also z. B. das Fehlen dieser oder jener Namen oder Werke auch kein relatives Werturteil über sie bedeutet. Aus dem verfolgten Zweck ergibt sich auch, daß die Beurteilung notwendigerweise etwas summarisch und wenig differenziert ausfallen muß.

I. Allgemeines

1. Allgemeinste grundsätzliche Überlegungen und Feststellungen

a) Philosophie als menschliche Wissenschaft und das kirchliche Lehramt

Die Philosophie ist an sich eine menschliche Wissenschaft, die der Mensch mit den natürlichen Kräften seiner Vernunft betreibt. Ihre wesentlichsten Probleme aber haben gleichzeitig eine fundamentale Bedeutung für die Glaubenswissenschaft. Und darum und wegen ihrer objektiv höchsten Stellung, die sie innerhalb der menschlichen Wissenschaften einnimmt, ist die Philosophie – im Gegensatz zu allen anderen weltlichen Disziplinen – eine Disziplin, die eine Stellung innerhalb der theologischen Studien als wissenschaftlicher Ausbildung des Priesters einnimmt. Schon aus diesen ganz einfachen Feststellungen ergeben sich verschiedene Folgerungen: Als Stück menschlicher natürlicher Kultur ist die Philosophie trotz ihres streng wissenschaftlichen Charakters und der intellektuellen Beweisbarkeit und Einsichtigkeit ihrer Sätze, was Richtungen, Schulen, Methoden, Gesichtspunkte, Ausdrucksweisen, Bevorzugung bestimmter Aspekte, Beeinflussung durch die allgemeine kulturelle Situation usw. angeht, notwendig und unvermeidlich größeren Schwankungen und Gegensätzen unterworfen als die eigentliche Glaubenswissenschaft. Ein solcher Zustand hat rein an sich noch nichts Beunruhigendes, und so wäre es auch eine Verkennung dieser Sachlage, würde man zu rasch und vorschnell aus den möglichen oder denkbaren Konsequenzen eines philosophischen Systems seine Unvereinbarkeit mit der kirchlichen Glaubenslehre ableiten. (Der strenge Thomismus und der Suarezianismus z. B. werfen sich gegenseitig Pantheismus als logische Konsequenz des anderen Systems vor[411]; dennoch bleiben beide Systeme mit Recht kirchlich unbeanstandet.) Wenn die Philosophie in ihrer streng methodischen Scheidung von der Theologie, die sie seit Thomas gewonnen hat, eine Angelegenheit und Aufgabe des natürlichen Lichtes der Vernunft ist, dann leuchtet auch leicht ein, daß sie in ihrer heutigen geschichtlichen Situation an sich zunächst einmal mindestens ebensosehr eine Sache der Laienphilosophen ist oder sein müßte als eine solche des Klerus. Und gerade in Deutschland wäre es aus apologetischen Gründen höchst bedauerlich, wenn durch den Ausfall der Laienphilosophen (eine Gefahr, die durch das Aufgelassenwerden der sogenannten Weltanschauungsprofessuren[412] an den Universitäten sehr groß ist) oder durch ein zu »klerikales« Gepräge ihres Betriebes (in der Auswahl der Themen, im Stil usw.) in der nichtkatholischen Welt zwangsläufig der Eindruck erweckt würde, als sei die katholische Philosophie nichts als eine formale Propädeutik der Glaubenswissenschaft, die von vorneherein und grundsätzlich nicht den Anspruch machen könne und wolle, Einsichten zu erarbeiten und zu begründen, die grundsätzlich auch außerhalb des Glaubens einsichtig sind; als sei sie auch nichts als eine jener Weltanschauungsdichtungen und -mythologien[413], die heutzutage Anstalten machen, die Metaphysik zu verdrängen. – Andererseits hat natürlich die Philosophie am Glauben und am kirchlichen Lehramt ihre norma negativa; und es ist selbstverständlich, daß die Kirche dort, wo es sich um die Ausbildung

411 Zu den philosophischen Auseinandersetzungen zwischen Thomisten und Suarezianern (letztere waren v.a. an der Theologischen Fakultät Innsbruck vertreten); vgl. Emerich CORETH, Schulrichtungen neuscholastischer Philosophie, in: CORETH, Bd. 2, 397–410.

412 Vgl. Martin HONECKER, Weltanschauungsprofessuren, in: LThK[1] 10, 815; Hugo OTT, Die Weltanschauungsprofessuren (Philosophie und Geschichte) an der Universität Freiburg – besonders im Dritten Reich, in: HJ 108 (1988), 156–173.

413 Dazu Raimund BAUMGÄRTNER, Weltanschauungskampf im Dritten Reich. Die Auseinandersetzung der Kirchen mit Alfred Rosenberg (VKZG.B 22), Mainz 1977.

ihrer Kleriker handelt, über diese rein negative Normierung hinausgeht und aus Gründen der theologischen Sicherheit und einer pädagogisch klaren und festen Linie einen engeren Anschluß an ein bestimmtes philosophisches System, das des heiligen Thomas, verlangt (CIC 1366 § 2[414]). Daraus ergibt sich zunächst einmal, daß die Kirche das Recht und die Pflicht hat, durch Indizierung und ähnliche Maßnahmen gegen Bücher und Lehren einzugreifen, die die rationalen Grundlagen des Glaubens leugnen oder unzweifelhaft bedrohen. Sie hat von diesem Recht auch in den letzten Jahren Gebrauch gemacht (vgl. z. B. die Indizierung der Bücher von Mensching, Mulert[415], Koeppgen [sic!]). Freilich gilt angesichts des natürlich rationalen Charakters der Philosophie hier noch mehr wie bei der Glaubenswissenschaft, daß mit einer solchen Maßnahme des kirchlichen Lehramtes als der norma negativa der Philosophie die Sache nicht getan sein kann, daß vielmehr die innerphilosophische gründliche, tiefe und lebendige, stets aus der konkreten geistigen Situation heraus arbeitende, positive Überwindung solcher Irrtümer die wesentlichere Aufgabe ist, die der christlichen Philosophie durch die Tätigkeit des kirchlichen Lehramtes nicht abgenommen werden soll und kann. Und hier wird man wohl sagen müssen, daß diese Aufgabe nicht immer im wünschenswerten Maße geleistet wurde. Man kann sich in dieser Hinsicht nicht mit dem Gedanken trösten, daß es sich bei solchen Verurteilungen ja doch nur um alte, längst widerlegte Irrtümer handelt. Das Neuauftreten solcher Irrtümer, die »Virulenz« solcher Gedanken zeigt wohl, daß ihnen entweder eine in der christlichen Philosophie noch nicht restlos und klar genug bewältigte Sachproblematik zugrunde liegt, oder daß die traditionelle richtige Lösung solcher Probleme unter Umständen zu einer nur noch halb verstandenen, bloß äußerlich tradierten Formel erstarrt ist, die aus ihren letzten Gründen neu zu durchdenken, aus der Problematik der Gegenwart neu zu erfassen ist und so erst wieder zum wirklichen geistigen Eigentum der Gegenwart gemacht werden muß.

b) Altes und Neues in der Philosophie

Die christliche Philosophie[416] wird aus Gründen ihrer eigenen sachlichen Überzeugung wie ihres Verhältnisses zum kirchlichen Lehramt immer wie-

414 Codex Iuris Canonici (1917), Canon 1366 § 2: »Philosophiae rationalis ac theologiae studia et alumnorum in his disciplinis institutionem professores omnino pertractent ad Angelici Doctoris rationem, doctrinam et principia, eaque sancte teneant.«

415 Hermann MULERT (Hg.), Der Katholizismus der Zukunft. Aufbau und kritische Abwehr. Von katholischen Theologen und Laien, Leipzig 1940. 1941 indiziert durch Dekret des Heiligen Offiziums; INDEX 334. – Hermann Mulert (1879–1950), protestantischer Religionswissenschaftler, 1920 Professor in Kiel, 1935 aus politischen Gründen entpflichtet; DBA NF 929, 141.

416 Vgl. Heinrich M. SCHMIDINGER, Zur Geschichte des Begriffs »christliche Philosophie«, in: CORETH, Bd. 1, 29–45; DERS., Philosophie, christliche, in: Wörterbuch der Philosophie, Bd. 7, Darmstadt 1989, 886–898.

der zurückgreifen auf ihre eigenen großen klassischen Begründer und Vertreter in der Vergangenheit, insbesondere auf Thomas von Aquin. Ein solches dauerndes Rückgreifen auf die großen Meister der Vergangenheit ist insbesondere heute wichtig, wo die starke Emotionalität des Menschen der Gegenwart immer die Gefahr mit sich bringt, daß er nur einen beschränkten Ausschnitt von Fragen und Aufgaben sieht, obwohl auch diese nur dann richtig gelöst werden können, wenn sie im Zusammenhang der Gesamtheit der metaphysischen Probleme gesehen werden. Die dauernde lebendige Fühlungnahme mit den großen Meistern der Vergangenheit ist eines der wichtigsten Mittel, das heutige philosophische Fragen vor einer Einseitigkeit und gefährlichen Blickverengung auf wenige »aktuelle« Fragen zu bewahren. Andererseits aber darf die christliche Philosophie, die die »philosophia perennis«[417] sein will und Gottes Lenkung und Leitung in aller menschlichen Geistesgeschichte sieht, am allerwenigsten glauben, daß die Geschichte der modernen Philosophie seit Descartes[418] bis zur modernen Existenzialphilosophie[419] ihr nichts zu geben habe. Nicht nur sind die gegenüber dem Mittelalter ungeheuer gewachsenen und geänderten Ergebnisse der positiven empirischen Natur- und Geisteswissenschaften für die konkrete Gestalt der Philosophie von Bedeutung und geben daher einer modernen christlichen Philosophie, die wirklich ihre Aufgabe erfüllt, deutlich ein anderes Gesicht als es die mittelalterliche Philosophie gehabt hat, sondern auch die neuzeitliche Philosophie in ihren großen, säkularen Gestalten hat der christlichen Philosophie sehr Wesentliches zu sagen. Es gibt natürlich in den zentralen Stücken der Philosophie (also in der eigentlichen Metaphysik des Seins, der Erkenntnis und Gottes) keinen »Fortschritt«, so wie ihn die empirischen Wissenschaften in einem quantitativen und addierenden Sinn kennen. Und es kann sich darum bei einer Begegnung mit der neuzeitlichen Philosophie im letzten nicht um eine eklektizistische Herübernahme einzelner Elemente handeln. Aber gesehen werden muß, daß ihre Probleme die Probleme der christlichen Philosophie sein müssen und sind, daß die neuzeitliche Philosophie die christliche immer wieder zwingt zu einer radikalen und lebendigen Besinnung auf ihre letzten systematischen Gründe, daß nur dort die eigene Philosophie echt und lebendig ist, wo es ihr gelingt, sich ungezwungen zu übersetzen in die Problematik und Sprache der modernen Philosophie und so der christlich mögliche und sachlich möglichst richtige Teil der neuzeitlichen Philosophie zu sein.

417 Mit dem Begriff »philosophia perennis« (»ewige Philosophie«) rechtfertigt die Neuscholastik ihr Zurückgehen auf Aristoteles und Thomas von Aquin und die dort zu findende ewig bleibende Wahrheit; Ludger OEING-HANHOFF, Philosophia perennis, in: LThK^2 8, 471f.

418 Über ihn Wolfgang HÜBENER, René Descartes (1596–1650), in: TRE 8, 499–510.

419 Vgl. Wolfgang MÜLLER-LAUTER, Existenzphilosophie/Existenzialismus, in: TRE 10, 714–732.

2) Von der Restauration der Neuscholastik bis heute, Erfolge und Mängel

Die christliche Philosophie war im Zeitalter der Aufklärung und der Französischen Revolution fast gänzlich untergegangen. Schuld daran waren sowohl äußere wie innere Gründe. Die äußeren: die Zerstörung der katholischen Universitäten und eine auch sonst weitgehende Schädigung des kirchlichen Lebens in den Wirren der Französischen Revolution und der darauffolgenden Jahrzehnte; die inneren: Die christliche Philosophie war schon vor dieser Zeit weitgehend dem Wolffischen Rationalismus[420] verfallen; sie war seicht und oberflächlich geworden; wo sie nicht in einem starren und letztlich unlebendigen Traditionalismus am »guten Alten« festhielt und dadurch sich trotz aller objektiv größeren Tiefe und Richtigkeit ihres Systems zum Absterben verurteilte, war sie einem oberflächlichen, für die eigentlich tiefen metaphysischen Probleme blinden Eklektizismus verfallen. Als dann durch Kant[421] und den deutschen Idealismus[422] wieder in genialer Tiefe und Lebendigkeit ein echt metaphysisches Fragen aufbrach und seine (wenn auch letztlich unannehmbaren) Systeme baute, war auf katholischer Seite schlechterdings nichts da, was dem nur annähernd gewachsen gewesen wäre. Mit der Wolffischen Philosophie verschwand auch die katholische Philosophie, und das mit Recht. Hätte sie die metaphysische Tiefe der Metaphysik eines Thomas bewahrt gehabt und diese nicht bloß formelhaft tradiert, sondern immer neu und ursprünglich nachvollzogen, wäre sie diesem Frühling des deutschen Geistes gewachsen gewesen, sie hätte ihn verstehen können und hätte ihn in seinen Ergebnissen wesentlich mitbestimmt. So aber entstand die große deutsche Philosophie außerhalb der Kirche und darum so, daß sie letztlich unannehmbar für einen Christen war. Versuche nun, die neue Philosophie modifiziert in die Kirche herüberzunehmen, wie sie in der ersten Hälfte des 19. Jahrhunderts gemacht wurden (Hermes[423], Günther[424],

420 Über ihn Marcel THOMANN, Christian Wolff 1679–1754, in: Dictionnaire des Philosophes, Bd. 2, Paris 1984, 2674–2677.

421 Über ihn Rudolf MALTER, Immanuel Kant (1724–1804), in: TRE 17, 570–581.

422 Hauptvertreter: Kant, Hegel und Schelling; H. ZELTNER, Deutscher Idealismus, in: Historisches Wörterbuch der Philosophie, Bd. 4, Darmstadt 1976, 35–37.

423 Georg Hermes (1775–1831), 1807 Professor für Dogmatik in Münster, 1819 in Bonn, nach seinem Tod in Rom denunziert und mit dem Breve »Dum acerbissimas« vom 26. September 1835 verurteilt; Eduard HEGEL, Georg Hermes, in: TRE 15, 156–158; Herman H. SCHWEDT, Das römische Urteil über Georg Hermes (1775–1831). Ein Beitrag zur Geschichte der Inquisition im 19. Jahrhundert (Römische Quartalschrift, 37. Supplementheft), Rom 1980.

424 Anton Günther (1783–1863), 1821 unter dem Einfluß Hofbauers ordiniert, 1822 Noviziat bei den Jesuiten, seit 1824 Privatgelehrter in Wien. 1857 wurden sämtliche Werke Günthers indiziert; INDEX 207; Paul WENZEL, Das wissenschaftliche Anliegen des Güntherianismus. Ein Beitrag zur Theologiegeschichte des 19. Jahrhunderts, Essen 1961; Johann REIKERSTORFER, Anton Günther (1783–1863) und seine Schule, in: CORETH, Bd. 1, 266–284; Herman H. SCHWEDT, Die Verurteilung der Werke Anton Günthers (1857) und seiner Schüler, in: ZKG 101 (1990), 301–343.

Bolzano[425], Baader[426], Frohschammer[427], Drey[428], Kuhn[429], Deutinger[430] usw.), scheiterten trotz des guten Willens dieser Männer. Und sie mußten (konkret gesehen) auch scheitern, weil sie geschahen ohne den Rückgriff auf die große christliche Philosophie des Mittelalters. So war es notwendig, daß zunächst einmal wieder die abgerissene Tradition zur christlichen Philosophie des Mittelalters aufgenommen wurde. Dies geschah vor allem durch Kleutgen[431], die

425 Bernard Bolzano (1781–1848), 1805 Professor für Religionsphilosophie in Prag, 1820 seines Amtes enthoben; Hermann SCHRÖDTER, Philosophie und Religion. Die »Religionswissenschaft« Bernard Bolzanos (Monographien zur philosophischen Forschung 93), Meisenheim am Glan 1972; Eduard WINTER, Bernard Bolzano (1781–1848), in: FRIES/SCHWAIGER, Bd. 3, 323–347; Curt CHRISTIAN, Bernard Bolzano. Leben und Wirkung (Österreichische Akademie der Wissenschaften, philosophisch-historische Klasse, Sitzungsberichte 391; Veröffentlichungen der Kommission für Geschichte der Mathematik, Naturwissenschaften und Medizin 38), Wien 1981; Jan BERG/Heinrich GANTHALER/Edgar MORSCHER, Bernard Bolzano (1781–1848), in: CORETH, Bd. 1, 242–265.

426 Franz von Baader (1765–1841), 1779–1820 im Bayerischen Staatsdienst, daneben philosophisch-theologische Privatstudien, 1826 Honorarprofessor für Spekulative Theologie in München; Willi LAMBERT, Franz von Baader (1765–1841), in: CORETH, Bd. 1, 150–173; Peter KOSLOWSKI (Hg.), Die Philosophie, Theologie und Gnosis Franz von Baaders. Spekulatives Denken zwischen Aufklärung, Restauration und Romantik, Wien 1993.

427 Jakob Frohschammer (1821–1893), 1855 Professor für Philosophie in München, 1863 suspendiert, sieben seiner Schriften kamen auf den Index; INDEX 181; Rudolf HAUSL, Jakob Frohschammer (1821–1893), in: FRIES/SCHWAIGER, Bd. 3, 169–189; Walter SIMONIS, Jakob Frohschammer (1821–1893), in: CORETH, Bd. 1, 341–364; Raimund LACHNER, Jakob Frohschammer (1821–1893). Leben und Werk (Studien zur Theologie und Geschichte 5), St. Ottilien 1990.

428 Johann Sebastian von Drey (1777–1853), 1812 Professor für Apologetik, Dogmatik und Dogmengeschichte in Ellwangen, 1817–1846 in Tübingen; Josef RIEF, Johann Sebastian von Drey (1777–1853), in: FRIES/SCHWAIGER, Bd. 2, 9–39; Abraham Peter KUSTERMANN, Die Apologetik Johann Sebastian Dreys (1777–1853). Kritische, historische und systematische Untersuchungen zu Forschungsgeschichte, Programmentwicklung, Status und Gehalt (Contubernium 36), Tübingen 1988; Eberhard TIEFENSEE, Die religiöse Anlage und ihre Entwicklung. Der religionsphilosophische Ansatz Johann Sebastian Dreys (1777–1853) (Erfurter theologische Studien 56), Leipzig 1988.

429 Johannes Evangelist von Kuhn (1806–1887), 1832 Professor für Exegese in Gießen, 1837 für Neues Testament in Tübingen, 1839–82 für Dogmatik daselbst. Auf Betreiben des Redemptoristenprovinzials Karl Erhard Schmöger wurde Kuhn, der sich nicht in die neuscholastische und »ultramontane« Partei einreihen wollte, 1866 bei der römischen und universalen Inquisition angeklagt. Der Prozeß führte weder zu einer Verurteilung noch zu einem Freispruch des Tübinger Dogmatikers; Hubert WOLF, Ketzer oder Kirchenlehrer? Der Tübinger Theologe Johannes von Kuhn (1806–1887) in den kirchenpolitischen Auseinandersetzungen seiner Zeit (VKZG.B 58), Mainz 1992.

430 Martin Deutinger (1815–1864), 1846 Professor für Philosophie in München, 1847 versetzt nach Dillingen, 1852 pensioniert, 1858 Universitätsprediger in München; Franz WIEDMANN, Martin Deutinger (1815–1864), in: FRIES/SCHWAIGER, Bd. 2, 269–292.

431 Joseph Kleutgen SJ (1811–1883), 1847–50 und 1863–69 Professor für Rhetorik am Germanikum, 1850 Konsultor der Indexkongregation, 1878 Studienpräfekt an der Gregoriana; Konrad DEUFEL, Kirche und Tradition. Ein Beitrag zur Geschichte der theologischen Wende im 19. Jahrhundert am Beispiel des kirchlich-theologischen Kampfprogramms P. Joseph Kleutgens SJ. Darstellung und neue Quellen (Beiträge zur Katholi-

Neuscholastiker von Mainz[432] und Eichstätt[433] (Werner[434], Paul[435], Haffner[436], A. Stöckl[437], Plassmann[438], Schneid[439] usw.), Gutberlet[440], Ernst Commer[441], Tilman Pesch[442], Otto Wilmann [sic!][443], Cesl. M. Schneider[444], Theodor Mey-

zismusforschung Reihe B), München 1976; Peter WALTER, Die neuscholastische Philosophie im deutschsprachigen Raum, in: CORETH, Bd. 2, 131–194, hier 145–176.

432 Zu Mainz als Stätte der Neuscholastik vgl. Ludwig LENHARDT, Die Erste Mainzer Theologenschule des 19. Jahrhunderts, in: Jahrbuch für das Bistum Mainz 6 (1951–1954), 93–186; 7 (1955–1957), 9–130; Peter WALTER, Johann Baptist Heinrich (1816–1891). Ein Mainzer Theologe im Spannungsfeld seiner Epoche, in: AMRhKG 44 (1992), 201–215.

433 Zu Eichstätt als Stätte der Neuscholastik vgl. Peter WALTER, Die neuscholastische Philosophie im deutschsprachigen Raum, in: CORETH, Bd. 2, 131–194, hier 176–179.

434 Karl Werner (1821–1888), 1847 Professor für Neues Testament und Moraltheologie in St. Pölten, 1870 in Wien; Karl BINDER, Karl Werner, in: LThK^2 10, 1056; Joseph PRITZ, Mensch als Mitte. Leben und Werk Carl Werners, Bd. 1, Wien 1968.

435 Ein Neuscholastiker »Paul« ist nicht nachzuweisen; wahrscheinlich ist im Text ein Komma zuviel gesetzt, so daß eigentlich Paul Haffner gemeint ist.

436 Paul Leopold Haffner (1829–1899), 1855 Professor am Priesterseminar in Mainz, 1866 Domkapitular, 1886 Bischof von Mainz; Anton BRÜCK, Paul Leopold Haffner, in: GATZ 276–278.

437 Albert Stöckl (1823–1895), 1850–62 Dozent am Lyzeum in Eichstätt, 1862–71 an der Philosophisch-Theologischen Akademie in Münster, 1872 wieder in Eichstätt; Martin GRABMANN, Albert Stöckl, in: LThK^1 9, 834; Peter WALTER, Die neuscholastische Philosophie im deutschsprachigen Raum, in: CORETH, Bd. 2, 131–194, hier 176–178.

438 Hermann Ernst Plaßmann (1817–1864), 1856–59 Professor für Philosophie in Paderborn, 1863 Rektor des Campo Santo Teutonico in Rom und Konsultor der Indexkongregation; Josef HÖFER, Hermann Ernst Plaßmann, in: LThK^2 8, 549f; Peter WALTER, Die neuscholastische Philosophie im deutschsprachigen Raum, in: CORETH, Bd. 2, 131–194, hier 139–144.

439 Matthias Schneid (1840–1893), 1869 Dozent und 1872 Professor der Philosophie in Eichstätt, 1885 zugleich Seminarregens und Rektor des Lyzeums, 1892 Domkapitular; Ludwig OTT, Matthias Schneid, in: LThK^2 9, 439.

440 Constantin Gutberlet (1837–1928), 1862 Dozent in Fulda, 1875 Regens des Fuldaneums in Würzburg, 1886 Professor in Fulda, 1900 Domkapitular, 1888–1924 Herausgeber des Philosophischen Jahrbuchs der Görresgesellschaft; Josef HANSLMEIER, Constantin Gutberlet, in: LThK^2 4, 1285f.

441 Ernst Commer (1847–1928), 1877 Dozent für Philosophie in Liverpool, 1884 Professor für Theologie in Münster, 1888 in Breslau, 1900–11 in Wien. Commer tat sich als Gegner der Theologie Herman Schells hervor; Josef HASENFUSS, Ernst Commer, in: LThK^2 3, 20; Wilhelm IMKAMP, Die katholische Theologie in Bayern von der Jahrhundertwende bis zum Ende des Zweiten Weltkriegs, in: BRANDMÜLLER, Bd. 3, 539–651, hier 557–560; Arnold METTNITZER, Wesen und Leben der Kirche bei Ernst Commer. Ein Beitrag zur Geschichte der Ekklesiologie, Rom 1986.

442 Tilmann Pesch SJ (1836–1899), 1867–69 Dozent für Philosophie in Maria Laach, 1876–84 in Blijenbeek/Holland, Mitverfasser der »Philosophia Lacensis«; Otto MUCK, Tilmann Pesch, in: LThK^2 8, 309.

443 Otto Willmann (1839–1920), Philosoph und Pädagoge, 1872–1903 Professor an der deutschen Universität in Prag; Heinrich BITTERLICH-WILLMANN, Otto Willmann, in: LThK^2 10, 1168f.

444 Ceslaus Schneider (1840–1908), 1865–70 Dominikaner (in Rom und Löwen), 1889 Pfarrer in Pfloisdorf; Friedrich FELDHAUS, Ceslaus Schneider, in: LThK^2 9, 440.

er[445], Viktor Frins[446] usw. in der zweiten Hälfte des 19. Jahrhunderts. Diese Rückwendung wurde besonders gefördert durch die Enzyklika Leos XIII. »Aeterni Patris« von 1879[447]. Diese Arbeit wurde auch in den zwei ersten Jahrzehnten des 20. Jahrhunderts und in dem uns beschäftigenden Zeitraum fortgesetzt. Es sei hingewiesen auf die verschiedenen Gesamtdarstellungen der Philosophie für den Schulgebrauch, wie den Cursus Philosophicus[448] (Frick[449], Hahn [sic!][450], Boeder [sic!][451], Cathrein[452]), die Handbücher von Lehmen[453], Gredt[454], Donat[455], Willems[456], Hagemann-Dyroff[457], Reinstadler[458], die Philosophische Handbibliothek von Kösel[459] (L. Baur[460], Schwertschlager[461], Sa-

445 Theodor Meyer SJ (1821–1913), 1856–81 Dozent für Ethik in verschiedenen Ausbildungsstätten seines Ordens; Peter WALTER, Die neuscholastische Philosophie im deutschsprachigen Raum, in: CORETH, Bd. 2, 131–194, hier 182.

446 Viktor Frins SJ (1840–1912), 1872 Professor für Exegese, später für Dogmatik und Moral in Ditton Hall/England; DBA NF 409, 30. Werke: De cooperatione Dei, Paris 1892; De actibus humanis, 2 Bde., Freiburg/Br. 1897–1904.

447 Leo XIII., Enzyklika »Aeterni Patris« vom 4. August 1879; ASS 12 (1879/80), 98–114; D(H) 3135–3140; dazu Roger AUBERT, Die Enzyklika »Aeterni Patris« und die weiteren päpstlichen Stellungnamen zur christlichen Philosophie, in: CORETH, Bd. 2, 310–332.

448 Der Cursus Philosophicus: Bd. 1: Carl FRICK, Logica, Freiburg/Br. 1893, ⁷1921; Bd. 2: Carl FRICK, Ontologia sive metaphysica generalis, Freiburg/Br. 1894, ⁶1929; Bd. 3: Heinrich HAAN, Philosophia naturalis, Freiburg/Br. 1894, ³1915; Bd. 4: Bernhard BOEDDER, Psychologia rationalis sive philosophia de anima humana, Freiburg/Br. 1894, ³1906; Bd. 5: Bernhard BOEDDER, Theologia naturalis sive philosophia de Deo, Freiburg/Br. 1895, ³1911 (Neubearbeitung von Joseph HONTHEIMER, Theodicea sive theologia naturalis, Freiburg/Br. 1926); Bd. 6: Viktor CATHREIN, Philosophia moralis, Freiburg/Br. 1893, ¹⁶1932.

449 Carl Frick SJ (1856–1931), 1918–28 Professor für Philosophie in Valkenburg/Holland, Feldkirch und Pullach; DBA NF 400, 286.

450 Heinrich Haan SJ (1844–1909), 1872 Dozent für Naturphilosophie in Blijenbeek/Holland, 1894 Provinzial der deutschen Ordensprovinz, 1900–04 Rektor des Gymnasiums und Kollegs Stella Matutina in Feldkirch; Burkhart SCHNEIDER, Heinrich Haan, in: NDB 7, 369f.

451 Bernhard Boedder SJ (1841–1917), 1879–1903 Professor für Philosophie in Stonyhurst/England; DBA NF 144, 3.

452 Viktor Cathrein SJ (1845–1931), Professor für Ethik in Blijenbeek, Exaeten und Valkenburg/Holland; Werner SCHÖLLGEN, Viktor Cathrein, in: LThK² 2, 980.

453 Alphons LEHMEN, Lehrbuch der Philosophie auf aristotelisch-scholastischer Grundlage, 4 Bde., Freiburg/Br. 1899–1906. – Alphons Lehmen SJ (1847–1910), Professor für Philosophie in Exaeten und Valkenburg/Holland; Ludwig KOCH, Jesuiten-Lexikon, Bd. 2, Paderborn 1934, 1088.

454 Joseph GREDT, Elementa philosophiae aristotelico-thomisticae, 2 Bde., Rom 1899–1901, Freiburg/Br. ⁷1937. – Joseph Gredt OSB (1863–1940), 1896–1939 Professor für Philosophie an San Anselmo/Rom; Josef HANSLMEIER, Joseph Gredt, in: LThK² 4, 1176f.

455 Josef DONAT, Summa Philosophiae Christianae, 8 Bde., Innsbruck 1910–22. – Josef Donat SJ (1868–1946), 1903–38 Professor für Philosophie in Innsbruck, 1938–45 in Sitten; Emerich CORETH, Die Philosophie an der theologischen Fakultät Innsbruck 1857–1957, in: ZKTh 80 (1958), 142–183, hier 149–155.

456 Christoph WILLEMS, Institutiones philosophicae, 3 Bde., Trier 1906–08. – Christoph Willems (1856–1919), 1897 Professor für Philosophie am Priesterseminar Trier; Wilhelm BREUNING, Christoph Willems, in: LThK² 10, 1163.

wicki[462], Wittmann[463], Switalski[464]), »Die Philosophie, ihre Geschichte und ihre Systeme« (herausgegeben von Th. Steinbüchel)[465] die Institutiones Philosophiae Scholasticae[466] (de Vries[467], Rast[468] usw.), »Mensch, Welt, Gott, ein Aufbau der Philosophie in Einzeldarstellungen«[469] (de Vries[470], Will-

457 Georg HAGEMANN, Elemente der Philosophie. Ein Leitfaden für akademische Vorlesungen sowie zum Selbstunterricht, 3 Bde., Münster 1868–70; Bd. 1 und 3, bearb. von Adolf DYROFF, Freiburg/Br. [8]1909 und 1911; Bd. 2, bearb. von Joseph Anton Endres, Freiburg/Br. [8]1921. – Johann Georg Hagemann (1832–1903), 1884 Professor für Philosophie in Münster; Peter WALTER, Die neuscholastische Philosophie im deutschsprachigen Raum, in: CORETH, Bd. 2, 131–194, hier 184. – Adolf Dyroff (1866–1943), 1903 Professor für Philosophie in Bonn; Josef HANSLMEIER, Adolf Dyroff, in: LThK[2] 3, 620.

458 Sebastian REINSTADLER, Elementa Philosophiae Scholasticae, 2 Bde., Freiburg/Br. 1909, [16]1937, [17]1945. – Sebastian Reinstadler (1864–1935), Professor für Philosophie am Priesterseminar in Metz.

459 Philosophische Handbibliothek, hg. von Clemens Baeumker, Ludwig Baur, Max Ettlinger, 10 Bde., München 1922–35.

460 Ludwig BAUR, Metaphysik (Philosophische Handbibliothek 6), München [2]1923. – Ludwig Baur (1871–1943), 1903 ao. Professor für patristische und scholastische Philosophie in Tübingen, 1920 o. Professor, 1925 in Breslau; Alfons HUFNAGEL, Ludwig Baur 1871–1943, in: ThQ 150 (1970), 99–101; Josef KOCH, Ludwig Baur †, in: HJ 62–69 (1942–49), 903–905.

461 Joseph SCHWERTSCHLAGER, Philosophie der Natur (Philosophische Handbibliothek 3–4), München 1921. – Joseph Schwertschlager (1853–1925), Dr. phil., Professor für Chemie und beschreibende Naturwissenschaft am bischöflichen Lyzeum in Eichstätt; DBA NF 1207, 350f.

462 Franz SAWICKI, Geschichtsphilosophie (Philosophische Handbibliothek 2), München 1920. – Franz Sawicki (1877–1952), 1903 Professor am Priesterseminar Pelplin, 1920 Domkapitular; Johannes MADEY, Franz Sawicki, in: LThK[2] 9, 355; Autobiographie in: Erich STANGE (Hg.), Die Religionswissenschaft der Gegenwart in Selbstdarstellungen, Bd. 3, Leipzig 1926, 127–165.

463 Michael WITTMANN, Ethik (Philosophische Handbibliothek 7), München 1923. – Michael Wittmann (1870–1948), 1901 Professor am Lyzeum in Eichstätt; ZIEGENFUSS, Bd. 2, 900.

464 Wladislaus Switalski (1875–1945), 1908 Professor für Philosophie in Braunsberg, 1933 Domkapitular. Switalski erscheint ab 1924 als Mitarbeiter bei der Herausgabe der Philosophischen Handbibliothek; ZIEGENFUSS, Bd. 2, 670; Gerhard REIFFERSCHEIDT, Das Bistum Ermland und das Dritte Reich (Bonner Beiträge zur Kirchengeschichte 7), Köln 1975, 25, 50, 124f.

465 Die Philosophie, ihre Geschichte und ihre Systematik, hg. von Theodor Steinbüchel, 14 Bde., Bonn 1934.

466 Institutiones philosophiae scholasticae, auctoribus pluribus philosophiae professoribus in Collegio Pullacensi Societatis Jesu, Freiburg/Br. 1937–63.

467 Joseph de VRIES, Critica (Institutiones philosophiae scholasticae 2), Freiburg/Br. 1937. – Joseph de Vries SJ (1898–1989), 1929 Professor in Valkenburg/Holland, 1934 in Pullach; Hubert SCHEIT/Hanna LAUTERBACH, Bibliographie P. Josef de Vries SJ (1898–1989), in: ThPh 65 (1990), 579–588.

468 Max RAST, Theologia naturalis in usum scholarum (Institutiones philosophiae scholasticae 6), Freiburg/Br. 1939. – Max Rast SJ (1892–1973), 1928–39 Professor in Pullach; DBA NF 1043, 432.

469 Mensch, Welt, Gott. Ein Aufbau der Philosophie in Einzeldarstellungen, hg. vom Berchmans-Kolleg in Pullach, Freiburg/Br. 1937–52.

470 Joseph de VRIES, Denken und Sein. Ein Aufbau der Erkenntnistheorie (Mensch, Welt, Gott. Ein Aufbau der Philosophie in Einzeldarstellungen 2), Freiburg/Br. 1937.

woll[471] usw.), auf das große, vielseitige und gründliche Schaffen Jos. Geysers[472], auf Mausbach (Wesen und Dasein Gottes)[473], Artur Schneider[474], Alois Dempf[475], J. Engert[476], Fuetscher[477], Nink[478], Manser[479]. Zu diesem mehr ideellen Rückgriff der genannten Männer auf die alte Scholastik kam dann noch die eigentliche geschichtliche Erforschung der alten Scholastik, die gerade in Deutschland besondere Ausmaße annahm und der von anderen Ländern höchstens noch Frankreich und Belgien annähernd Gleichwertiges zur Seite stellen konnte (Ehrle, Denifle[480], Baeumker[481], Hertling[482], Grabmann, B. Jan-

471 Alexander WILLWOLL, Seele und Geist. Ein Aufbau der Psychologie (Mensch, Welt, Gott. Ein Aufbau der Philosophie in Einzeldarstellungen 4), Freiburg/Br. 1938. – Alexander Willwoll SJ (1887–1961), 1925 Professor in Pullach, 1930 zugleich an der Gregoriana; MENDIZABAL 526, Nr. 28953.

472 Joseph Geyser (1869–1948), 1904 ao. Professor für Philosophie in München, 1911 o. Professor in Münster, 1917 in Freiburg/Br., 1924–35 wiederum in München; Bernhard BRAUN, Joseph Geyser (1869–1948), in: CORETH, Bd. 2, 630–636 (Werke).

473 Joseph MAUSBACH, Dasein und Wesen Gottes, 2 Bde., Münster 1929–30.

474 Artur Schneider (1876–1945), 1908 ao. Professor für Philosophie in München, 1911 o. Professor in Freiburg/Br., 1913 in Straßburg, 1920 in Frankfurt/M., 1921 in Köln; ZIEGENFUSS, Bd. 2, 475 (Werke).

475 Alois Dempf (1891–1982), 1925–34 (Aufhebung) Redakteur der Zeitschrift »Abendland«, 1930 ao. Professor für Philosophie in Bonn, 1937 Berufung nach Wien, baldige Suspendierung; Siegfried BATTISTI, Alois Dempf (1891–1982), in: CORETH, Bd. 3, 226–232; Vincent BERNING/Hans MAIER (Hg.), Alois Dempf 1891–1982. Philosoph, Kulturtheoretiker, Prophet gegen den Nationalsozialismus, Weißenhorn 1992 (Werke).

476 Joseph Engert (1882–1964), 1914 ao. Professor für Philosophie und Psychologie in Dillingen, 1923 Lyzealprofessor in Regensburg, Schüler und Freund Herman Schells; Thaddäus Hyazinth ENGERT, Joseph Engert, in: RGG² 2, 142 (Werke); DBA NF 331, 224.

477 Lorenz FUETSCHER, Die ersten Seins- und Denkprinzipien (Philosophie und Grenzwissenschaften 3/2–4), Innsbruck 1930. – Lorenz Fuetscher SJ (1894–1935), 1923 Professor für scholastische Philosophie in Innsbruck; DBA NF 418, 146.

478 Caspar Nink SJ (1885–1975), 1924 Professor für Philosophie in Valkenburg/Holland, 1926 in St. Georgen/Frankfurt; ZIEGENFUSS 2, 218 (Werke); Otto RENKHOFF, Nassauische Biographie. Kurzbiographien aus 13 Jahrhunderten, Wiesbaden ²1992, 578, Nr. 3172.

479 Gallus Manser OP (1866–1950), 1899 Professor an der philosophischen Fakultät in Freiburg/Ue., 1905 an der theologischen Fakultät daselbst; Bernhard BRAUN, Gallus Manser (1866–1950), in: CORETH, Bd. 2, 623–629 (Werke).

480 Heinrich DENIFLE/Franz EHRLE (Hg.), Archiv für Literatur- und Kirchengeschichte des Mittelalters, 7 Bde., Berlin 1885–1900.

481 Clemens Baeumker (1853–1924), 1883 Professor für Philosophie in Breslau, 1900 in Bonn, 1903 in Straßburg, 1912 in München; Alfons SCHOLZ, Clemens Baeumker, in: LThK² 2, 70f (Werke).

482 Georg Freiherr (1914: Graf) von Hertling (1843–1919), 1876 Präsident der Görresgesellschaft, 1880 ao. Professor für Philosophie in Bonn, 1882 o. Professor in München, 1875–90 und 1896–1919 Zentrumsabgeordneter im Reichstag, 1909 Fraktionsvorsitzender, 1912–17 Vorsitzender des bayerischen Ministerrates, 1917–18 deutscher Reichskanzler und preußischer Ministerpräsident; Winfried BECKER, Georg von Hertling 1843–1919, Bd. 1 (VKZG.B 31), Mainz 1981; Wolfgang KLUXEN, Die geschichtliche Erforschung der mittelalterlichen Philosophie und der Neuscholastik, in: CORETH, Bd. 2, 362–389, hier 368f (Werke).

sen[483], Pelster, B. Geyer[484], Jeiler[485], H. Meyer[486] usw. und die vielen Arbeiten in den »Beiträgen zur Geschichte der Philosophie / und Theologie / des Mittelalters«, 36 Bände[487]).

Wenn wir diese mit all dem Gesagten natürlich nur angedeuteten Leistungen nun kritisch überblicken, so ist wohl folgendes zu sagen:

a) Was die geschichtliche Arbeit angeht: Die rein geschichtlichen Forschungen über die Geschichte der Philosophie des Mittelalters haben zweifellos das Interesse und die Achtung vor der scholastischen Philosophie nicht nur innerhalb, sondern auch außerhalb der christlichen Philosophie wesentlich gehoben; man kennt die mittelalterliche Philosophie wieder, ihren Reichtum und ihre Tiefe und auch die Vielfalt ihrer Schulen und ihrer Richtungen (Skotus[488] findet auch als Philosoph in jüngster Zeit höchstes Interesse/ »Wissenschaft und Weisheit«[489]/, und selbst die logische Arbeit des spätmittelalterlichen Nominalismus[490] zeigt sich auch von einer Seite, die noch heute bedeutsam ist). Auffallend ist freilich, wie wenig die Geschichte der nachtridentinischen scholastischen Philosophie Interesse und Pflege findet. Hier

483 Bernhard Jansen SJ (1877–1942), 1907–22 Professor für Geschichte der Philosophie in Valkenburg/Holland, 1926–33 in Pullach, dort Lehrer Rahners, der von ihm später sagte, er habe »damals in Pullach junge Leute auf Kant, Maréchal, Heidegger usw. mit einem offenen Geist aufmerksam« gemacht; Walter KERN, Erste philosophische Studien 1924–1927, in: IMHOF/BIALLOWONS 18–21, hier 21; Josef de VRIES, Bernhard Jansen, in: NDB 10, 340 (Werke).

484 Bernhard Geyer (1880–1974), 1921 Professor für Dogmatik in Breslau, 1927 in Bonn; Paul SIMON, Bernhard Geyer, in: RGG^3 2, 1564; KLEINEIDAM 133 (Werke); WENIG 88.

485 Ignatius Jeiler OFM (1823–1904), 1882–1902 Präfekt des Kollegiums der kritischen Bonaventura-Ausgabe in Quaracchi/Italien; Chrysologus SCHOLLMEYER, Ignatius Jeiler, in: $LThK^2$ 5, 889 (Werke); Mathias KÖCK, Quaracchi – Der franziskanische Beitrag zur Erforschung des Mittelalters, in: CORETH, Bd. 2, 390–396, hier 393f.

486 Hans Meyer (1884–1966), 1915 ao. Professor für Philosophie in München, 1922 o. Professor in Würzburg; Karl LEIDLMAIR, Hans Meyer (1884–1966), in: CORETH, Bd. 2, 637–642 (Werke).

487 Beiträge zur Geschichte der Philosophie [ab Bd. 27: und Theologie] des Mittelalters, hg. von Clemens Baeumker und Georg Freiherr von Hertling, Münster 1891ff.

488 Johannes Duns Skotus (um 1265–1308); Ludger HONNEFELDER, Duns Scotus/Scotismus, in: TRE 9, 218–240.

489 Wissenschaft und Weisheit. Vierteljahresschrift für systematische franziskanische Philosophie und Theologie in der Gegenwart, hg. von der »Arbeitsgemeinschaft Wissenschaft und Weisheit«: Karl Adam (Tübingen), Karl Balic (Rom), Timotheus Barth (Fulda), Ottokar Bonmann (Sigmaringen-Gorheim), Michael Schmaus, Gottlieb Söhngen, Thaddäus Soiron (Mönchengladbach), Peter Wust (Münster) u. a., Freiburg/Br. 1 (1934) – 12 (1945); vgl. auch Karl RAHNER, Rez. Erhard Schlund, Theologische Gegenwartsfragen, Regensburg o. J. [1939/40], in: ZKTh 66 (1942), 53f: Rahner hebt darin die Artikel von Pacificus Borgmann und Timotheus Barth, »zwei für den Neuskotismus in der Logik und Ontologie [Univozität des Seins] interessante Beiträge«, hervor.

490 Vgl. H.J. SCHNEIDER, Nominalismus, in: Historisches Wörterbuch der Philosophie, Bd. 6, Darmstadt 1984, 874–888.

liegt ein Versäumnis vor, das bedauerlich ist. Außer B. Jansen[491] hat sich für dieses Gebiet eigentlich niemand interessiert. So unerwartet es klingen mag, so sind hier Protestanten (Petersen[492] und M. Wundt[493]) eifriger am Werk gewesen als die Katholiken. In der Erforschung der mittelalterlichen Scholastik ist doch auch noch (bei aller Notwendigkeit einer nüchternen exakten und objektiven Forschung) viel Historizismus am Werk gewesen. Was eigentlich doch das letzte und vornehmste Ziel philosophiegeschichtlicher Arbeit ist, wurde nur sehr teilweise erreicht, nämlich so lebendig und ursprünglich in gemeinsamem Blick auf die Sache selbst den Gedanken eines früheren Philosophen nachzuvollziehen, daß die eigene systematische philosophische Bemühung dadurch bereichert und vertieft werde. Arbeiten wie die von Söhngen (Sein und Gegenstand)[494], J. B. Lotz (Sein und Wert)[495], Max Müller (Sein und Geist)[496], also Arbeiten, in denen die philosophiegeschichtliche Rückwendung zu Thomas mitten in die aktuellste moderne Problematik hineinführt und die mittelalterliche Scholastik ohne eklektizistische Kompromisse in eine auch außerhalb der Scholastik verständliche Sprache und Problematik übersetzt wird, sind selten. Ja, es gibt da und dort Werke zur Philosophie des heiligen Thomas (z. B. Hessen[497], Mitterer[498],

491 Bernhard JANSEN, Die Pflege der Philosophie im Jesuitenorden während des 17./18. Jahrhunderts, Fulda 1938; DERS., Zur Philosophie der Scotisten des 17. Jahrhunderts, in: Franziskanische Studien 23 (1936), 28–58, 151–175.

492 Peter PETERSEN, Geschichte der aristotelischen Philosophie im protestantischen Deutschland, Leipzig 1921. – Peter Petersen (1884–1952), 1923 Professor für Pädagogik in Jena; Karl SCHREMS, Peter Petersen, in: $LThK^2$ 8, 317; ZIEGENFUSS, Bd. 2, 264.

493 Max WUNDT, Die deutsche Schulmetaphysik des 17. Jahrhunderts, Tübingen 1939. – Max Wundt (1879–1963), ao. Professor für Philosophie in Marburg, 1920 o. Professor in Jena, 1929–45 in Tübingen; RGG^3 Registerband, Mitarbeiterverzeichnis, 267.

494 Gottlieb SÖHNGEN, Sein und Gegenstand. Das scholastische Axiom Ens et Verum convertuntur als Fundament metaphysischer und theologischer Spekulation (Veröffentlichungen des Katholischen Institutes für Philosophie Albertus-Magnus-Akademie zu Köln 2/4), Münster 1930.

495 Johannes Baptist LOTZ, Sein und Wert. Eine metaphysische Auslegung des Axioms: »Ens et Bonum convertuntur« (Forschungen zur neueren Philosophie und ihrer Geschichte 9), Paderborn 1938.

496 Max MÜLLER, Sein und Geist. Systematische Untersuchungen über Grundproblem und Aufbau mittelalterlicher Ontologie (Beiträge zur Philosophie und ihrer Geschichte 7), Tübingen 1940 (2., erweiterte Auflage München 1981). – Max Müller (*1906), 1937 Habilitation in Freiburg/Br., 1937–39 Dozent am Kollegium Borromaeum in Freiburg/Br.; Wilhelm VOSSENKUHL, Max Müller (geb. 1906), in: CORETH, Bd. 3, 318–327.

497 Johannes HESSEN, Augustinische und thomistische Erkenntnislehre. Eine Untersuchung über die Stellung des hl. Thomas von Aquin zur augustinischen Erkenntnislehre, Paderborn 1921; DERS., Die Weltanschauung des Thomas von Aquin, Stuttgart 1926.

498 Albert MITTERER, Das Ringen der alten Stoff-Form-Metaphysik mit der heutigen Stoff-Physik (Wandel des Weltbildes von Thomas auf heute 1), Innsbruck 1935. – Albert Mitterer (1887–1966), 1916 supplierender Professor für philosophisch-theologische Propädeutik in Brixen, 1920–23 o. Professor für Fundamentaltheologie daselbst, 1925–40 für christliche Philosophie, 1940 für Fundamentaltheologie und Apologetik in Wien; DBA NF 901, 209; Johann REIKERSTORFER, Fundamentaltheologie, in: Ernst Chr. SUTTNER (Hg.), Die Kath.-Theologische Fakultät in der Universität Wien 1884–1984. Festschrift

Santeler[499]), die, weil im letzten ohne genügend lebendiges Verständnis für die metaphysischen Probleme des Aquinaten geschrieben, in ihren »historischen« Untersuchungen zu Ergebnissen kommen, bei denen man sich wundert, warum eigentlich Thomas auch heute noch Lehrer und Meister der Neuscholastik sein soll, die so viel »Zeitbedingtes« aus Thomas ausscheiden, daß eigentlich nichts mehr übrig bleibt als ein paar Selbstverständlichkeiten. – In diesem Zusammenhange sei auch schon darauf hingewiesen, daß wir eine große, lebendige und tiefe Gesamtdarstellung der Geschichte der Philosophie vom Standpunkt der Philosophia perennis aus immer noch entbehren müssen. Es fehlt uns z. B. ein katholisches Werk, das dem Lehrbuch der Geschichte der Philosophie von Windelband-Heimsoeth[500] entsprechen würde. Selbst der der Scholastik gewidmete Teil im Überweg von B. Geyer[501] ist seit 1928 nicht mehr aufgelegt worden.

b) Was die systematische scholastische Philosophie angeht, so fällt zunächst die große Zahl der scholastischen Schulkompendien auf. Natürlich werden immer wieder Schulbücher geschrieben werden müssen und dies zumal in der Scholastik, in der ja die Philosophie nicht die esoterische Angelegenheit einiger Professoren sein soll, sondern etwas, was einem größeren Kreis nicht eigentlicher Fachphilosophen in der theologischen Ausbildung übermittelt werden soll. Aber wenn sich die philosophische systematische Arbeit so sehr und unmittelbar auf Schulbücher, Abrisse und Kompendien konzentriert, so ist das eine Erscheinung, die bedenklich ist. Man muß nun leider feststellen, daß hinter den neuscholastischen Kompendien große, weitausholende systematische Werke selten oder nicht stehen. Hinter dem cursus philosophicus stand wenigstens noch die »Philosophia Lacensis«[502], eine für ihre Zeit relativ weit ausholende

zum 600-Jahr-Jubiläum, Berlin 1984, 125–151, hier 142–145; Bio-Bibliographie sämtlicher ordentlicher und außerordentlicher Professoren sowie der Dozenten an der Katholisch-theologischen Fakultät 1884–1984, ebd. 374–432, hier 408f.

499 Josef SANTELER, Der Platonismus in der Erkenntnislehre des hl. Thomas von Aquin (Philosophie und Grenzwissenschaften 8/2–4), Innsbruck 1939. – Josef Santeler SJ (1888–1968), 1936–39 ao. Professor für christliche Philosophie in Innsbruck, nach Aufhebung der Fakultät 1940 am Priesterseminar Gurk (Kärnten); Emerich CORETH, Die Philosophie an der theologischen Fakultät Innsbruck 1857–1957, in: ZKTh 80 (1958), 142–183, hier 180f; DERS., In Memoriam P. Josef Santeler S.J., in: ZKTh 90 (1968), 210–212.

500 Wilhelm WINDELBAND, Lehrbuch der Geschichte der Philosophie, hg. von Heinz Heimsoeth, Tübingen [13]1935. – Wilhelm Windelband (1848–1915), ein Hauptvertreter der »Badischen Schule des Neukantianismus«; Winfried CZAPIEWSKI, Wilhelm Windelband, in: LThK[2] 10, 1177. – Heinz Heimsoeth (1886–1975), 1931–54 Professor für Philosophie in Köln; Frida HARTMANN und Renate HEIMSOETH (Hg.), Nikolai Hartmann und Heinz Heimsoeth im Briefwechsel, Bonn 1978, 223.

501 Bernhard GEYER (Hg.), Die Patristische und Scholastische Philosophie (Friedrich Ueberwegs Grundriß der Geschichte der Philosophie 2), Berlin [11]1927.

502 Die »Philosophia Lacensis«, benannt nach dem zeitweiligen Sitz der jesuitischen Ordenshochschule Maria Laach, war eine Reihe von Traktaten zur Philosophie »secundum principia S. Thomae Aquinatis ad usum scholasticum« und wurde eröffnet durch: Tilmann PESCH, Institutiones philosophiae naturalis secundum principia S. Thomae Aquinatis ad usum scholasticum, 2 Bde., Freiburg/Br. 1880.

und tüchtige Leistung. Aber seitdem hat sich die philosophische systematische Arbeit, abgesehen von vielen Einzelunternehmungen, die naturgemäß gerade in der Philosophie, auch zusammengenommen, große, einheitliche systematische Werke nicht ersetzen können, noch mehr auf Schulbücher, Skizzen und popularisierende Abrisse der Philosophie konzentriert. Als Ausnahme kann hier vielleicht genannt werden die zweibändige Moralphilosophie Viktor Cathreins[503] und in etwa Geysers Werke[504] (bei denen freilich eine große systematische Ontologie eigentlich auch fehlt). Aber damit sind wir mit größer angelegten systematischen Werken mehr oder weniger auch schon am Ende (vgl. dagegen in Frankreich z.B. M. Blondels großes Alterswerk[505]).

Hiermit hängen weitere Mängel zusammen. Der wesentlichste ist folgender: Es fehlt noch weithin eine wirklich große systematische und geschichtliche Auseinandersetzung mit der modernen Philosophie. Gewiß waren viele ihrer Schulen und Richtungen in den letzten 150 Jahren ephemere Moden. Doch selbst diese haben wir gewöhnlich mehr überdauert als durch eigene Kraft überwunden (die Überwindung selbst kurzlebiger Richtungen und Systeme in der außerchristlichen Philosophie ging *effektiv* wohl nie von katholischen Arbeiten aus). Aber von diesen abgesehen gibt es doch auch in der neuzeitlichen Philosophie eine Reihe von Klassikern (Descartes, Leibniz[506], Kant, Fichte[507], Schelling[508], Hegel[509], Schopenhauer[510], Nietzsche[511], Kierkegaard[512] usw.), deren aus der geistigen Haltung der Neuzeit entspringendes Denken von solcher Ursprünglichkeit, Lebendigkeit und Tiefe ist, daß eine lebendige Berührung mit ihnen eine unausweichliche Forderung für eine le-

503 Viktor CATHREIN, Moralphilosophie, 2 Bde., Freiburg/Br. 1890/91, [15]1929.

504 Genannt seien: Allgemeine Philosophie des Seins und der Natur, Münster 1915; Grundlegung der Logik und Erkenntnistheorie in positiver und kritischer Darstellung, Münster 1919; Eidologie oder Philosophie als Formerkenntnis, Freiburg/Ue. 1920; Erkenntnistheorie, Münster 1922; Einige Hauptprobleme der Metaphysik, Freiburg/Ue. 1923; Das Gesetz der Ursache, Münster 1931.

505 Maurice Blondel (1861–1949), französischer Philosoph; Paul FAVRAUX, Der spätere Blondel (1861–1949) und sein Einfluß, in: CORETH, Bd. 3, 384–410 (Werke).

506 Über ihn Hans POSER, Gottfried Wilhelm von Leibniz (1649–1716), in: TRE 20, 649–665.

507 Über ihn Wolfgang JANKE, Johann Gottlieb Fichte (1762–1814), in: TRE 11, 157–171.

508 Über ihn Jean-François MARQUET, Friedrich Wilhelm Joseph Schelling, 1775–1854, in: Dictionnaire des Philosophes, Bd. 2, Paris 1984, 2323–2332.

509 Georg Wilhelm Friedrich Hegel (1770–1831); Josef SIMON, Hegel/Hegelianismus, in: TRE 14, 530–560.

510 Über ihn Alain ROGER, Arthur Schopenhauer, 1788–1860, in: Dictionnaire des Philosophes, Bd. 2, Paris 1984, 2342–2347.

511 Friedrich Wilhelm Nietzsche (1844–1900); Jean LEFRANC, Frédéric Nietzsche, 1844–1900, ebd. 1933–1940.

512 Søren Aaloye Kierkegaard (1813–1855); Henning SCHRÖER, Søren Aaloye Kierkegaard, in: TRE 17, 138–155.

bendige christliche Philosophie von heute ist. Dies ist nicht gemeint in dem Sinne irgendeiner unmittelbaren äußerlichen Übernahme auch nur irgendeines Punktes, sondern in dem Sinne, daß eine lebendige Berührung mit diesen Philosophen den christlichen Philosophen zwingt, sein eigenes System immer neu und ursprünglich von Grund auf zu vollziehen, jede starre, bloß tradierte Schulformel und jeden Verbalismus immer wieder zu überwinden, so immer aufs neue die ewig neue Gleichheit der Probleme hier und dort zu sehen und so zu lernen, die Sprache der einen Philosophie in die der anderen zu übersetzen. Hier fehlen uns nun katholischerseits zunächst schon weitgehend eigenständige und ausgreifende historische Arbeiten über die Klassiker der modernen Philosophie. Werke wie das vierbändige Dunin-Borkowskis[513] über Spinoza[514] sind mehr als selten. Entsprechendes über Kant (vgl. hingegen in Belgien das dreibändige Werk von H. J. de Vleeschauwer, La Déduction Transcendentale dans l'oeuvre de Kant[515]), den deutschen Idealismus (Steinbüchels verheißungsvolles Werk über Hegel[516] ist leider beim 1. Band steckengeblieben) usw. fehlt, es kann durch kleinere Arbeiten (wie etwa die guten von B. Jansen über Kant[517], die von Joseph Gotthardt über Bolzano[518], die lebendige von A. Delp[519] über Heidegger[520], die von Hugo

513 Stanislaus von DUNIN-BORKOWSKI, Spinoza, 4 Bde., Münster 1910–36. – Zbigniew Stanislaus Martin Graf von Dunin-Borkowski SJ (1864–1934), Lehrer in Feldkirch, Mitarbeiter bei den »Stimmen aus Maria Laach«, 1920 Spiritual in Bonn; Karl ERLINGHAGEN, Stanislaus von Dunin-Borkowski, in: LThK² 3, 601.

514 Über ihn Robert MISRABI, Spinoza, 1632–1677, in: Dictionnaire des Philosophes, Bd. 2, Paris 1984, 2423–2431.

515 Herman Jean de VLEESCHAUWER, La Déduction Transcendentale dans l'oeuvre de Kant, 3 Bde., Bde. 1–2 Antwerpen 1934–1936, Bd. 3, Gravenhage 1937. – Herman Jean de Vleeschauwer (*1899), belgischer Philosoph, 1925–47 an der Universität Gent, 1950 an der Universität Pretoria/Südafrika; Giorgio TONELLI, Herman Jean de Vleeschauwer, in: Enciclopedia Filosofica, Bd. 2, Florenz ²1967, 405f.

516 Theodor STEINBÜCHEL, Das Grundproblem der Hegelschen Philosophie. Darstellung und Würdigung, Bd. 1: Die Entdeckung des Geistes, Bonn 1933.

517 Bernhard JANSEN, Die Religionsphilosophie Kants. Geschichtlich dargestellt und kritisch systematisch gewürdigt, Berlin 1929.

518 Joseph GOTTHARDT, Das Wahrheitsproblem und das philosophische Lebenswerk Bernhard Bolzanos, Trier 1918. – Joseph Gotthardt (1878–1927), 1922 Pfarrer in Pömbsen (Kreis Höxter); Alfons SCHOLZ, Joseph Gotthardt, in: LThK² 4, 1141; DBA NF 467, 152.

519 Alfred DELP, Tragische Existenz. Zur Philosophie Martin Heideggers, Freiburg 1935. – Alfred Delp SJ (1907–1945), 1939 Redakteur bei den »Stimmen der Zeit«, 1941–44 Kirchenrektor von St. Georg-Bogenhausen, 1942–44 im »Kreisauer Kreis«, 1945 in Berlin-Plötzensee hingerichtet. Rahner unterrichtete Delp in dessen zweitem Noviziatsjahr (1927/28); Roman BLEISTEIN, Alfred Delp. Geschichte eines Zeugen, Frankfurt/M. 1989; Karl H. NEUFELD, Alfred Delp SJ, in: GRESCHAT, Bd. 10/2, 290–300.

520 Über ihn Annemarie GETHMANN-SIEFERT, Martin Heidegger (1889–1976), in: TRE 14, 562–574; zu Rahners Studium bei Heidegger in Freiburg/Br.: Hugo OTT, Martin Heidegger. Unterwegs zu einer Biographie, Frankfurt/M. 1988, 259–261.

Bendiek[521] über Klages[522] usw.) nicht ersetzt werden, erst recht nicht durch Bücher einer primitiven Polemik wie etwa von Deneffe[523] oder gar Viktor Kolb[524] gegen Kant. Dementsprechend war auch die Auseinandersetzung in den Schulbüchern mit diesen philosophischen Systemen durchschnittlich nicht so, wie sie hätte sein sollen; man »widerlegte« sie, ohne selbst etwas dabei zu lernen, ohne den Schüler in ein echtes Verständnis dieser Philosophien einzuführen und ihm das Bewußtsein zu geben, daß das echte Anliegen dieser Systeme in der eigenen Philosophie lebendig geborgen und überbietend erfüllt sei. Natürlich ist in dieser Richtung in den letzten zwanzig Jahren ein Fortschritt zu verzeichnen. Durch die unermüdliche Arbeit E. Przywaras zur Philosophie[525] der letzten 25 Jahre, durch Werke wie die von Söhngen (Sein und Gegenstand), Th. Steinbüchel (Die philosophische Grundlegung der katholischen Sittenlehre, 2 Bände)[526], Max Müller (vgl. oben), H. U. v. Balthasar (Apokalypse der deutschen Seele, 3 Bände)[527], manches von Guardini (seine Arbeiten über Dostojewski[528], Hölderlin[529], Rilke[530]), Peter Wust[531], E. Wingendorf (Das Dynamische in der menschli-

521 Hugo BENDIEK, Der Gegensatz von Seele und Geist bei Ludwig Klages. Grundlinien seiner philosophischen Systematik (Franziskanische Forschungen 2), Werl/Westfalen 1935. – Johannes Hugo Bendiek OFM (*1910), 1935 Promotion an der Philosophisch-Naturwissenschaftlichen Fakultät der Universität Münster bei Peter Wust, 1943 Hausgeistlicher in Dingelstädt (Eichsfeld), 1945–78 Dozent an der Ordenshochschule in Münster; freundliche Auskunft von P. Johannes Hugo Bendiek vom 19.11.1993.

522 Ludwig Klages (1872–1956), Philosoph und Psychologe, gründet 1919 das »Seminar für Ausdruckskunde« in Kilchberg bei Zürich; Friedbert HOLZ, Ludwig Klages, in: NDB 11, 700–702.

523 August DENEFFE, Kant und die katholische Wahrheit, Freiburg/Br. 1922. – August Deneffe SJ (1875–1943), 1916 Professor für Theologie in Valkenburg/Holland; DBA NF 262, 54f.

524 Viktor KOLB, Immanuel Kant – der Bahnbrecher der modernen Zeit, Wien 1919. – Viktor Kolb SJ (1856–1928), 1886–96 und 1901–20 als Prediger, Volksmissionar, Konferenzredner und Exerzitienleiter für Gebildete in Wien, 1920 Superior in Graz, 1925 Spiritual daselbst; Franz SCHUBERT, Viktor Kolb, in: LThK[1] 6, 71f.

525 Vgl. z. B. Erich PRZYWARA, Religionsbegründung. Max Scheler – John Henry Newman, Freiburg/Br. 1922; DERS., Kant heute. Eine Sichtung, München 1930; zum Ganzen: Leo ZIMNY, Erich Przywara: Sein Schrifttum 1912–1962. Mit einer Einführung von Hans Urs von Balthasar, Einsiedeln 1963.

526 Theodor STEINBÜCHEL, Die philosophische Grundlegung der Katholischen Sittenlehre (Handbuch der Katholischen Sittenlehre 1/1–2), Düsseldorf 1938.

527 Hans Urs von BALTHASAR, Apokalypse der deutschen Seele. Studien zu einer Lehre von letzten Haltungen, 3 Bde., Salzburg 1937–39.

528 Romano GUARDINI, Der Mensch und der Glaube. Versuche über die religiöse Existenz in Dostojewskijs großen Romanen, Leipzig 1932; Neuauflage: Religiöse Gestalten in Dostojewskijs Werk. Studien über den Glauben, Leipzig [2]1939.

529 Romano GUARDINI, Hölderlin. Weltbild und Frömmigkeit, Leipzig 1939.

530 Romano GUARDINI, Zu Rainer Maria Rilkes Deutung des Daseins. Eine Interpretation der zweiten, achten und neunten Duineser Elegie, Berlin 1941.

531 Vgl. z. B. Peter WUST, Die Auferstehung der Metaphysik, Leipzig 1920. – Peter Wust (1884–1940), 1915–21 Studienrat in Trier und Köln, 1930 Professor für Philosophie in Münster; Hermann WESTHOFF, Peter Wust (1884–1940), in: CORETH, Bd. 3, 112–128; Wilhelm VERNEKOHL, Peter Wust, in: LThK[2] 10, 1276f.

chen Erkenntnis, 2 Bände[532], eine selbständige Vermittlung der Philosophie Maréchals[533]), Gustav Siewerth (Der Thomismus als Identitätssystem)[534] ist eine lebendige innere Begegnung der christlichen Philosophie mit der modernen außerkirchlichen sicher sehr gefördert worden. Hier ist sicher die christliche Philosophie (wie etwa auch im französischen Bereich durch Sertillanges[535], Maritain[536], Blondel[537], Maréchal und in Italien durch den Kreis um die Mailänder Universität[538]) auch kulturgeschichtlich und soziologisch gesehen auf dem Wege, aus einer bloß internen »konfessionellen« Angelegenheit ein Stück der heutigen Philosophie zu werden, das ebenso selbstverständlich christlich wie zeitgenössisch ist, in dem das alte Erbe neu erworben, aus der heutigen Problematik heraus philosophiert und in einer Sprache gesprochen wird, die auch draußen verständlich ist. Es ist uns nicht bekannt, wo (wie das Freiburger Memorandum numero 4 sagt) unter Aufgabe der scholastischen Lehre und Methode der »Anschluß an neuere philosophische Systeme, etwa an Hegel oder andere« versucht werde[539]. Man

532 Engelbert WINGENDORF, Das Dynamische in der menschlichen Erkenntnis. Ein neuer Lösungsversuch des erkenntnistheoretischen Grundproblems, 2 Bde. (Grenzfragen zwischen Theologie und Philosophie 15–16), Bonn 1939–40. – Engelbert Wingendorf SJ (1904–1946), Dr. phil. (Bonn 1939), Professor für Psychologie in St. Georgen/Frankfurt; MENDIZABAL 430, Nr. 832; freundliche Auskunft Dr. Paul Schmidt, Archiv der Universität Bonn, vom 7. 12. 1993; Alfred FRITZEN, P. Engelbert Wingendorf, in: Mitteilungen aus den deutschen Provinzen der Gesellschaft Jesu 16 (1946–1948), 499f.

533 Joseph Maréchal SJ (1878–1944), lehrte bis 1935 Philosophie in Eegenhoven und Löwen; Johannes Baptist LOTZ, Joseph Maréchal (1878–1944), in: CORETH, Bd. 2, 453–469.

534 Gustav SIEWERTH, Der Thomismus als Identitätssystem, Frankfurt/M. 1939. – Gustav Siewerth (1903–1963), 1937 Habilitation an der philosophischen Fakultät der Universität Freiburg/Br. (bei Martin Honecker). Eine Dozentur wird ihm verweigert, Tätigkeit in der Industrie, 1945 Professor für Philosophie und Pädagogik an der Pädagogischen Akademie in Aachen; Walter M. NEIDL, Gustav Siewerth (1903–1963), in: CORETH, Bd. 3, 249–272; zur Rolle Heideggers bei seiner Habilitation vgl. Hugo OTT, Martin Heidegger. Unterwegs zu seiner Biographie, Frankfurt/M. 1988, 262f.

535 Antonin-Dalmace Sertillanges OP (1863–1948), 1900 Professor für Moralphilosophie am Institut Catholique in Paris, 1923 an der Ecole Biblique in Jerusalem, 1924 in Ryckholt/Holland, 1928–39 in Le Saulchoir/Belgien; Franz-Martin SCHMÖLZ, Antonin-Damalce Sertillanges (1863–1948), in: CORETH, Bd. 2, 485–492.

536 Jacques Maritain (1882–1973), 1906 Konversion zum Katholizismus, 1914–40 Professor am Institut Catholique in Paris; Amando RIGOBELLO, Jacques Maritain (1882–1973), in: CORETH, Bd. 2, 493–518; vgl. auch Karl RAHNER, Rez. Jacques Maritain, Religion und Kultur. Aus dem Französischen übertragen von J. Niederehe. Mit einer Einführung von Robert Grosche, Freiburg/Br. 1936, in: ZKTh 61 (1937), 148.

537 Vgl. Peter HENRICI, Maurice Blondel (1861–1949) und die »Philosophie der Aktion«, in: CORETH, Bd. 1, 543–584.

538 1921 wurde in Mailand die Università del Sacro Cuore gegründet. Unter den dort lehrenden neuscholastisch geprägten Professoren sind v.a. Emilio Chiocchetti (1880–1951), Amato Masnovo (1880–1955), Agostino Gemelli (1878–1959) und Francesco Olgiati (1886–1962) zu nennen; Aniceto MOLINARO, Italien. Allgemeine Übersicht, in: CORETH, Bd. 2, 673–692, hier 676–685.

539 MAAS-EWERD 544.

wird ruhig sagen dürfen, daß es solche Versuche nicht gibt. Wenn sich eine Konfrontierung und lebendige Auseinandersetzung zwischen scholastischer und moderner Philosophie mehr als früher zeigt, so ist das nicht zu beklagen, sondern ist eine Notwendigkeit und ein Unternehmen, das ganz im Sinne des Aquinaten ist. Leider erfährt man aus der Freiburger Denkschrift auch nicht, wer gemeint sei, wenn sie es als Täuschung beklagt, daß »man Sätze aus den Schriften des heiligen Thomas herausnimmt, um damit seine eigene Meinung zu belegen und den Anschein zu erwecken, als ergebe sie sich aus den scholastischen Grundlagen, obwohl das Gegenteil der Fall ist«[540]. Dieser Vorwurf trifft entweder nur eine selbstverständliche und immer wieder zu beobachtende Erscheinung (denn seit Thomas streiten sich die verschiedenen katholischen Schulen und Richtungen in Philosophie und Theologie, auch in sehr wesentlichen Punkten über die wahre Meinung des heiligen Thomas, berufen sich zur Stütze ihrer Ansicht auf ihn und machen ihren Gegnern den Vorwurf, Thomas mißzuverstehen) oder die Klage setzt voraus, daß man innerhalb der deutschen Philosophie in Punkten, die innerhalb einer christlichen Philosophie indiskutabel sind, falsche Lehren vertrete und sich dennoch auf Thomas berufe. Letzteres aber müßte bewiesen werden. Dort, wo man wirklich unannehmbare Ansichten vertritt (vgl. unten II, 3 erste Gruppe!) beruft man sich nicht auf Thomas. – Die einseitige Orientierung bloß an der mittelalterlichen Philosophie und der übliche Schulbetrieb bringen auch mit sich, daß diejenigen Zweige der Philosophie, die nicht so ganz unmittelbar Voraussetzungen der Glaubenswissenschaft sind, nur sehr stiefmütterlich betrieben werden. Es fehlen uns, oder es sind nur sehr kümmerlich vorhanden, Werke, die auf der Grundlage der Metaphysik der Philosophia perennis geschrieben sind, über die Philosophie der Sprache, der Mathematik und Naturwissenschaft, der Geschichte (trotz Sawicki[541], Bernhart[542], Schütz[543]), der Kultur (trotz Alois Dempf, Kulturphilosophie 1932[544]), der Kunst usw.

3) Die Gefahren des Zusammenbruchs einer methodischen rationalen Philosophie im deutschen außerkatholischen Raum

Es besteht außerhalb der christlichen Philosophie heute die Gefahr, daß die Philosophie als rationale Wissenschaft, die mindestens grundsätzlich den

540 Freiburger Memorandum Nr. 4; MAAS-EWERD 544f.

541 Franz SAWICKI, Geschichtsphilosophie (Philosophische Handbibliothek 2), München 1920.

542 Joseph BERNHART, Sinn der Geschichte (Geschichte der führenden Völker 1), Freiburg/Br. 1931. – Joseph Bernhart (1881–1969), katholischer Theologe und Philosoph; Manfred WEITLAUFF (Hg.), Joseph Bernhart. Erinnerungen 1881–1930, 2 Bde., Weißenhorn 1991–92; Themenheft: Joseph Bernhart (1881–1969), Theologe – Philosoph – Kulturhistoriker, MThZ 44 (1993), Heft 3.

543 Anton SCHÜTZ, Gott in der Geschichte, Salzburg 1943.

544 Alois DEMPF, Kulturphilosophie (Handbuch der Philosophie, Abteilung 4, Staat und Geschichte E), München 1934.

Anspruch macht, allgemein verbindlich zu sein, immer mehr verdrängt wird durch eine Weltanschauungsdichtung. Die Gründe dieser Situation liegen natürlich zum Teil weit zurück. Skeptischer Kritizismus, ein religiöser, aber einer metaphysischen Wesensforschung feindlicher Existenzialismus (von Kierkegaard bis Ferdinand Ebner), die protestantische Theologie, die seit Kant in Wiederaufnahme lutherischer Tendenzen metaphysische Voraussetzungen für die Theologie ablehnt (von Schleiermacher[545] bis in die dialektische Theologie[546]), eine Wertphilosophie, die den Zusammenhang zwischen Ontologie und Wertlehre über Gebühr lockert oder zerreißt (von Kant, Lotze[547], Badische Schule[548], Max Scheler[549], N. Hartmann[550] usw.), die Lebensphilosophie (von Nietzsche, der späte Scheler, Klages usw.[551]) und andere Gründe haben diese Situation vorbereitet. Die heutige äußere Situation befördert sie in erheblichem Maße. Das außerordentliche Abnehmen der Zahl der Philosophiedozenten an den Universitäten, der Rückgang streng wissenschaftlicher literarischer Produktion auf dem Gebiet der Philosophie, das Verschwinden vieler bedeutender Zeitschriften, die Diskussion über die Frage, ob es neben oder innerhalb der »Weltanschauung«[552] überhaupt noch einer Philosophie bedarf, sind handgreifliche Anzeichen dieser Situation von heute. In dieser Situation liegt für die christliche Philosophie eine Gefahr und eine Chance (vorausgesetzt, daß sie physisch in der Lage bleibt, diese überhaupt ausnützen zu können). Eine Gefahr: die Versuchung, ohne die Mühe rationalen Denkens auf sich zu nehmen, wenigstens praktisch (oder gar theoretisch) sich in der Verkündigung des Christentums bloß auf das emotionale Erlebnis und die bloß voluntaristische Entscheidung zu einer Weltanschau-

545 Friedrich Schleiermacher (1768–1834); Hans-Joachim BIRKNER, Friedrich Schleiermacher, in: GRESCHAT, Bd. 9/1, 87–115.

546 Hauptvertreter: Karl Barth (1886–1968), Eduard Thurneysen (1888–1974), Friedrich Gogarten (1887–1967), Rudolf Bultmann (1884–1976), Emil Brunner (1889–1966) und Georg Merz (1892–1959); Wilfried HÄRLE, Dialektische Theologie, in: TRE 4, 683–696.

547 Herrmann Lotze (1817–1881), 1844–81 Professor für Philosophie in Göttingen; Johannes HIRSCHBERGER, Herrmann Lotze, in: LThK² 6, 1158.

548 Südwestdeutsche (Badische, Freiburger) Schule (des Neukantianismus); Hauptvertreter: Wilhelm Windelband (1848–1915), Heinrich Rickert (1863–1936) und Emil Lask (1875–1915); Wilfried LEHRKE, Neukantianismus, in: Europäische Enzyklopädie zu Philosophie und Wissenschaft, Bd. 3, Hamburg 1990, 549–561, hier 553.

549 Max Scheler (1874–1928), als Gymnasiast Konversion zum Katholizismus, 1919 Professor für Philosophie in Köln, 1928 in Frankfurt/M.; Heinrich M. SCHMIDINGER, Max Scheler (1874–1928) und sein Einfluß auf das katholische Denken, in: CORETH, Bd. 3, 89–111.

550 Nicolai Hartmann (1882–1950), 1922 Professor für Philosophie in Marburg, 1925 in Köln, 1931 in Berlin, 1945 in Göttingen; Herbert WACKERZAPP, Nicolai Hartmann, in: LThK² 5, 21.

551 Weitere Vertreter: Wilhelm Dilthey (1883–1911), Henri Bergson (1859–1941); G. PFLUG, Lebensphilosophie, in: Historisches Wörterbuch der Philosophie, Bd. 5, Darmstadt 1980, 135–140.

552 Dazu Raimund BAUMGÄRTNER, Weltanschauungskampf im Dritten Reich. Die Auseinandersetzung der Kirchen mit Alfred Rosenberg (VKZG.B 22), Mainz 1977.

ung zu stützen. Eine Chance: Das Christentum scheint heute wieder allmählich die einzige reale Macht zu werden, die den Willen und die Möglichkeit hat, das geistige Erbe und das Humane überhaupt, das man noch vor kurzem *gegen* das Christentum meinte verteidigen zu müssen, und damit die abendländische Philosophie zu retten und zu bewahren. Vielleicht sind wir Christen bald die einzigen, die einen Leibniz, Kant und Hegel noch verstehen.

II. Einzelfragen

1) Bibliographisches

Unter diesem Stichwort seien einige konkrete Wünsche nach Fehlendem geäußert. Es fehlt zunächst einmal eine wirklich genaue und ausführliche Geschichte der patristischen Philosophie. Was davon in den üblichen außerkirchlichen Geschichten der Philosophie steht, ist ungenügend. Aber auch die üblichen katholischen Werke, die davon handeln (Stöckl[553], Ueberweg[554], Gilson-Böhner[555], Eibl[556]) lassen noch sehr viele Wünsche unerfüllt. (Eine solche Geschichte der patristischen Philosophie könnte eine wesentliche Vorarbeit und Entlastung für eine katholische Dogmengeschichte sein, die auch immer noch ein unerfüllter Wunsch ist.) Das Buch von H. U. v. Balthasar über Maximus Confessor (»Kosmische Liturgie«[557]) kann eine Ahnung vermitteln, welche Schätze auch in philosophischer Hinsicht da noch zu heben sind. – Daß die Geschichte der mittelalterlichen Philosophie von B. Geyer in Ueberwegs Handbuch nicht untergehen sollte, wurde schon gesagt. Da sie doch auch im außerdeutschen Raum kein Gegenstück hat, dürfte es doch auch wirtschaftlich nicht unmöglich sein, sie in nicht allzugroßen Abständen immer wieder neu aufzulegen. – Wir haben im deutschen Raum eigentlich keine Zeitschrift, die die christliche Philosophie wirklich würdig vertreten würde. Die theologischen Zeitschriften (Theologische Quartalschrift[558], ZKTH[559], Scholastik[560], Theologie und Glaube[561], Wissenschaft

553 Albert Stöckl, Geschichte der christlichen Philosophie zur Zeit der Kirchenväter, Mainz 1891.

554 Bernhard Geyer (Hg.), Die Patristische und Scholastische Philosophie (Friedrich Ueberwegs Grundriß der Geschichte der Philosophie 2), Berlin [11]1927.

555 Etienne Gilson/Philotheus Böhner, Die Geschichte der christlichen Philosophie von ihren Anfängen bis Nikolaus von Cues, Paderborn 1937. – Etienne Gilson (1884–1978), 1913 Professor in Lille, 1919 in Straßburg, 1921–32 an der Sorbonne, 1926–28 zugleich an der Havard-Universität, 1932 am Collège de France, 1929 Gründer des »Pontifical Institute of Medieval Studies« an der Universität Toronto; Armand Maurer, Etienne Gilson (1884–1978), in: Coreth, Bd. 2, 519–545. – Philotheus Böhner OFM (1901–1959), 1933 an der St. Bonaventure-Universität (New York); Wolfgang Kluxen, Die Erforschung der mittelalterlichen Philosophie und die Neuscholastik, in: Coreth, Bd. 2, 362–389, hier 377–383.

556 Hans Eibl, Die Grundlegung der abendländischen Philosophien. Griechische und christlich-griechische Philosophie (Die Philosophie, ihre Geschichte und ihre Systematik 1), Bonn 1934; Ders., Augustin und die Patristik (Geschichte der Philosophie in Einzeldarstellungen 10–11), München 1923. – Hans Eibl (1882–1958), 1925 ao. Professor für Philosophie in Wien; Ziegenfuss, Bd. 1, 278; DBA NF 316, 297.

557 Hans Urs von Balthasar, Kosmische Liturgie. Höhe und Krise des griechischen Weltbilds bei Maximus Confessor, Freiburg/Br. 1941.

558 Theologische Quartalschrift, Tübingen u. a. 1819ff.

559 Zeitschrift für katholische Theologie, Wien u. a. 1876ff.

560 Scholastik, Vierteljahresschrift für Theologie und Philosophie, Freiburg/Br. 1926ff.

561 Theologie und Glaube. Zeitschrift für den katholischen Klerus, Paderborn 1909ff.

und Weisheit[562], Divus Thomas/Freiburg[563]) betreuen die Philosophie doch nur so nebenbei, so daß namentlich auch die Berichterstattung über die außerchristliche Philosophie sehr mangelhaft ist (höchstens die Scholastik ist hierin einigermaßen eine Ausnahme). Die einzige »hauptamtliche« katholische Zeitschrift für Philosophie ist (war) somit das Philosophische Jahrbuch[564]. Man wird wohl nicht ungerecht sein, wenn man sagt, daß es im allgemeinen wesentlich besser hätte sein können und daß es namentlich in seiner Berichterstattung über Neuerscheinungen dürftig war. Ganz fehlte ihm die Berichterstattung über Zeitschriftenartikel, eine Arbeit, die in einer Fachzeitschrift heute eigentlich nicht mehr zu umgehen ist. (Was in dieser Hinsicht geleistet werden kann und geleistet werden sollte, zeigt z. B. auf anderem Gebiet das Jahrbuch für Liturgiewissenschaft[565]; auch die französischen Zeitschriften haben durchschnittlich eine bessere Berichterstattung wie z. B. die Recherches de théologie ancienne et médiévale[566], die Revue Néoscolastique[567].) – Auch die verschiedenen Sammelwerke (Beiträge zur Geschichte der Philosophie und Theologie des Mittelalters; Abhandlungen zur Philosophie und Psychologie der Religion, herausgegeben von G. Wunderle[568]; Grenzfragen zur Theologie und Philosophie, herausgegeben von Rademacher und Söhngen[569]; Philosophie und Grenzwissenschaften (Innsbruck)[570] lassen Wünsche offen. Entweder haben sie ein begrenztes Arbeitsfeld (bloßes Mittelalter; Religionsphilosophie und Religionspsychologie usw.) oder sie führen (wie die Innsbrucker Serie) nur ein kümmerliches Dasein. So ist z. B. die Arbeit an der modernen Philosophie in diesen Sammlungen heimatlos, falls die »Forschungen zur neuen Philosophie und ihrer Geschichte« (Schöningh, Paderborn)[571] eingegangen sind. Eine Sammlung für naturphilosophische Arbeiten und weltanschaulich bedeutsame naturwissenschaftliche Fragen fehlt ganz (trotz der Serie von H. André[572] und ge-

562 Wissenschaft und Weisheit. Zeitschrift für augustinisch-franziskanische Theologie und Philosophie in der Gegenwart, Freiburg/Br. u. a. 1934ff.

563 Divus Thomas. Jahrbuch für Philosophie und spekulative Theologie, Freiburg/Ue. 1914ff.

564 Philosophisches Jahrbuch der Görres-Gesellschaft, Fulda u. a. 1888–1942, 1946ff.

565 Jahrbuch für Liturgiewissenschaft, hg. von Odo Casel u. a., Münster 1921–41.

566 Recherches de théologie ancienne et médiévale, Löwen 1929–40, 1946ff.

567 Revue néo-scolastique, Löwen 1894–1909; Revue néoscolastique de philosophie, Löwen 1910–1940/45.

568 Abhandlungen zu Philosophie und Psychologie der Religion, hg. von Georg Wunderle, Würzburg 1922–41.

569 Grenzfragen zur Theologie und Philosophie, hg. von Arnold Rademacher und Gottlieb Söhngen, Bonn 1936ff.

570 Philosophie und Grenzwissenschaften. Schriftenreihe, hg. vom Institut für scholastische Philosophie, Innsbruck 1924ff.

571 Forschungen zur neueren Philosophie und ihrer Geschichte, Halle 1924ff, Paderborn 1934ff, Würzburg 1956ff.

572 Bücher der neuen Biologie und Anthropologie, hg. von Hans André, Habelschwerdt 1924ff. – Hans André (1891–1966), 1929 Professor für Botanik und allgemeine Biologie in Braunsberg; DBA NF 30, 241; Gerhard REIFFERSCHEID, Das Bistum Ermland und das Dritte Reich (Bonner Beiträge zur Kirchengeschichte 7), Köln 1975, 46f.

legentlicher Artikel in »Natur und Kultur«[573]). – Ein wichtiges Bedürfnis wäre (trotz der Arbeit von Max Ettlinger[574]) eine Geschichte der neuzeitlichen Philosophie vom Standpunkt der »philosophia perennis« aus. B. Jansens »Geschichte der Erkenntnislehre in der neueren Philosophie bis Kant«[575] war ein Anfang dazu, aber auch nicht mehr. – Ein vom gleichen Standpunkt aus geschriebenes »Wörterbuch der philosophischen Begriffe« ist ebenfalls sehr wünschenswert, schon lange geplant und nie ausgeführt worden (trotz Otto Willmann, Die wichtigsten philosophischen Fachausdrücke in historischer Anordnung[576]).

2) Populäres und Sprachliches

Neben den eigentlichen philosophischen Schulbüchern ist in den letzten Jahren eine Reihe von kleineren Werken entstanden, die man vielleicht unter dem Stichwort »Laienphilosophie« zusammenfassen könnte. Hierher gehören A. Brunner, Die Grundfragen der Philosophie, 1933[577], A. Schneider, Einführung in die Philosophie unter Berücksichtigung ihrer Beziehung zur Pädagogik, 2 Bändchen, 1931/34[578], J. B. Lotz und J. de Vries, Die Welt des Menschen, 1940[579], J. Lenz, Vorschule der Weisheit, 1941[580], A. Dempf, Christliche Philosophie, 1938[581]. Hierher darf vielleicht auch gerechnet werden manches aus den Werken Theodor Haeckers (wie z. B. Der Geist des Menschen und die Wahrheit, 1937)[582], von J. Pieper (Über Thomas von

573 Natur und Kultur, hg. von Franz Völler, München 1903/04ff.

574 Max ETTLINGER, Geschichte der Philosophie von der Romantik bis zur Gegenwart (Philosophische Handbibliothek 8), München 1924. – Max Ettlinger (1877–1929), 1903–07 Redakteur beim »Hochland«, 1917 Professor für Philosophie in Münster, 1920 Mitherausgeber der »Philosophischen Handbibliothek«; DBA NF 342, 382; Josef SPIELER, Max Ettlinger, in: NDB 4, 666f.

575 Bernhard JANSEN, Die Geschichte der Erkenntnislehre in der neueren Philosophie bis Kant, Paderborn 1940.

576 Otto WILLMANN, Die wichtigsten philosophischen Fachausdrücke in historischer Anordnung, Kempten 1909.

577 August BRUNNER, Die Grundfragen der Philosophie. Ein systematischer Aufbau, Freiburg/Br. 1933. – August Eugen Albert Brunner SJ (1894–1985), 1929 Professor für Philosophie in Valkenburg/Holland, 1937–41 an der Jesuiten-Hochschule auf Jersey, 1943–46 in Vals-près-le Puy; Karl-Heinz NEUFELD, August Brunner (1894–1985), in: CORETH, Bd. 3, 233–242.

578 Artur SCHNEIDER, Einführung in die Philosophie unter Berücksichtigung ihrer Beziehungen zur Pädagogik, 2 Bde., Paderborn 1927–1931.

579 Johannes Baptist LOTZ/Josef de VRIES, Die Welt des Menschen. Ein Grundriß christlicher Philosophie, Regensburg 1940.

580 Joseph LENZ, Vorschule der Weisheit. Einleitung in eine wissenschaftliche Lebensphilosophie, Würzburg 1941. – Joseph Lenz (1892–1974), 1921 Professor für Theologie in Trier; DBA NF 803, 101–103.

581 Alois DEMPF, Christliche Philosophie. Der Mensch zwischen Gott und der Welt, Bonn 1938.

582 Theodor HAECKER, Der Geist des Menschen und die Wahrheit, Leipzig 1937. – Theodor Haecker (1879–1945), Schriftsteller und Philosoph, 1921 Konversion zum Katho-

Aquin, 1940, Die Wirklichkeit und das Gute, 1935, Über das christliche Menschenbild, 1936, und in etwa seine ethischen Monographien: Traktat über die Klugheit, 1937, Vom Sinn der Tapferkeit, 3. Auflage 1938, Zucht und Maß, 1937)[583], Paul Simon, Sein und Wirklichkeit, Grundfragen einer Metaphysik, 1937[584], und, wenn auch schon mehr in das Fachwissenschaftliche hineingreifend: Daniel Feuling, Hauptfragen der Metaphysik, Einführung in das philosophische Leben, 1936, Das Leben der Seele, 1940[585]. Dieser Zweig philosophischer Arbeit kann zwar eingehende fachwissenschaftliche Arbeit nicht ersetzen und darf uns über Mängel in dieser Hinsicht nicht hinwegtrösten. Aber er ist doch in mancher Hinsicht bedeutungsvoll: Einmal zeigt er, daß auch bei einer nüchternen und sachlichen philosophischen Arbeit heute noch mit Interesse und einem großen Leserkreis gerechnet werden kann, daß also wenigstens im katholischen Raum nicht bloß ein gefühlsmäßiger Irrationalismus das Ohr der Menschen findet. Vielleicht kann man diese Literatur sogar als Zeichen dafür werten, daß die Gefahr einer irrationalistischen Lebens- und Erlebnisphilosophie oder eines extremen Supranaturalismus[586] im katholischen Raum seinen Höhepunkt bereits überschritten hat, wenn ein solcher bestand. Sodann sind diese Werke in ihrer Aufgeschlossenheit für die moderne Problematik bei aller Treue zur überlieferten Metaphysik und in ihrer sprachlichen Gestaltung im allgemeinen der eigentlichen wissenschaftlichen Arbeit voraus und können so auf sie befruchtend zurückwirken.

3) Antiintellektualismus

Soll über diesen wichtigen Punkt überhaupt Klarheit erzielt werden, so sind von vorneherein zwei Dinge zu unterscheiden: einerseits die Tatsache, daß es (aus Gründen, die hier nicht weiter zu besprechen sind) so etwas wie einen antiintellektualistischen Zeitgeist gibt, unter dessen Einfluß natürlich auch die Menschen in der Kirche stehen (und bis zu einem gewissen Grad stehen müssen, sollen sie nicht gegen den Willen Gottes in einem Ghetto an ihrer Zeit vorbeileben), und andererseits die Frage, ob dieser Zeitgeist in

lizismus, 1941 Hauptschriftleiter im Verlag Ferdinand Schreibers; Michael Langer, Theodor Haecker (1879–1945), in: Coreth, Bd. 3, 216–225.

583 Josef Pieper, Über Thomas von Aquin, Leipzig 1940; Ders., Die Wirklichkeit und das Gute, Leipzig 1935; Ders., Über das christliche Menschenbild, Leipzig 1936; Ders., Traktat über die Klugheit, Leipzig 1937; Ders., Vom Sinn der Tapferkeit, Leipzig ^{3}1938; Ders., Zucht und Maß, Leipzig 1937. – Josef Pieper (*1904), 1928 Dr. phil., 1932–45 freier Schriftsteller; Siegfried Battisti, Josef Pieper (geb. 1904), in: Coreth, Bd. 2, 666–672.

584 Paul Simon, Sein und Wirklichkeit. Grundfragen einer Metaphysik, München 1938.

585 Daniel Feuling, Hauptfragen der Metaphysik. Einführung in das philosophische Leben, Heidelberg 1936; Ders., Das Leben der Seele. Einführung in die psychologische Schau, Leipzig 1940, Salzburg ^{2}1940.

586 Vgl. Gröbers Beunruhigung über den »sublimen Supernaturalismus«; Freiburger Memorandum Nr. 10.

einer bedrohlichen Weise auf die Lehre und Verkündigung innerhalb der Kirche eingewirkt hat, sei es dadurch, daß gewisse Wahrheiten, wie die Beweisbarkeit des Daseins Gottes[587] und der übrigen fundamentaltheologischen Wahrheiten, in der tatsächlichen Lehre und Verkündigung zu stark zurücktreten oder ausfallen, sei es dadurch, daß die richtige Lehre selbst in diesen Punkten in einem modernistischen Sinne positiv verfälscht wird.

Was nun das erste, die Tatsache eines antiintellektualistischen Zeitgeistes angeht, so ist dies zunächst als reines Faktum nicht zu leugnen und nicht zu beseitigen. Sie gehört im wesentlichen einfach zu den unvermeidlichen Wandlungs- [und] Wechselerscheinungen in der Geschichte des kulturellen und geistigen Lebens. Die Aufgabe kann also hier nur sein, das Positive einer solchen Situation zu sehen und für die christliche Verkündigung auszunutzen. Bloße Verbote und negative Proteste helfen hier nichts. Sie erreichten im günstigsten Fall, daß nichts Falsches gelehrt und verkündet wird; daß aber das Wahre lebendig und den Menschen dieses Zeitgeistes wirklich gewinnend gepredigt wird, ist auf diese Weise allein nicht zu erreichen. Hier ist positiv zu arbeiten: Es müssen die christliche Wahrheit und ihre metaphysischen Voraussetzungen in einer lebendigen, zeitnahen, für die Situation des heutigen Menschen aufgeschlossenen Weise verkündet werden. Es kann und muß dabei ruhig an jene zeitbedingte seelische Disposition angeknüpft werden, die nun einmal der heutige Mensch mitbringt und die gerade ihm den Zugang zum Christentum erleichtern soll, wobei es an sich gleichgültig ist, ob diese »Gründe« für die christliche Wahrheit die objektiv und sachlich für die wissenschaftliche Apologetik entscheidenden sind oder nicht. Wird das beachtet und dabei auch nicht übersehen, daß auch die objektiven, intellektuellen, metaphysischen und geschichtlichen Gründe für die Wahrheit des Christentums im konkreten Vollzug ihrer Einsicht im lebendigen Menschen eingebettet sein müssen in die Gesamtwirklichkeit des menschlichen Seelenlebens, dann wird es auch nicht unmöglich sein, dem Menschen von heute, je entsprechend seiner Bildung und Entwicklungsstufe, die rationalen Einsichten, die der Glaube objektiv voraussetzt, nahezubringen. – Das Gleiche gilt im wesentlichen bezüglich der Bekämpfung eines antirationalen und antischolastischen Affektes im Klerus. Wie weit ein solcher, auf das Ganze des Klerus und der Theologenschaft gesehen, tatsächlich besteht, ist schwer genauer zu sagen. Die bald zu erwähnende Gruppe um Hessen usw. mag für das Bestehen einer solchen Haltung als gewisses Indizium gelten. Die Tatsache, daß lebendige Bücher von durchaus scholastischer Grundhaltung (wie die schon erwähnten von Brunner, Lotz und de Vries, Feuling usw.) gekauft und gelesen werden (und damit doch wohl zum großen Teil ihren Absatz im Klerus finden), zeigt, daß die Größe und Verbreitung dieses antischolasti-

587 Zum Streit um die Evidenz des kausalen Gottesbeweises vgl. demnächst Christoph Weber, Der Religionsphilosoph Johannes Hessen (1889–1971) in den geistigen Kämpfen seiner Zeit (Tübinger Studien zur Philosophie und Theologie), Mainz 1994.

schen Affektes auch nicht überschätzt werden darf, zumal, wenn man nüchtern in Betracht zieht, daß der Durchschnittsmensch (und auch der durchschnittliche Kleriker) überall und zu jeder Zeit eine gewisse Antipathie gegen eine nüchterne und schwierige Wissenschaft (und zu der gehört nun einmal unvermeidlich auch die scholastische Metaphysik) gehabt hat und haben wird, ohne daß dies schon zu besonderer Besorgnis Anlaß geben muß. Wie die positive Bekämpfung eines antiintellektualistischen und antischolastischen Affektes im Klerus (soweit er wirklich vorhanden ist) zu geschehen hätte, ist in einem Breslauer Gutachten zum Freiburger Memorandum[588] schon sehr richtig angedeutet: eine wirklich gründliche, sich zeitlich nicht zu karg bemessene Ausbildung der Theologen in der scholastischen Philosophie, eine Ausbildung, die auch ganz im Sinne der päpstlichen Studienordnung (in der Constitutio apostolica »Deus scientiarum Dominus«[589]) nicht gestört werden sollte durch alle möglichen theologischen Fächer, die schon während des philosophischen Studiums absolviert werden müssen, eine Ausbildung, die geleitet wird durch Professoren, die lebendige Menschen sind, aufgeschlossen für die Fragen und Probleme der heutigen Zeit und der modernen Philosophie, und gleichzeitig die scholastische Philosophie kennen, lieben und mit Begeisterung vertreten. Es sei in diesem Zusammenhang auch noch darauf hingewiesen, daß durchschnittlich die Zahl der Professoren für die einzelnen philosophischen Disziplinen in der Ausbildung der Theologen viel zu gering ist. – Schließlich sei zur Frage eines antiintellektualistischen Zeitgeistes noch eine Bemerkung angefügt, die wichtig ist für die Beantwortung der Frage, ob er eine Gefahr für das Entstehen eines neuen Modernismus[590] bedeutet, wie man da und dort hören kann. Man wird wohl sagen müssen, daß der heutige »Antiintellektualismus« ganz anderer Art ist als jener, der zu Beginn des 20. Jahrhunderts den Modernismus[591] hervorgebracht hat. Der Antiintellektualismus des Modernismus entstand aus einem verkehrten Rettungsversuch des Religiösen durch einen Menschen, der zutiefst rationalistisch war. Er war Folge, nicht Ursache des damaligen Zeitgefühls. Weil in extrem *rationalistischer* Weise Geschichtswissenschaft und Philosophie getrieben wurde und *dadurch* die rationalen Grundlagen des Glaubens unterminiert wurden, flüchtete man (da man das Religiöse doch retten wollte) in eine antiintellektualistische Theorie des Religiösen. Heute scheint das wesentlich anders zu sein: Der heutige Mensch liebt das Intellektualistische in der Religion nicht deshalb

588 Vgl. Einleitung S. 29f.

589 Pius XI., Apostolische Konstitution »Deus scientiarum Dominus« vom 24. Mai 1931; AAS 23 (1931), 241–260.

590 Vgl. Karl RAHNER, Neuer Modernismus? Zu dem Buch: Der Katholizismus. Sein Stirb und Werde (herausgegeben von G. Mensching), in: Schönere Zukunft 13 (1938), 1049f, 1083–1085.

591 Überblicke zur Problematik: Norbert TRIPPEN, Modernismus, in: Staatslexikon[7] 3, 1201–1204; Wilhelm IMKAMP, Die katholische Theologie in Bayern von der Jahrhundertwende bis zum Ende des Zweiten Weltkriegs, in: BRANDMÜLLER, Bd. 3, 539–651, hier 560–581.

nicht, weil er intellektuell so problematisch ist, daß er darin eine Gefahr für die Religion wittert, sondern weil er weitgehend überhaupt nicht rational interessiert ist. Der religiöse Antiintellektualismus entsteht heute nicht mehr aus einer Hypertrophie des Rationalistischen, sondern aus einem wirklichen Zurücktreten des bloß Rationalen. (Ob dieses Zurücktreten und Schwinden rationaler Energie eine Ermüdungserscheinung ist oder aus tieferen Gründen zu erklären ist, braucht hier nicht untersucht zu werden.) Wir haben jedenfalls eine ganz andere geistige Situation vor uns als in den Zeiten des Modernismus, sie hat sicher auch ihre Gefahren (wie ihre Vorteile), aber diese Gefahr ist sicher nicht der »Modernismus«, wenn anders man unter diesem Wort nicht willkürlich etwas verstehen will, was mit dem bisherigen Sinn des Wortes ungefähr nichts mehr zu tun hat.

Was die Frage hingegen angeht, ob das irrationale Lebensgefühl in die Lehre und Verkündigung selbst in einer schädigenden Weise, sei es durch Ausfallerscheinungen, sei es durch positive Verbiegungen der fundamentaltheologisch wichtigen Wahrheiten, eingebrochen sei, so sind für eine klare Beantwortung dieser Fragen wohl drei Gruppen von Problemen und literarischen Erscheinungen auseinanderzuhalten: erstens die Literatur, die mehr oder minder deutlich eine modernistische Tendenz oder modernistischen Einschlag enthält, zweitens die Literatur über das Kausalitätsprinzip, drittens die Literatur über die analysis fidei. Es wäre sehr wenig objektiv, ungerecht und gefährlich, alle diese Dinge in einen Topf zu werfen.

Was die *erste* Gruppe angeht, so ist nicht zu leugnen, daß sie im deutschen Raum besteht. Sie ist aber sehr klein, personal und landschaftlich lokalisiert, wirklich (wie die Berufung auf Tyrell[592] zeigt) ein Restbestand aus der Zeit des alten Modernismus, nicht eine *neu* auftauchende Gefahr, und in ihren deutlichsten Erzeugnissen durch das kirchliche Lehramt schon verurteilt, so daß ein Umsichgreifen dieser Richtung wohl nicht zu befürchten ist. Es handelt sich bei dieser Gruppe vor allem um J. Hessen (z. B. Erkenntnistheorie, 1926, Die Weltanschauung des Thomas von Aquin, 1926, Das Kausalprinzip, 1928, Wertphilosophie, 1937, Die Werte des Heiligen, 1938 usw.)[593],

592 George Tyrell (1861–1909), 1881–1906 SJ, 1894–96 Dozent für Philosophie am Jesuiten-Kolleg Stonyhurst/England, dann geistlicher Begleiter, Prediger, Mitarbeiter am »Month«, befreundet mit Friedrich von Hügel, Alfred Loisy und Henri Bremond, 1907 als »Modernist« exkommuniziert. Die Verfasser der »Mulert- und Mensching-Bücher« (siehe unten) rezipierten v.a. die deutsche Übersetzung: George TYRELL, Zwischen Scylla und Charybdis, Jena 1909; Thomas Michael LOOME, Liberal Catholicism, Reform Catholicism, Modernism. A Contribution to a New Orientation in Modernist Research (Tübinger Theologische Studien 14), Mainz 1979, 13–108, 218–227.

593 Johannes HESSEN, Erkenntnistheorie (Leitfäden der Philosophie 2), Berlin 1926; DERS., Die Weltanschauung des Thomas von Aquin, Stuttgart 1926; DERS., Das Kausalprinzip, Augsburg 1928; DERS., Wertphilosophie, Paderborn 1937 (dazu die Rez. von Karl RAHNER, in: ZKTh 61 [1937], 615–624); DERS., Die Werte des Heiligen. Eine neue Religionsphilosophie, Regensburg 1938. – Johannes Hessen

noch mehr um die sichtlich von Hessen inspirierten und von Mensching bzw. Mulert herausgegebenen modernistischen Programmschriften: Der Katholizismus, Sein Stirb und Werde, 1937, und Der Katholizismus der Zukunft, 1940[594]. Deutlich sachliche (und wohl auch persönliche) Verbindungslinien führen von Hessen einerseits zu Alois Müller (Einleitung in die Philosophie, 1925; Psychologie, 1927)[595] und A. Rademacher (für den seine Besprechung des Mensching-Buches in: Eine heilige Kirche, 1938. S. 2ff schon symptomatisch genug ist; vgl. z. B. auch sein Buch »Religion und Bildung«, 1935 u. a.)[596] und andererseits zu Josef Thomé (wie z. B. Vom Glauben an Gott, 1941)[597]. Bei dieser Gruppe haben wir wirklich eine zur grundsätzlichen Theorie gewordene antiintellektualistische Haltung vor uns, aus der dann auch ausgesprochen modernistische Konsequenzen für die Religionsbegründung und für Sinn und Geltung des Dogma gezogen werden. Aber, wie gesagt, diese Gruppe scheint doch offenbar landschaftlich und personell sehr begrenzt zu sein; ihre Theorien wurden, vor allem was die Mensching- und Mulert-Bücher angeht, in der katholischen wissenschaftlichen Literatur allgemein und deutlich abgelehnt (K. Adam[598], Kösters[599], K. Rahner[600], Th. Hoffmann[601], Paderborner Akademie[602]); vor die-

(1889–1971), Dr. theol. et phil., 1927 ao. Professor für Philosophie in Köln, September-Oktober 1928 Suspension vom geistlichen Amt durch den Erzbischof von Köln und den Bischof von Münster, 1940 Erlöschen der Lehrbefugnis, 1943 Redeverbot für das Reichsgebiet, führend im Rheinischen Kreis der Reformfreunde; über ihn demnächst: Christoph WEBER, Der Religionsphilosoph Johannes Hessen (1889–1971) in den geistigen Kämpfen seiner Zeit (Tübinger Studien zur Philosophie und Theologie), Mainz 1994.

594 Gustav MENSCHING (Hg.), Der Katholizismus. Sein Stirb und Werde. Von Katholischen Theologen und Laien, Leipzig 1937; Hermann MULERT (Hg.), Der Katholizismus der Zukunft. Aufbau und kritische Abwehr. Von Katholischen Theologen und Laien, Leipzig 1940. – Das erste Werk stammt hauptsächlich, das zweite ganz von Johannes Hessen und Oskar Schroeder; zur Identifizierung der Autoren vgl. Oskar SCHROEDER, Aufbruch und Mißverständnis. Zur Geschichte der reformkatholischen Bewegung, Graz 1969, 459–473 und demnächst Christoph WEBER, Der Religionsphilosoph Johannes Hessen (1889–1971) in den geistigen Kämpfen seiner Zeit (Tübinger Studien zur Philosophie und Theologie), Mainz 1994.

595 Aloys MÜLLER, Einleitung in die Philosophie, Berlin 1925, ²1931; DERS., Psychologie, Berlin 1927. – Aloys Müller (1879–1952), 1927 ao. Professor in Bonn, 1939 Entzug der venia legendi; ZIEGENFUSS, Bd. 2, 178.

596 Arnold RADEMACHER, Rez.: Der Katholizismus. Sein Stirb und Werde, in: Eine heilige Kirche 19 (1937), 2–13; DERS., Religion und Bildung, Bonn 1935.

597 Josef THOMÉ, Vom Glauben an Gott, Regensburg 1942. – Josef Thomé (1891–1980), Priester der Erzdiözese Köln (später Aachen), 1922 wegen dogmatischer Bedenken des Koreferenten Prof. Esser gescheiterte Dissertation bei Arnold Rademacher, 1929 wegen Kontakten zu Johannes Hessen und Friedrich Heiler Versetzung von Köln nach Mönchengladbach, 1936 Pfarrer in Würselen-Morsbach bei Aachen, befreundet mit Georg Koepgen, Matthias Laros und Hermann Mulert, Mitglied im Rheinischen Kreis der Reformfreunde; August BRECHER, Josef Thomé (1891–1980). Mündiges Christsein zwischen Gesetz und Freiheit, in: Karl SCHEIN (Hg.), Christen zwischen Niederrhein und Eifel. Lebensbilder aus zwei Jahrhunderten, Bd. 3, Aachen 1993, 137–155.

ser Richtung ist schließlich durch die kirchliche Indizierung der beiden Mulert-Mensching-Bücher eindeutig und genügend gewarnt. Wichtig ist aber auch, schon hier zu betonen, daß diese Gruppe nicht identifiziert werden darf mit den Theologen und Philosophen, die gleich bei den beiden anderen Gruppen genannt werden müssen. Die erste Gruppe vertritt bewußt kirchenamtlich verworfene Lehren, die beiden anderen bemühen sich unter der selbstverständlichen Voraussetzung der Verbindlichkeit amtlicher Lehräußerungen der Kirche um eine gründlichere Bereinigung der damit noch offenen philosophischen und theologischen Fragen. Die Notwendigkeit dieser Unterscheidung ergibt sich schon am einfachsten daraus, daß z. B. das Mulert-Buch den gleich zu erwähnenden K. Adam in der heftigsten Weise angreift[603]. – Ein beziehungsloser Einzelfall ist das Buch von G. Koeppgen [sic!], Die Gnosis des Christentums, 1939, das insofern hier erwähnt werden kann, als die darin gelehrte heterogene und radikale Pluralität von Denkformen, unter denen das rationale Denken bloß eine letztlich zweitrangige Form ist, Sinn und Bedeutung des Rationalen in Philosophie und Theologie falsch bestimmt. Da auch dieses Werk eine beziehungslose Einzelerscheinung und schon kirchenamtlich indiziert ist, bedarf es ihm gegenüber oder seinetwegen auch keiner weiteren Maßnahme. Bedenklicher als das Buch war eigentlich bei seinem Erscheinen die unklare und theologisch instinktlose Be-

598 Karl ADAM, Rez.: Der Katholizismus. Sein Stirb und Werde, hg. von Gustav Mensching, Leipzig 1937, in: ThQ 118 (1937), 513–519; vgl. Hans KREIDLER, Eine Theologie des Lebens. Grundzüge im theologischen Denken Karl Adams (Tübinger Theologische Studien 29), Mainz 1988, 110–116.

599 Ludwig KÖSTERS, Rez.: Der Katholizismus. Sein Stirb und Werde, hg. von Gustav Mensching, Leipzig 1937, in: Scholastik 13 (1938), 260–263; vgl. die Antwort in: Hermann MULERT (Hg.), Der Katholizismus der Zukunft, Leipzig 1940, 126f.

600 Karl RAHNER, Rez.: Der Katholizismus. Sein Stirb und Werde. Von katholischen Theologen und Laien, hg. von Gustav Mensching, Leipzig 1937, in: ZKTh 62 (1938), 109–123; DERS., Rez.: Der Katholizismus der Zukunft. Aufbau und kritische Abwehr, hg. von Hermann Mulert, Leipzig 1940, in: ZKTh 64 (1940), 149–152; vgl. die Antwort in: Hermann MULERT (Hg.), Der Katholizismus der Zukunft, Leipzig 1940, 123–126.

601 Theo HOFFMANN, Kirche im Sterben – Katholizismus im Werden?, in: StdZ 133 (1938), 388–395. – Theo Hoffmann SJ (1890–1953), 1928 Rektor des Jesuiten-Kollegs in Berlin-Charlottenburg, Schriftleiter der »Stimmen der Zeit«; KOSCH 1676; MENDIZABAL 475, Nr. 26280.

602 Reformkatholizismus? Eine Antwort auf das Buch: Der Katholizismus, Sein Stirb und Werde, von Bernhard Bartmann, Johannes Brinktrine, Josef Mayer, Wilhelm Moock, Karl Pieper, Franz Rüsche, Paul Simon, Professoren der erzbischöflichen Akademie Paderborn, Paderborn 1938 (Sonderdruck von: Theologie und Glaube [1938], Heft 2); vgl. die Antwort in: Hermann MULERT (Hg.), Der Katholizismus der Zukunft, Leipzig 1940, 128–147.

603 Hermann MULERT (Hg.), Der Katholizismus der Zukunft, Leipzig 1940, 113–123: »Offener Brief an Karl Adam«; der Brief endet: »Wir sind treue Schüler *Ihrer* Lehre vom wahren letzten Gegenstand der Theologie, Herr Professor, soweit und insofern sich diese nicht mit der bisherigen Theorie deckt, wie wir oben ausführten. Warum tadeln Sie Ihre Schüler, die nur konsequent Ihren Weg weitergehen?«

lobigung des Werkes in der theologischen Halbwelt vieler Kirchenblätter und ähnlicher Zeitschriften, die einen bedauerlichen Mangel im notwendigen Niveau des Buchbesprechungswesens verriet[604].

Die *zweite* Gruppe, die hier zu nennen ist, bilden Schriften über die rationale Aufweisbarkeit und Geltung des metaphysischen Kausalprinzips als der Grundlage der rationalen Gottesbeweise. Hier sind zu nennen Isenkrahe (Über die Grundlage eines bündigen kosmologischen Gottesbeweises, 1915)[605], Geyser (Erkenntnistheorie, 1922; Einige Hauptprobleme der Metaphysik, 1933; Das Prinzip vom zureichenden Grunde, 1929; Das Gesetz der Ursache, 1923)[606], Hessen (vgl. oben!), L. Faulhaber (Wissenschaftliche Gotteserkenntnis und Kausalität, 1923; Die drei Wege der Gotteserkenntnis und der wissenschaftliche Gottesbegriff, 1924)[607], Sawicki (Die Gottesbeweise, 1926)[608], Artur Schneider (im Sammelwerk »Probleme der Gotteserkenntnis«, 1928)[609].

604 Georg KOEPGEN, Die Gnosis des Christentums, Salzburg 1939, [2]1940, Trier [3]1978 (mit einem Geleitwort von Wilhelm Nyssen und einem Nachwort von Adolf Heuser); 1941 indiziert durch Dekret des Heiligen Offiziums; INDEX 246. – Georg Koepgen (1898–1975), 1923 Kaplan in Düsseldorf, 1928 theologische Promotion bei Arnold Rademacher in Bonn (»Die neue kritische Ontologie und die Scholastik«), 1930 Religionslehrer in Eschweiler, 1935 in Krefeld-Uerdingen, 1946 Studienrat; Nikolaus HENS, Georg Koepgen (1898–1975). Geistlicher – Studienrat – Religionslehrer, in: Karl SCHEIN (Hg.), Christen zwischen Niederrhein und Eifel. Lebensbilder aus zwei Jahrhunderten, Bd. 1, Aachen 1993, 181–202. – Zu Koepgens Werk und den Reaktionen, die es hervorrief vgl. ebd. 186–195. Die Kritik an Koepgen wurde eröffnet durch: Hans Urs von BALTHASAR, Sind wir Gnostiker?, in: Schönere Zukunft 14 (1939), 1174–1177 (Balthasar hatte vor der Drucklegung noch ein positives Gutachten zur Erlangung des Imprimatur abgegeben). Seine Kritik wurde aufgenommen von: Karl RAHNER, Gnosis des Christentums. Zur theologischen Erkenntnislehre des gleichnamigen Buches von Georg Koepgen, in: Scholastik 15 (1940), 1–15.

605 Caspar ISENKRAHE, Über die Grundlegung eines bündigen kosmologischen Gottesbeweises, München 1915. – Caspar Isenkrahe (1844–1921), 1870 Oberlehrer in Krefeld, 1892 in Bonn, 1893 Gymnasialprofessor in Trier, befaßte sich mit Grenzfragen zwischen Mathematik/Naturwissenschaft und Philosophie/Theologie; DBA NF 638, 430.

606 Joseph GEYSER, Erkenntnistheorie, Münster 1922; DERS., Einige Hauptprobleme der Metaphysik, Freiburg/Ue. 1933; DERS., Das Prinzip vom zureichenden Grund, Regensburg 1929; DERS., Das Gesetz der Ursache, München 1933.

607 Ludwig FAULHABER, Wissenschaftliche Gotteserkenntnis und Kausalität. Eine Untersuchung zur Grundfrage der Apologetik mit besonderer Berücksichtigung aktueller Probleme (Abhandlungen zur Philosophie und Psychologie der Religion 2), Würzburg 1922; DERS., Die »drei Wege« der Gotteserkenntnis und der wissenschaftliche Gottesbegriff. Ein Beitrag zur Kritik der wissenschaftlichen Gotteserkenntnis (Abhandlungen zur Philosophie und Psychologie der Religion 15), Würzburg 1924. – Ludwig Faulhaber (1893–1963), 1925 Professor für Religionsphilosophie in Bamberg, Schüler von Georg Wunderle; DBA NF 354, 272; Wilhelm IMKAMP, Die katholische Theologie in Bayern von der Jahrhundertwende bis zum Ende des Zweiten Weltkriegs, in: BRANDMÜLLER, Bd. 3, 539–651, hier 623.

608 Franz SAWICKI, Die Gottesbeweise, Paderborn 1926.

609 Artur SCHNEIDER, Kausalgesetz und Gotteserkenntnis, in: Karl FECKES/Gottlieb SÖHNGEN (Hg.), Probleme der Gotteserkenntnis (Veröffentlichungen des Katholischen Institutes für Philosophie Albertus-Magnus-Akademie zu Köln 2/3), Münster 1928.

Gewiß machen sich in diesen Schriften da und dort Tendenzen geltend, die eine Gefahr für eine rational einsichtige Erkenntnis Gottes aus der Welt bilden könnten. So, wenn unter Aufgabe der Bemühung um die Begründung der Einsichtigkeit des metaphysischen Kausalprinzips dieses als bloßes Postulat eines nicht mehr rational einsichtig machbaren Vertrauens auf die Sinnhaftigkeit der Wirklichkeit betrachtet wird (Sawicki, Hessen). Aber das grundsätzliche Bemühen geht doch auf eine genauere und tiefergreifende Begründung des metaphysischen Kausalprinzips, und die Kritik an manchen herkömmlichen Versuchen einer solchen Begründung steht im Dienste dieser letzten Absicht; nicht aber ist eine Leugnung dieses Prinzips und damit der Möglichkeit der kausalen Gotteserkenntnis aus der Welt beabsichtigt. (Man kann auch nicht sagen, daß eine kritische Schärfung des wissenschaftlichen Gewissens in dieser Hinsicht nicht da und dort nützlich wäre; vgl. z. B. A. Michelitsch, Repetitorium Metaphysicae, Graz 1929, S. 4[610]) Wenn die positiven Bemühungen dieser Gruppe um die Begründung des Kausalprinzips nicht immer befriedigend ausgefallen sind, so ist das noch kein Grund zur Besorgnis, denn wie oft ist man in der christlichen Philosophie über gewisse letzte Grundsätze als These einig und geht dabei doch tiefgreifend in der näheren Begründung und Deutung solcher Grundsätze auseinander, ohne daß sich deswegen das kirchliche Lehramt zu Beanstandungen veranlaßt sieht. Selbst Kardinal Ehrle meinte 1933 (Die Scholastik und ihre Aufgaben in unserer Zeit, 2. Auflage, S. 53), daß bezüglich des Kausalproblems »eine allgemein befriedigende und klärende Antwort bis jetzt noch nicht gegeben wäre. Letzte Fragen verlangen Zeit und allgemeines Zusammenarbeiten.«[611] Überdies fehlt es innerhalb der deutschen katholischen Philosophie nicht an Arbeiten, die unter Verwertung dieser fruchtbaren Kontroversen die Beantwortung dieser Frage in einer im Vergleich zu früher eingehenderen Weise versucht haben, die dennoch sich in der traditionellen Linie hält, so z. B. B. Franzelin, Die neueste Lehre Geysers über das Kausalitätsprinzip, 1924[612]; L. Fuetscher, Die ersten Seins- und Denkprinzipien, 1931[613], Mausbach, Wesen und Dasein Gottes (vgl. oben)[614], C. Nink, Sein und Erkennen,

610 Anton MICHELITSCH, Repetitorium Metaphysicae, Graz 1929, 4: Michelitsch begnügt sich in seinem Lehrbuch mit dem Hinweis, das Kausalitätprinzip sei evident und könne gar nicht bewiesen werden, da es jedem Beweis schon zugrunde liege. Hume und Kant hätten es zu Unrecht bestritten. – Anton Michelitsch (1865–1958), 1897 Professor für Thomistische Philosophie und Apologetik in Graz, 1934 in den Ruhestand versetzt; DBA NF 896, 251–256.

611 Franz EHRLE, Die Scholastik und ihre Aufgaben in unserer Zeit. Grundsätzliche Bemerkungen zu ihrer Charakteristik, 2., vermehrte Auflage, besorgt von Franz Pelster, Freiburg/Br. 1933.

612 Bernhard FRANZELIN, Die neueste Lehre Geysers über das Kausalitätsprinzip (Philosophie und Grenzwissenschaften 1/3), Innsbruck 1924. – Bernhard Franzelin SJ (1868–1943), 1924 Professor für scholastische Philosophie in Innsbruck; Emerich CORETH, Die Philosophie an der theologischen Fakultät Innsbruck 1857–1957, in: ZKTh 80 (1958), 142–183, hier 171–174.

613 Lorenz FUETSCHER, Die ersten Seins- und Denkprinzipien, Innsbruck 1930.

614 Joseph MAUSBACH, Dasein und Wesen Gottes, 2 Bde., Münster 1929–30.

1938[615]. Schließlich ist dieses Problem in seiner Vorhandenheit und Schwierigkeit nicht gestellt durch die Mode einer antiintellektualistischen Zeitphilosophie (ein Geyser mit seiner eher zu rationalen Denkhaltung kann gewiß nicht als Symptom solcher Gefahren gewertet werden), sondern ist ein Problem, das, weil zu den Grundproblemen der Metaphysik überhaupt gehörend, immer wieder neu gestellt und immer wieder aufs neue durchdacht wer den muß. Diese Gruppe kann also, aufs Ganze gesehen, nicht als Beweis dafür gelten, daß sich in Deutschland im christlichen philosophischen Denken eine antiintellektualistische Strömung breitmache, die zu einer Gefahr für eine Theologia naturalis[616] führe. Außerdem kann bemerkt werden, daß die oben erwähnte »Popularphilosophie«, die im allgemeinen jünger ist als diese Diskussion über das metaphysische Kausalprinzip, von ihr nicht ungünstig beeinflußt wurde, es sich also zeigt, daß es sich dabei um eine nützliche, aber im wesentlichen auch interne Angelegenheit der Fachphilosophie handelt.

Die *dritte* Gruppe von Werken bei denen man überhaupt wenigstens die Frage stellen kann, ob ein voluntaristischer oder supranaturalistischer Antiintellektualismus zum Schaden einer Theologia naturalis und einer rationalen Fundamentaltheologie sei, betrifft das Problem der Analysis Fidei[617] und der eigentlichen Glaubenszustimmung. Es soll mit der Zusammenfassung der gleich zu nennenden Autoren nicht im geringsten gesagt werden, daß sie alle einer Meinung seien oder daß jede der von ihnen vertretenen Theorien irgendwie theologisch oder philosophisch evident zu Bedenken Anlaß geben (natürlich auch nicht das Umgekehrte). Warum sie hier zusammen genannt werden, hat einfach darin seinen Grund, daß man wenigstens sich die Frage stellen kann, ob die in ihren Arbeiten zur Geltung kommenden Tendenzen nicht vielleicht als Anzeichen gewertet werden müßten für antiintellektualistische und in falscher Weise supranaturalistische Tendenzen, die der Theologia naturalis abträglich sind und durch ihre Bestimmung des Glaubensbegriffes die Bedeutung der Fundamentaltheologie und des rationale obsequium im Glauben gefährden. In diesem Sinne seien hier genannt: K. Eschweiler (Die zwei Wege der neuen Theologie, 1926, und mehrere Aufsätze in der Bonner Zeitschrift für Theologie und Seelsorge)[618], K. Adam

615 Caspar NINK, Sein und Erkennen. Untersuchungen zur inneren Einheit der Philosophie, München 1938.

616 Vgl. Freiburger Memorandum Nr. 2.

617 Vgl. Felix MALMBERG, Analysis fidei, in: LThK² 1, 477–483.

618 Karl ESCHWEILER, Die zwei Wege der neueren Theologie. Georg Hermes – Matthias Joseph Scheeben. Eine kritische Untersuchung des Problems der theologischen Erkenntnis, Augsburg 1926; DERS., Eine neue Kontroverse über das Verhältnis von Glaube und Wissen, in: Bonner Zeitschrift für Theologie und Seelsorge 3 (1926), 260–276; ebd. 4 (1927), 155–160 (Auseinandersetzung mit Johann Stufler SJ). – Karl Eschweiler (1886–1936), 1928 Professor für systematische Theologie in Braunsberg; Johannes FLURY, Um die Redlichkeit des Glaubens. Studien zur deutschen Katholischen Fundamentaltheologie, Freiburg/Ue. 1979, 165–179; Gerhard REIFFERSCHEID, Das Bistum Ermland und das Dritte Reich (Bonner Beiträge zur Kirchengeschichte 7), Köln 1975, 37f; Josef HASENFUSS, Karl Eschweiler, in: LThK² 3, 1100.

(Glaube und Glaubenswissenschaft im Katholizismus, 2. Auflage 1923)[619], J. Engert (Studien zur theologischen Erkenntnislehre, 1926, Wege zu Gott, 1937)[620], H. Lang (Die Lehre des hl. Thomas von Aquin von der Gewißheit des übernatürlichen Glaubens, 1929)[621]. Hier ist nun zunächst einmal zu sagen, daß es sich hierbei durchaus nicht um eine spezifisch deutsche Angelegenheit handelt; in anderen Ländern sind ähnliche Bestrebungen vorhanden (vgl. in Frankreich Rousselot[622], Huby[623]). Sie haben ihren objektiven Grund in der Schwierigkeit der Frage selbst. Über die Analysis Fidei und über das genauere Verhältnis von natürlicher Erkenntnis und Präambula Fidei[624] im Glauben und im Glaubenslicht ist noch nie eine Einigkeit unter den katholischen Theologen vorhanden gewesen; ebensowenig wird man sagen können, daß das genauere Verhältnis von Wahrheit und Wert und damit von Intellekt und Wille, von volitiven Momenten im Erkenntnisakt schon seine volle und eindeutige metaphysische Klärung gefunden haben. Es ist wohl kaum anzunehmen, daß über die schon ergangenen kirchlichen Lehrentscheidungen in diesen Fragen (Gregor XVI. gegen Bautain[625]; Vaticanum[626]; Pius X.: »Pascendi« und Antimodernisteneid[627])

619 Karl ADAM, Glaube und Glaubenswissenschaft im Katholizismus. Vorträge und Aufsätze, Rottenburg ²1923.

620 Joseph ENGERT, Studien zur theologischen Erkenntnislehre, Regensburg 1926; DERS., Wege zu Gott, Paderborn 1937.

621 Hugo LANG, Die Lehre des heiligen Thomas von Aquin von der Gewißheit des übernatürlichen Glaubens. Historisch untersucht und systematisch dargestellt, Augsburg 1928.

622 Vgl. z. B. Pierre ROUSSELOT, Les yeux de la foi, in: Recherches de Science Religieuse 1 (1910), 241–259; 444–475. – Pierre Rousselot SJ (1878–1915), 1909 am Institut Catholique in Paris, gefallen 1915; John M. MCDERMOTT, Pierre Rousselot (1878–1915), in: CORETH, Bd. 2, 437–452.

623 Vgl. z. B. Joseph HUBY, Le discours de Jésus après la Cène. Suivi d'une étude sur la Connaissance de foi dans Saint Jean, Paris ²1942. – Joseph Huby SJ (1878–1948), 1913 Professor für Theologie in Hastings/England, Sekretär der Recherches de Science Religieuse, 1920 Verlust des Lehrstuhls wegen seiner Nähe zu Pierre Rousselots Vorstellungen, 1926–38 Professor für Exegese in Lyon-Fourvière, Mitarbeiter von »Etudes«, 1940 Konsultor der Bibelkommission; Dictionnaire de Biographie Française, Bd. 17, Paris 1989, 1403.

624 Vgl. Georg MUSCHALEK, Praeambula fidei, in: LThK² 8, 653–657.

625 Louis Eugène Marie Bautain (1796–1867), 1817 Professor für Philosophie in Straßburg, 1834 verurteilte Papst Gregor XVI. (1765–1846, Papst 1831) seine Lehre als »fideistisch«; Paul POUPARD, Abbé Bautain und die katholisch-theologische Fakultät Tübingen, in: ThQ 138 (1958), 460–470.

626 Vatikanum I, 3. Sitzung vom 24. April 1870, Dogmatische Konstitution »Dei Filius« über den Katholischen Glauben, Kapitel 3, »De fide«; D(H) 3008; Peter WALTER, Die Frage der Glaubensbegründung aus innerer Erfahrung auf dem I. Vaticanum. Die Stellungnahme des Konzils vor dem Hintergrund der zeitgenössischen römischen Theologie (Tübinger Theologische Studien 16), Mainz 1980.

627 Pius X., Enzyklika »Pascendi dominici gregis«, vom 8. September 1907; ASS 40 (1907), 596–628; D(H) 3475–3500 und Motu proprio »Sacrorum antistitum«, vom 1. September 1910; AAS 2 (1910), 669–672; D(H) 3537–3550. – Giuseppe Sarto (1835–1914), 1884 Bischof von Mantua, 1893 Patriarch von Venedig und Kardinal, 1903 Papst Pius X., 1951 Selig-, 1954 Heiligsprechung; Erika WEINZIERL, Pius X., in: GRESCHAT, Bd. 12, 224–240.

hinaus die Problematik in diesen Punkten schon so weit geklärt sei, daß kirchliche Lehrentscheidungen in dieser Richtung bald zu erwarten wären. Hier sind zunächst einmal noch Aufgaben für die Theologen und Philosophen. Selbst wer der Ansicht ist, daß manches in den vorgetragenen Theorien (diese konsequent zu Ende gedacht) den schon ergangenen Lehrbestimmungen nicht gerecht wird (vgl. z. B. Stufler in ZKTH, 1927[628]), der wird doch nicht bestreiten, daß auch die Vertreter dieser Theorien (im Gegensatz zur zuerst genannten modernistischen Gruppe) den grundsätzlichen und ernsthaften Willen haben zu einer selbstverständlichen Respektierung der schon ergangenen kirchlichen Lehräußerungen. – Die im Gnosisbegriff bei Koeppgen [sic!] (siehe oben!) einschlußweise enthaltene Auffassung vom Wesen des Glaubens und der theologischen Erkenntnis ist natürlich unannehmbar, was wohl auch der Grund der kirchlichen Indizierung war. Aber sie ist, wie schon gesagt, eine vereinzelte Erscheinung und steht auch in keinem Zusammenhang mit dieser Gruppe. Woher die in dem Freiburger Memorandum unter Nummer 3 zitierte Begriffsbestimmung des Glaubens[629] stammt, entzieht sich unserer Kenntnis. Daß sie unannehmbar ist, ist selbstverständlich. Es darf aber wohl bestritten werden, daß sie für eine ernsthafte theologische Literatur in Deutschland irgendwie typisch ist. Wenn in dem Memorandum beklagt wird, daß man die bisherige katholische Glaubensdefinition für ungenügend erkläre (wobei leider nicht gesagt wird, wer das tue), so wäre natürlich eine solche Herabsetzung der vatikanischen Glaubensbestimmung höchst bedauerlich. Aber man darf wohl auch in diesem Zusammenhang auf das hinweisen, was ein moderner Theologe, dessen rationale und antimodernistische Einstellung – fast möchte man sagen: allzusehr – außer Zweifel steht, sagt: »Wenn wir mit der Definition des Vatikanischen Konzils sagen: Glauben heißt, ›etwas für wahr halten, nicht weil wir die innere Wahrheit mit dem Verstandeslicht durchschauen, sondern weil die Autorität Gottes, der es offenbart hat, dafür einsteht‹, dann ist das gewiß wahr; wir dürfen die Worte nicht oberflächlich und einseitig auffassen ... So ist der Glaube etwas ganz anderes als bloß eine verstandesmäßige Hinnahme der Offenbarung Gottes. Es wird nicht Gott auf die Zeugenbank gerufen, sondern er wird als der Unendliche, unser absoluter Herr, als höchste Wahrheit und unbedingte Wahrhaftigkeit in Ehrfurcht betrachtet und gewertet. Glaube ist *Gottesdienst*, Gottesverehrung, Gottesfurcht, Gottvertrauen, Gott-sehnen, Gottesliebe; er ist nicht nur die Klarheit des Erkennens, er ist auch die Treue des Willens und Innigkeit des Gemütes, nicht eine nüchterne Feststellungdes kalten Verstandes, sondern ein treuer Schlag des warmen Her-

628 Johann STUFLER, Ergebnis der Kontroverse über die thomistische Konkurslehre, in: ZKTh 51 (1927), 329–369, hier v.a. 359–369; vgl. DERS., Zur Analyse des Glaubensaktes, in: ZKTh 66 (1942), 183–195. – Johann Stufler SJ (1865–1952), 1907–39 Professor für Dogmatik in Innsbruck; Franz DANDER, Johann Stufler, in: LThK² 9, 1123.

629 »Es beunruhigt mich 3. *eine neue Begriffsbestimmung des Glaubens*, wonach der Glaube sei: ein ›irrationales Erfaßtsein‹, ein sich ›Bewußtwerden des Einsseins mit Christus‹ oder eine ›innere Schau‹ oder ein ›religiöses Erlebnis‹ oder eine ›Ergriffenheit und Hingebung‹«; MAAS-EWERD 544.

zens. Der Glaube ist die *Hingabe* des ganzen Menschen, das freigewollte Versenken in Gottes Wahrheit, Liebe, Wahrhaftigkeit, Herrlichkeit, Größe und Schönheit ... Er ist Wirken Gottes in uns ... Sein Wesen wird *nicht* bestimmt durch vorausgehende *menschliche* Erkenntnis, hängt nicht ab etwa von der Gnade der Philologen und Historiker, sondern ganz allein [von] Gott: von seiner Offenbarung, die uns den Inhalt des Glaubens kundtut; von seiner Wahrhaftigkeit, Allwissenheit und Treue, die uns seine Wahrheit verbürgen; von seiner Vorsehung und Gnade, die uns den Glauben schenken und ihn in uns schaffen. Und darum kann unser natürliches Bemühen niemals den Glauben erwerben: ›Nicht im Grübeln, nein, im Beten wird die Offenbarung kommen.‹ Darum ist der Glaube über alles sicher. Gott selber verbürgt und schafft ihn.« (L. Kösters, Unser Christusglaube, Freiburg 1937, S. 10–13)[630]

Mit der Unterscheidung dieser drei Gruppen und den aufgezählten Namen soll natürlich nicht gesagt sein, daß ein strenger Beobachter und Leser nicht auch noch sonst da und dort Einschläge eines Antiintellektualismus entdecken könnte, die mit der klassischen Tradition der Scholastik nicht ganz harmonisieren. Man könnte da, um irgendwelche Namen wahllos herauszugreifen z. B. hinweisen auf P. Wolf [sic!], Vom Sinn der Ehrfurcht (1935), (S. 116)[631], M. Pfliegler, Der Religionsunterricht, 1. Band (1935)[632] usw. Aber wenn in solchen Arbeiten die Gesamttendenz beachtet und die immer nötige »libertas in dubiis« respektiert wird, dann erscheint es als durchaus verkehrt, solche und ähnliche Äußerungen, die mehr nebenbei fallen, als Elemente eines Induktionsbeweises für die schleichende Gefahr eines Antiintellektualismus inquisitorisch zu sammeln.

630 Ludwig KÖSTERS, Unser Christusglaube. Das Heilandsbild der katholischen Theologie, Freiburg/Br. 1937; zur Definition des Vatikanum I vgl. D(H) 3008.

631 Paul WOLFF, Vom Sinn der Ehrfurcht, München 1935, 116: »Aber auch in den milderen Formen einer Vernunfttheologie blieb die Vernunft einerseits vom ganzen Menschen, andererseits vom Gauben isoliert. Aber gerade das ist der Grund, warum die Apologetik an Bedeutung so stark eingebüßt hat, weil sie eine Haltung einnahm, ›als ob‹ sie Vernunftwissenschaft sei ... Fundamentaltheologie ist aber in Wahrheit, wie alle Theologie, Wissenschaft aus dem Glauben, das heißt nicht nur, daß sie von Anfang an in existentieller Ehrfurcht fragen muß, sondern auch, daß sie keinen Augenblick den heiligen Bezirk des Glaubens verlassen kann, um mit irdischen Waffen zu kämpfen.« – Paul Wolff (1903–1981), Dr. phil. et theol., beeinflußt von Alois Dempf und Arnold Rademacher, bis 1939 (Auflösung) Mitarbeiter beim Katholischen Akademikerverband, 1947–64 dessen Generalsekretär und Geistlicher Assistent; Helmut J. PATT, Paul Wolff zum Gedenken, in: Renovatio 38 (1982), 1f; freundlicher Hinweis von Herrn Dr. Hans Heinrich Kurth, St. Augustin, vom 9.12.1993.

632 Michael PFLIEGLER, Der Religionsunterricht, Bd. 1, Innsbruck 1935. – Michael Pfliegler (1891–1972), 1935 Privatdozent für Pastoraltheologie und Katechetik in Wien, Gründer der katholisch-deutschen Jugendbewegung »Neuland«; MAAS-EWERD 44f; KOLPING 394; Alois SCHWARZ, Pastoraltheologie und Kerygmatik, in: Ernst Chr. SUTTNER (Hg.), Die Kath.-Theologische Fakultät der Universität Wien 1884–1984. Festschrift zum 600-Jahr-Jubiläum, Berlin 1984, 247–272, hier 255f; Bio-Bibliographie sämtlicher ordentlicher und außerordentlicher Professoren sowie der Dozenten an der Katholisch-theologischen Fakultät 1884–1984, ebd. 374–432, hier 412f.

4) Naturphilosophisches

Was die modernste Naturwissenschaft und die daraus erwachsende Naturphilosophie angeht, so ist zunächst einmal sicher richtig, daß sich auf diesem Gebiet die Situation in apologetischer Hinsicht gegenüber den Jahrzehnten um die Wende des Jahrhunderts teilweise geändert hat. Die Angriffe gegen das Christentum werden nicht mehr so oft wie früher im Namen der Naturwissenschaft erhoben. Während früher doch auch bedeutende Naturwissenschaftler sich zu Vorkämpfern einer antichristlichen Weltanschauung machten[633], ist dies heute seltener der Fall geworden. Naturwissenschaftler wie Planck[634], Bawink [sic!] (Ergebnisse und Probleme der Naturwissenschaft 6. Auflage 1940)[635], überhaupt die Naturwissenschaftler, die Mitarbeiter des von E. Dennert in 2. Auflage 1939 herausgegebenen Buches, Die Natur, das Wunder Gottes[636], sind, M. Hartmann (Naturwissenschaft und Religion, Jena 1940)[637], Bücher wie die von Artur Neuberg (Das naturwissenschaftliche Weltbild der Gegenwart, 1. Teil, Das neue Weltbild die Biologie, 1941 [sic!])[638], von Alois Wenzel [sic!] (Metaphysik der Physik von Heute, 1935; Wissenschaft und Weltanschauung, 1936, Metaphysik der Biologie von Heute, 1938; Philosophie als Weg von den Grenzen der Wissenschaft an die Grenzen der Religion, 1939)[639] usw. zeigen gewiß, daß die Stimmung bei den eigentlichen wissenschaftlichen Vertretern der Naturwissenschaft (im Ge-

633 Vgl. dazu H. HILLERMANN/A. HÜGLI, Monismus, in: Historisches Wörterbuch der Philosophie, Bd. 6, Darmstadt 1984, 132–136.

634 Max Planck (1858–1947), 1885 Professor für Physik in Kiel, 1889 in Berlin, 1930–37 und 1945–47 Präsident der »Kaiser-Wilhelm-Gesellschaft zur Förderung der Wissenschaft« (seit 1948 »Max-Planck-Gesellschaft«); Heimo DOLCH, Max Planck, in: LThK² 8, 547f.

635 Bernhard BAVINK, Ergebnisse und Probleme der Naturwissenschaften. Eine Einführung in die heutige Naturphilosophie, Leipzig 1914, ⁷1940. – Bernhard Bavink (1879–1947), protestantischer Naturphilosoph, 1912–44 Lehrer, 1929 Oberstudienrat an der Auguste-Viktoria-Schule in Bielefeld, Gegner des Biologismus, Leiter des Kepler-Bundes; Aloys WENZL, Bernhard Bavink, in: NDB 1, 676f.

636 Eberhard DENNERT (Hg.), Die Natur – das Wunder Gottes, Berlin 1938, ²1939; Mitarbeiter: Max Planck, Gustav Mie, Werner Heisenberg, Otto Urbach, Eberhard Dennert, Konrad Guenther, Richard Nacken, Joseph Plaßmann, Gustav Wolff, Hans Driesch, Jakob Freiherr von Uexküll, Wolfgang Dennert, Karl C. Schneider, Friedrich Freiherr von Huene, Karl Friederichs. – Eberhard Dennert (1861–1942), 1889 Lehrer und Heimerzieher am evangelischen Pädagogium in Bad Godesberg, 1907 Gründer des »Keplerbundes zur Förderung der Naturerkenntnis«, 1908 Verleihung des Professorentitels; BAUTZ, Bd. 1, 1260–1262.

637 Max HARTMANN, Naturwissenschaft und Religion. Vortrag, Jena 1940. – Max Hartmann (1876–1962), 1933–55 Direktor des Kaiser-Wilhelm-(Max-Planck-)Instituts für Biologie in Berlin; Helmut DOLEZAL, Max Hartmann, in: NDB 8, 1f.

638 Arthur NEUBERG, Das naturwissenschaftliche Weltbild der Gegenwart. In seinen Grundzügen und Hauptergebnissen dargestellt, Bd. 1: Das neue Weltbild der Physik, Göttingen 1940; Bd. 2: Das Weltbild der Biologie, Göttingen 1941. – Arthur Neuberg (*1866), Dr. theol., 1917 Oberkirchenrat in Meißen, im Ruhestand in Dresden; DBA NF 942, 55; Oskar RÜHLE, Artur Neuberg, in: RGG² 4, 495.

gensatz zu ihrer heutigen Popularisierung in Schulbüchern usw.) günstiger geworden ist. Doch darf man die Bedeutung dieses Stimmungswandels auch nicht überschätzen und noch weniger sich verleiten lassen (wie es da und dort schon geschah), heute gängige naturwissenschaftliche Theoreme in voreiliger Weise für apologetische Zwecke ausnützen zu wollen (wie etwa die Theorie von den stat[ist]ischen Naturgesetzen[640] oder der Heisenbergschen Unbestimmtheitsrelation[641] für die Möglichkeit der Willensfreiheit oder des Wunders). Eine genauere Untersuchung der in diesen Schriften vorgetragenen Auffassungen zeigt, daß man sehr oft noch weit von einer theologisch annehmbaren Naturphilosophie entfernt ist. Man hat hier noch sehr wenig klare Vorstellungen von dem Unterschied zwischen dem metaphysischen Kausalitätsprinzip und dem naturwissenschaftlichen Kausalgesetz; auch wo der alte Positivismus oder Neopositivismus der Wiener Schule (Ph. Frank, Schlick, Carnap usw.)[642] abgelehnt wird, herrscht doch oft eine feinere Form des Positivismus, der z. B. den Begriff der Substanz als gegenstandslos ablehnt (wie z. B. Bavink); Bavink lehrt der Sache nach einen Panentheismus (von dem er glaubt, daß er von den meisten christlichen Dogmatikern akzeptiert werde). Die heute in diesen Kreisen weit verbreitete Auffassung vom Materiellen, dem unter Leugnung der Gültigkeit des Kausalgesetzes (Heisenberg[643], Jordan[644], Born[645], Bavink, de Bro-

639 Aloys WENZL, Metaphysik der Physik von Heute (Wissenschaft und Zeitgeist 2), Leipzig 1935; DERS., Wissenschaft und Weltanschauung. Natur und Geist als Probleme der Metaphysik, Leipzig 1936; DERS., Metaphysik der Biologie von Heute. Die Fragen des Lebensprinzips und der Lebensentwicklung und die neuere Forschung (Wissenschaft und Zeitgeist 9), Leipzig 1938; DERS., Philosophie als Weg von den Grenzen der Wissenschaft an die Grenzen der Religion, Leipzig 1939. – Aloys Wenzl (1887–1967), 1933–38 ao. Professor für Philosophie in München; Josef HANSLMEIER (Hg.), Natur, Geist, Geschichte. Festschrift für Aloys Wenzl, München 1950.

640 Vgl. z. B. Alois GATTERER, Das Problem des statistischen Naturgesetzes (Philosophie und Grenzwissenschaften 1/1), Innsbruck 1924.

641 Vgl. Werner HEISENBERG, Die Rolle der Unbestimmtheitsrelation in der modernen Physik, in: Monatshefte für Mathematik und Physik 38 (1931), 365–372. – Werner Karl Heisenberg (1901–1976), 1927–41 Professor für Physik in Leipzig, 1941–45 Professor und Direktor des »Kaiser-Wilhelm-Instituts für Physik« in Berlin; Brockhaus Enzyklopädie, Bd. 9, Mannheim [19]1989, 641.

642 Rudolf Carnap (1891–1970), Moritz Schlick (1882–1936), Philipp Frank (*1910); H. PRZYBYLSKI, Positivismus, in: Historisches Wörterbuch der Philosophie, Bd. 7, Darmstadt 1989, 1118–1122.

643 Vgl. z. B. Werner HEISENBERG, Kausalgesetz und Quantenmechanik, in: Erkenntnis (zugleich: Annalen der Philosophie) 2 (1931), 172–182.

644 Vgl. z. B. Pascual JORDAN, Dic Physik des 20. Jahrhunderts. Einführung in den Gedankeninhalt der modernen Physik, Braunschweig 1936, [2]1938. – Pascual Jordan (1902–1980), 1929 Professor für theoretische Physik in Rostock, 1944 in Berlin; Brockhaus Enzyklopädie, Bd. 11, Mannheim [19]1990, 219.

645 Vgl. z. B. Max BORN, Der Aufbau der Materie, Berlin 1920, [2]1922. – Max Born (1882–1970), 1914–21 Professor für Physik in Berlin, Breslau, Frankfurt/M., 1921 in Göttingen, 1933 Enthebung aus dem Lehramt und Emigration, 1936–53 Professor für theoretische Physik in Edinburgh, 1954 Nobelpreis für Physik; Max BORN, Mein Leben. Die Erinnerungen des Nobelpreisträgers, München 1975.

glie[646] usw.) letztlich Freiheit zugeschrieben wird (Bohr[647], de Broglie, Jordan, Bavink usw.), müßte grundsätzlich zu einer Verwischung des Unterschiedes zwischen Materie und Geist, zu einer Unmöglichkeit und Unkennbarkeit des eigentlichen Wunders im theologischen Sinn führen, Dinge, die ebenso gefährlich sind wie die Positionen des alten Materialismus. Umgekehrt vertritt z. B. M. Planck (Vom Wesen der Willensfreiheit, 1936)[648], der für die anorganische Natur an der streng determinierten Kausalität festhalten will, für den Menschen einen Freiheitsbegriff, der unannehmbar ist. (Die beiden in der Freiburger Denkschrift als vortrefflich bezeichneten Schriften des protestantischen Theologen A. Neuberg[649] sind tatsächlich mit größter Vorsicht aufzunehmen, da sie eine metaphysische Beweisbarkeit des Daseins Gottes leugnen, einen falschen Wunderbegriff vertreten und überhaupt die Beziehungen zwischen Religion und Wissenschaft nicht richtig sehen. Dementsprechend ist auch die apologetische Zitatensammlung im Klerusblatt 1942 S. 9/11[650] mit großer Vorsicht aufzunehmen.) Es kann wohl mit N. Junk (Das Problem der Kausalität in der modernen Quantenphysik, Philosophisches Jahrbuch 54/1941/265–320; Das Kausalgesetz und die moderne Atomphysik, Stimmen der Zeit 137/1940/295ff)[651] mit Recht gesagt werden: »Auf Grund der modernen Physik wurden Befürchtungen geäußert, die Gottesbeweise seien ins Wanken geraten. Es wurden Hoffnungen laut, die Erklärungsmöglichkeiten sahen für andere tiefe Probleme der Philosophie. Beide, die Hoffnungen wie die Befürchtungen, entbehren jeder Grundlage« (Das Problem der Kausalität 318). – Auf die biologisch-deszendenz-theoretischen Fragen braucht hier wohl nicht eingegangen werden. – Was die Frage eines genetischen Zusammenhanges zwischen dem menschlichen Leib und dem Tierreich angeht, so ist naturwissenschaftlich und wohl auch theologisch die Frage noch so im Fluß, daß eine wissenschaftliche oder kirchenlehramtliche Entscheidung in nächster Zeit wohl nicht zu erwarten ist.[652]

646 Vgl. z. B. Louis de BROGLIE, Ergebnisse der Neuen Physik, Bd. 1: Licht und Materie, Hamburg 1939; Bd. 2: Elementarteilchen. Individualität und Wechselwirkung, Hamburg 1943. – Louis Victor Prince de Broglie (1892–1987), französischer Physiker, Nobelpreis für Physik 1929.

647 Vgl. z. B. Niels BOHR, Atomtheorie und Naturbeschreibung. Vier Aufsätze mit einer einleitenden Übersicht, Berlin 1931. – Niels Bohr (1885–1962), 1916 Professor für Physik in Kopenhagen, 1922 Nobelpreis für Physik, 1943–45 Emigration; Brockhaus Enzyklopädie, Bd. 3, Mannheim [19]1987, 494f.

648 Max PLANCK, Vom Wesen der Willensfreiheit, Leipzig 1936.

649 Vgl. Freiburger Memorandum Nr. 2.

650 Anton WEISSENBACHER, Die Natur, das Wunder Gottes. Gottesglaube und moderne Naturforscher, in: Klerusblatt 23 (1942), 9–11; vgl. Freiburger Memorandum Nr. 2; MAAS-EWERD 543.

651 Nikolaus JUNK, Das Problem der Kausalität in der modernen Quantenphysik, in: Philosophisches Jahrbuch 54 (1941), 265–320; DERS., Das Kausalgesetz und die moderne Atomphysik, in: StdZ 137 (1940), 295–301. – Nikolaus Junk SJ (1904–1988), 1940 Professor für Philosophie in St. Georgen/Frankfurt.

652 Vgl. aber Pius XII., Enzyklika »Humani Generis« vom 20. August 1950; D(H) 3875–3899.

III. Folgerungen

Wenn wir die genannten Tatsachen und gemachten Überlegungen noch einmal kurz zusammenfassen, so ist wohl folgendes zu sagen:

1) Der Zustand der christlichen Philosophie in Deutschland ist auch hinsichtlich der im Freiburger Memorandum berührten Punkte nicht der Art, daß er zu wirklich ernsten Bedenken und etwa gar einem kirchenbehördlichen Eingreifen Grund gibt. Man wird auch nicht sagen können, daß im Vergleich zu früher der Zustand der deutschen christlichen Philosophie sich verschlechtert habe. Es gibt natürlich für einen solchen Vergleich auch Negativposten, vor allem die Gefahr, daß mit dem Zurücktreten der Philosophie auf den deutschen Universitäten hier vor allem auch die Vertretung der scholastischen Philosophie ganz ausstirbt. Andererseits ist die Lebendigkeit und Gegenwartsnähe der christlichen Philosophie doch auch da und dort greifbar gewachsen. Überdies ist in Büchern, wie denen von Lotz, M. Müller usw. wohl mehr Liebe und Begeisterung zu Thomas von Aquin zu verspüren als etwa in dem doch beinahe historisch kühlen Wohlwollen für Thomas, das aus den Arbeiten von Hertling[653], Baeumker[654] usw. spricht.

2) Ist so kein wirklich zwingender Anlaß zu Verboten und Warnungen, so umsomehr zu *positiver Förderung der scholastischen Philosophie.* Es sollen hier nun nicht mehr all die Desiderata in dieser Beziehung wiederholt werden. Nur auf einige wichtige Punkte sei nochmals abschließend hingewiesen: Gerade weil die sogenannten Weltanschauungsprofessuren einzugehen drohen, müßte auf andere Weise für die Möglichkeit christlicher Laienphilosophen, und zwar auch in wirtschaftlicher Hinsicht, gesorgt werden. Die positive Sorge um eine gründliche philosophische Ausbildung des Theologennachwuchses wird die beste Methode sein, um einer antischolastischen Haltung im Klerus zu begegnen. Eine positive Förderung der guten Ansätze einer »haute vulgarisation« der scholastischen Philosophie (in Büchern, Kursen, Vorträgen usw.) könnte dasselbe für die gebildeten Laien leisten. Würde für eine größere Anzahl von Philosophieprofessoren an den Seminarien usw. gesorgt, so wäre wohl auch das getan, was verwaltungstechnisch für ein weiteres wesentliches Desiderat

653 Vgl. z. B. Georg Freiherr von HERTLING, Augustinus-Citate bei Thomas von Aquin, in: Sitzungsberichte der philosophisch-philologischen und der historischen Klasse der Königlich bayerischen Akademie der Wissenschaften zu München, Jahrgang 1904, München 1905, 535–602 (=DERS., Historische Beiträge zur Philosophie, hg. von Joseph Anton Endres, München 1914, 97–151); vgl. dazu Christoph WEBER, Der »Fall Spahn« (1901). Ein Beitrag zur Wissenschafts- und Kulturdiskussion im ausgehenden 19. Jahrhundert, Rom 1980, 108, 168f.

654 Vgl. z. B. Clemens BAEUMKER, Der Platonismus im Mittelalter (Bayerische Akademie der Wissenschaften, Reden 66), München 1916; DERS., Die christliche Philosophie des Mittelalters (Die Kultur der Gegenwart 1/5), Leipzig 1909.

getan werden kann: daß nämlich große systematische philosophische Leistungen, an denen es doch eigentlich fehlt, wieder hervorgebracht werden. Könnte nicht eine interdiözesane offiziöse oder offizielle Stelle geschaffen werden, die solche und ähnliche Dinge (Förderung von Studierenden, Anregung von Werken, Vermittlung tüchtiger Wissenschaftler, für die in der eigenen Diözese gerade keine passende Stelle frei ist, an andere Diözesen /Seminarien, Seelsorgeämter usw./, wissenschaftliche Arbeitstagungen usw.) planmäßig fördert (und so z. B. auch Aufgaben aufgreift, die früher auf andere, nicht mehr mögliche Weise z. B. von der Görresgesellschaft[655], Leogesellschaft[656] verwaltet wurden)?

3) In dem katastrophalen Rückgang der philosophischen Arbeit in Deutschland im allgemeinen sollte die christliche Philosophie und alle für sie Verantwortlichen eine Verpflichtung und (soweit dafür überhaupt in der Zukunft die äußere und materielle Möglichkeit erhalten bleibt) eine Chance erkennen. So wie alle Zeichen der Zeit darauf hindeuten, daß das Humane und Geistige überhaupt sich wieder mit der siegreichen Kraft des Evangeliums und der Kirche verbinden muß, um gerettet zu werden, so zeigt sich heute auch deutlich, daß dies auch gilt für jenen Bereich des menschlichen geistigen Lebens, den wir Philosophie nennen. Und so ist nur die Frage, ob wir Christen in Deutschland diese Aufgabe und diese Möglichkeit erkennen und gewillt sind, sie in ernster Verantwortlichkeit und mit aller Kraft zu erfüllen.

[...][657]

655 Die Görresgesellschaft wurde 1941 verboten; Wilhelm SPAEL, Die Görresgesellschaft. Grundlegung, Chronik, Leistungen, Paderborn 1957, 52.

656 Beim »Anschluß« Österreichs 1938 wurde die Leogesellschaft aufgehoben; Anton DÖRRER, Leogesellschaft, in: LThK^2 6, 959.

657 Im Original folgt an dieser Stelle ein detailliertes Inhaltsverzeichnis, das in der vorliegenden Edition in das Gesamtinhaltsverzeichnis integriert ist. Danach steht der Vermerk: »Herausgegeben und vervielfältigt vom erzbischöflichen Ordinariat, Abteilung für Seelsorge, Wien, I., Stephansplatz 3.«

Personenregister

Die Namen der Verfasser von Sekundärliteratur, die nur in den Anmerkungen genannt sind, finden keine Aufnahme ins Register. Die kursive Ziffer bezeichnet den Ort des Biogramms.